教育部哲学社会科学研究重大专项项目
"中华传统的中国经济学解释研究"（2023JZDZ022）

近世基层治理及制度变迁

龙登高　陈月圆　黄一彪

著

Grass-root Governance
in Modern **China** and Its Institutional
Transformation

GUANGXI NORMAL UNIVERSITY PRESS
广西师范大学出版社

·桂林·

近世基层治理及制度变迁
JINSHI JICENG ZHILI JI ZHIDU BIANQIAN

图书在版编目（CIP）数据

近世基层治理及制度变迁 / 龙登高，陈月圆，黄一彪著.

桂林：广西师范大学出版社，2024. 7. -- ISBN 978-7-5598-7109-1

Ⅰ. D693

中国国家版本馆 CIP 数据核字第 20248N8J38 号

广西师范大学出版社出版发行

（广西桂林市五里店路 9 号　邮政编码：541004）

网址：http://www.bbtpress.com

出版人：黄轩庄

全国新华书店经销

北京博海升彩色印刷有限公司印刷

（北京市通州区中关村科技园通州园金桥科技产业基地环宇路 6 号

邮政编码：100076）

开本：880 mm × 1 240 mm　1/32

印张：10.875　　字数：230 千

2024 年 7 月第 1 版　　2024 年 7 月第 1 次印刷

定价：98.00 元

导读

　　作为理解传统中国社会的重要线索，基层治理历来受到海内外学者的广泛关注，不同学者或基于不同研究视角，或关注基层治理的不同侧面，业已形成丰富而庞杂的研究成果。已有研究在有效扩展认知的同时，亦混杂了大量未经事实检验的假说乃至成见，如"传统中国缺乏自组织力""士绅的道德教化"等。基于统一的逻辑框架考察基层治理体系的各个环节，将有效弥补已有研究的不足，进而帮助我们准确把握传统中国的制度遗产。

　　本书汇集了我们团队近年来有关基层治理与民间主体的研究成果。近10年来，我们致力于研究传统市场体系与地权制度，深入挖掘整理原始档案、民间文书，包括清华大学及中国经济史研究中心数十万份特藏契约等丰富的一手资料，希望形成整体性的分析框架，系统、准确地把握基层治理体系中的各项制度安排及其内在关联。这些成果的出版能够扩展学术界对传统中国基层治理体系的认知，亦能够为当代基层治理体系创新提供有益启示。

　　本书讨论的时段集中于清代民国时期，向上亦可追溯至宋明时期，是以我们用"近世"对其做简要概括。这一时期，朝廷小规模的官僚体系无力直接管控基层社会，具体的治理事务有赖于民众在长期实践中生成的自发秩序。本书认为，近世中国的基层治理是一整套包含产权、民间组织、市场等要素的整体性制度安排，以发育成熟、充分的土地产权制度为基础，以形态多样、分布广泛的民间组织为核心，士绅领导民间组织发挥作用，政府通过各种民间主体实现对基层的间接治理，呈现独特的基层自治特征。

拥有独立财产与产权的民间组织，作为非政府、非营利主体参与基层公共事务，得到政府与民众的广泛认可，是基层治理的核心制度安排。近世中国的土地私有产权发育成熟，土地权利可分层次、分时段存在，并可分别进入市场交易，在长期实践中形成包含押租、典、抵押、活卖、绝卖在内的多层次地权交易形式，以及所有权、占有权、使用权等多层次的地权类型。多层次的地权及交易形式降低了地权市场的准入门槛，所蕴含的金融功能促进了土地流转，在为小农家庭获得土地开展农业经营提供制度保障的同时，亦为宗族、寺庙、书院、善堂、会馆等民间组织掌控财产、实现独立稳定经营奠定了基础。

民间组织的管理围绕制度化的章程展开，管理者由当地民众推选，并接受民众的监督，这种选举方式能够较好地整合不同的社会资源，协调各群体之间的利益和冲突。一方面，民间组织及其承担的公共事业在数十年、数百年的时间尺度上稳定存续，满足了民众多方面、多层次的需求。无论是桑园围、都江堰等跨越数县的大型水利工程，还是遍布山林道路、随处可见的小微公共品（如茶亭），其创设、发展、维系都有赖于民间组织的经营与支持。另一方面，民间组织与基层公共事业的发展亦促进了商业与市场的发育，桥梁、道路等基础设施建设有效便利了商贸来往，会馆则为同业、同乡商人提供交易服务，宗族治理机制亦广泛应用于商业经营。时至近代，徽商仍在宗族中招募伙计，进行跨地域商业经营，在时代困局中彰显了民间组织的灵活性与适应性。

在基层治理中，士绅通过创建和领导民间组织发挥作用，而非仅仅凭借个人声望与道德教化，民间组织的独立性与稳定性使得士绅能够克服个人的局限性，长期、稳定地参与基层公共事务。士绅不仅是由自然人组成的群体，更是制度体系的有机组成部分，与科举制、文官制和民间组织相配套，一旦相关配套制度及其平衡被改变，士绅群体、民间组织的作用也可能随之发生扭曲和变化。

上述包含产权、民间组织与市场的整体性制度安排，为中央政府以小规模官僚体系实现基层治理奠定了基础。中央集权与专制政府主要针对官僚体系与地方政府，属于政治上的强力管控，对于县以下的基层社会，则在经济上实行"自由主义"策略，以自主、自立、自治的模式实现社会治理，从而使得传统中国在信息条件有限与经济短缺的情况下，以较低的成本维系大一统，构建其国家能力。

19世纪后期以来，传统基层治理模式发生了深刻转型。国家在基层公共品供给领域的影响逐渐加强，原本以民间组织为核心的公共品供给模式逐渐分化。以教育为例，由民间自发进行的基础教育逐渐转向国家统一监督与规划。与之相应的是，中西方的交流亦有效推动了制度创新。作为公益法人的海河工程局，其设置即源于中外官商各利益相关方的合作与博弈，在海河疏浚事务中发挥重要作用。在当代，以现代公司为代表的营利性主体则在基础设施建设中扮演重要角色。

本书上编"基层秩序与制度体系"分别就士绅、民间组织、地权制度、基层自治与国家能力四个方面展开论述，清晰勾勒了近世基层秩序的基本框架；下编"民间主体的治理机制"分别介绍了宗族治理与商业经营、小微公共品供给、公共工程管理等具体案例，并考察民间公产转型与新式教育体系的互动，并在结语中对草根经济与民间秩序进行总结。基本框架与专题分析的结合将使读者对近世基层治理体系形成直观而明确的认知。本书附编中介绍了近现代公共品供给制度的变迁，通过古今对比扩展读者的视野。王明、余雪琼、龚宁、孟德望、黄玉玺分别参与了各章节的写作，一并对他们的工作表示感谢。期待本书的出版能正本清源，揭示近世中国基层治理体系的特征及其演变，澄清相关认识误区，进而从理论的渊源流变上把握当今中国市场经济道路的来龙去脉。

作者于2023年7月

目　录

下编　民间主体的治理机制

附　编

上编

基层秩序与制度体系

第一章　传统士绅与基层治理

　　传统中国士绅在民间发挥了政府无法替代的作用，被视为传统中国基层秩序与社会治理的核心，有关他们的研究，费孝通、萧公权、张仲礼、瞿同祖等前辈学者对此做出了开创性的贡献，各自从不同角度分析了中国传统士绅在治理机制中所扮演的角色。[①] 通览这些研究，可以构建一幅士绅在民间公共领域中的活跃景象：各类公共品与公共事务的供给都离不开士绅，并且自明、清至民国持续了五六个世纪。然而，士绅在民间公共品供给与基层治理中发挥的作用，究竟是士绅的个体性行为，还是存在制度性因素的支撑？如果只看到个体行为，则在理论逻辑上面临至少两方面的困境：一方面，公共品供给的长期性与作为自然人

[①]　参见费孝通：《论绅士》，载《中国近代思想家文库·费孝通卷》，中国人民大学出版社，2015年，第224页；吴晗、费孝通等：《皇权与绅权》，生活·读书·新知三联书店，2013年，第1—11页；萧公权：《中国乡村：论19世纪的帝国控制》，张皓、张升译，联经出版事业有限公司，2014年；瞿同祖著：《清代地方政府》，范忠信等译，法律出版社，2003年；张仲礼：《中国绅士研究》，上海人民出版社，2008年。

的士绅生命的有限性之间存在矛盾。公共品存续通常以数十年乃至数百年为单位，远远超出士绅的自然寿命，其中的管理者与领导者的代际传承如何完成？另一方面，士绅在文献中的形象差异极大，民间公共设施记载功德的碑刻资料中，时常可见对士绅的高度赞扬，但是士绅在被视为"齐民之首，乡民之望"的同时，亦被地方官员斥为"刁生劣监"，近代以来，士绅在革命者眼中又成为"土豪劣绅"，这是因为不同文献对士绅的探讨基于不同的立场，从而难以聚焦士绅发挥个人作用的基础性、制度性因素。从长时期、普遍性的公共品供给状况来看，如果传统时期基层社会治理依赖的是作为自然人的士绅，即所谓的"人治"，则应该呈现强烈的差异化、个性化、局部性特征，然而士绅面临的上述两方面的困境便无法解释。究其实质而言，士绅在传统中国的公共品供给与基层治理中发挥作用，是一种普遍、长期存在的现象。本章将从制度层面系统考察士绅的行为，从而尝试弥补已有研究的不足。

本章的探讨集中于能够让士绅在地方公共品供给与基层治理等事务中发挥作用的制度体系。其核心的制度因素有二：其一，士绅不仅是作为自然人的群体，更是制度体系的一个有机组成部分，与科举制、文官制和民间组织相配套，一旦这种配套制度及其平衡被改变，士绅群体的作用也可能随之发生扭曲和变化；其二，士绅能在基层社会公共品供给中发挥作用，不仅凭借其个人声望与努力，更要通过创建和领导民间组织等平台施展其影响力，从而克服自然人的局限，在基层提供公共品并长期运营，同时与政府有序连接，维持基层秩序，实现政府间接管理下的基层自治。为此，本章将首先论述公共品的特征及其在传统中国的供给模式，并在此基础上从社会阶层流动的角度分析士绅参与公共品供给的制度性因素，考察士绅实现公共品的有效供给与长期运营的机制。

第一节　公共品的特征及其在传统中国的供给模式

二十世纪五六十年代以来，布坎南（Buchanan）等学者陆续指出公共品不同于私人产品的种种性质，不同类型的公共品不同程度地具有非排他性与非竞争性，以及公共性与外部性等特征。[①]现代社会与欧美前近代普遍存在由私人或营利性机构提供的公共设施与基础建设的现象，这种现象在传统中国则不多见。[②]传统中国的公共品供给方式与奥斯特罗姆对共用资源（opening pool resource）[③]的研究发现较为接近，单纯的政府管制或"私有化"并非一定是有效率的制度安排，二者实际都将制度视为外部强加

---

① 参见 Buchanan, J.M., "An Economic Theory of Clubs", *Economica*, 1965, vol. 32(1),pp.1-14。

② 参见龙登高、王明、黄玉玺：《公共品供给的微观主体及其比较 —— 基于中国水运基建的长时段考察》，《管理世界》2020年第4期。

③ common opening pool resource 或 opening pool resource，被译为"公共池塘资源"，如此直译或"硬译"不妥，pool 在此语境下具有"共用"的含义，如美国高速公路中的"pool line"即为鼓励多人联合拼一辆车通行的快车道。

的力量，而个体之间的组织与行动能在某种程度上解决"搭便车"问题，[①]这有效补充了传统组织理论的不足。

在经典公共品理论的基础上，中国传统社会基层公共品的供给具有如下三个突出特征。首先，大量的公共品由民间社会自发提供。在发起、筹建、重建公共品等各个阶段往往需要大量的资金与人员，工程建设动辄跨越地域。在这个过程中私有土地能否顺利征用？公共资源该如何分配？所需资金需要通过何种方式摊派和筹集？诸如此类问题均要求发起者拥有足够的号召力与权威，以得到各方响应。广州府的桑园围堤坝工程始建于乾隆五十九年（1794），涉及南海、顺德两县十四堡，从地方官、百姓、商铺处共筹集白银6万余两，此后维修每年又需白银4600两左右。[②]湖南永锡桥从光绪二年到七年（1876—1881）历时6年建成，捐赠集资超过14466千文，[③]对贫困的雪峰山区而言，数额不小。在没有政府强制征收的情况下，是否存在某一个主体愿意发起公共品供给，并且该主体需要在当地有

---

① 参见［美］埃莉诺·奥斯特罗姆著：《公共事物的治理之道：集体行动制度的演进》，余逊达、陈旭东译，上海三联书店，2000年。

② 参见〔清〕明之纲、卢维球纂修：《桑园围总志》，载中国水利史典编委会编《中国水利史典·珠江卷一》，中国水利水电出版社，2015年。作为对比，嘉庆二十五年（1820）广东省高州府的人口超过235万，地丁正杂银6.5万两；佛冈厅人口6.5万，地丁正杂银不足3000两；连山厅人口5.9万，地丁正杂银2100余两。参见梁方仲：《中国历代户口、田地、田赋统计》，上海人民出版社，1980年，第409—410页。由此可见，当时兴建一个水利工程所需资金之巨。

③ 参见光绪《永锡桥志》，安化县进良文印社，2015年重印。

足够的号召力与权威，能够得到各方的积极响应与支持？

其次，传统中国存在着某种机制，能够在很大程度上破除集体行动的困境，协调不同群体的利益。由于公共品的消费具有一定程度的非排他性，其供给通常会影响到供给者之外的社会群体，对其利益产生正面或负面影响，因而公共品的供给具有外部性（externality）特征。具体而言，公共品的供给或是需要占用公共空间与资源，或是需要对某些群体的经济活动加以限制。如桥梁、码头、义渡、堤坝等沿河而建的基础设施需要占用河岸与水道，灌溉系统则更是直接涉及整条河流的水资源分配问题，对于山林环境的保护亦影响到在山林中开采石灰者的生计与商业利益。[①]若将此类公共空间与资源交由私人占用，或允许营利性主体投资公共设施，往往容易引发不同群体之间的利益纠纷。传统中国的地方政府受到财政结构与官僚体系规模的限制，尽管在意愿上支持各类公共品供给，但通常并不直接参与这一过程。因此，如何在缺乏强制力的情况下协调多方利益，摆脱集体行动的困境，就成了公共品供给面临的首要挑战。

再次，基层公共品在长时段内稳定供给。水利设施的建设与维护可以持续数百年，书院等民间教育组织亦能长期延续其生命。湖北紫阳书院由在汉口经商的徽州人所创建，始建于康熙

---

① 参见陈月圆、龙登高：《公共利益冲突中的产权交易与基层治理——清代狮山书院与山林封禁的考察》，《中国社会经济史研究》2021年第1期。

三十三年（1694），历经12年完工，扩建、维护等工作前后持续了100多年。[①]山西平遥金庄村自元代起就已经建立起义学一所，历经500余年仍弦歌不辍，清乾隆年间再度扩建。[②]由此可见，公共品供给主体不仅需要有足够的资源整合能力，还需有长期的运营、管理能力。

由此，民间公共品的供给主体需具备如下特征：一是能够解决行动的合法性问题，政府之外的其他主体能够获取权威、得到利益相关方的支持，合法地使用公共空间与资源，并协调不同社会群体的利益；二是可以调动行动的意愿，能够发起公共品建设并参与公共品的建设过程；三是具备行动的能力，即行动者能够有效地筹集、整合、配置资源，用于公共品的建设与长期维护。本章接下来将基于上述三大特征，论述士绅通过什么渠道和方式推动民间公共品的供给，从而成为基层多主体治理模式的关键参与者。

第二节 官民之间：士绅作为一种制度安排

明清时期科举制度成为重要的社会流动机制，各阶层有一个明确的社会上升通道，作为其中一个重要阶层，士绅在这个社会

---

① 参见〔清〕董桂敷撰：《紫阳书院志略》，李经天、李珠点校，载《楚书·楚史梼杌·湖北金石诗·紫阳书院志略》，湖北教育出版社，2002年。

② 参见乾隆十八年（1753）《义学碑》，载张正明、〔英〕科大卫主编《明清山西碑刻资料选·续一》，山西人民出版社，2005年，第640页。

流动机制中受到有效的约束与激励。士绅是官与民之间连接政府与基层的中介力量，在"官不下县"的模式下实现政府权力向各基层的渗透。士绅阶层本身又是普通百姓向官僚体系晋升的阶梯，配合科举制度、文官制度和民间组织推动社会流动。在公共品供给过程中，这一制度性因素起到了基础性的作用。

一、科举制度与阶层流动

科举制度作为社会阶层流动渠道的作用在不断完善。如图1-1所示，整体上看，根据社会地位的不同，传统中国社会大致可以粗略划分为普通百姓、士绅、官员三个阶层，且不同阶层之间具有流动性。科举考试最大的特征在于其开放性与公平性，几乎所有社会背景的男性均可参加，同时考试程序严格，封名、誊录等制度设计使录取与否主要取决于应试者的水平高低，作弊等行为则会受到严惩。[①]科举制度使得普通平民子弟可以通过逐级考试跻身仕途，而官僚、地主家庭的后代倘若无法取得功名，就会逐渐丧失权势，甚至沦入社会下层，这种竞争机制塑造了宋代以后整个社会阶层垂直流动的局面。[②]

---

① 参见Chen, T., Kung, J. K. S. & Ma, C., "Long Live Keju! The Persistent Effects of China's Civil Examination System", *The Economic Journal*, volume130(oct.2020): 2030-2064。

② 参见何忠礼：《贫富无定势：宋代科举制度下的社会流动》，《学术月刊》2012年第1期。

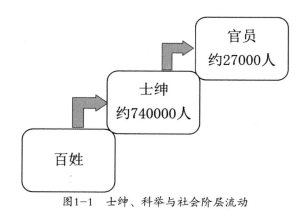

图1-1 士绅、科举与社会阶层流动

注：士绅指的是所谓"正途"出身的文武生员。这里采用的士绅与官员人数系对太平天国战争之前的常规估算。具体数据来源于张仲礼：《中国绅士研究》，上海人民出版社，2008年，第91页、第95页。

正是在这样的社会流动结构中，士绅阶层成为社会的稳定器与平衡器。一方面，士绅阶层为官僚体系提供了后备力量，保证了官员结构与政治势力的平衡，同时也为官员退出官场提供了退路，使得"绅出为官，官退为绅"成为可能。另一方面，士绅是上层社会和基层社会结构的中介，以高于普通百姓的社会地位成为基层社会治理的重要参与者和领导力量，正式的权力机构如欲深入基层，也不得不依赖士绅阶层。[①]

就士绅阶层的数量而言，太平天国运动之前，全国拥有生员及以上功名者约有109.5万人。相较于当时的人口数量，士绅的人口

---

① 参见王先明：《中国近代绅士阶层的社会流动》，《历史研究》1993年第2期。

占比极低，大部分省份的比例在1%—2%，其中正途出身的士绅占比更低，占比最高的云南省也仅有0.63%。即使成为生员，如果想要进一步成为举人，则需要通过录取概率大约5%的乡试；[①]若还想再进一步成为进士，则需要通过录取概率低于6.3%的会试。[②]

士绅最理想的出路是成为官员。但是即使成为进士，也要面临激烈的竞争。根据清朝官制，全国大约有20000名文官和7000名武官，在职的官吏阶层数量非常少，而正途出身的文武生员存量则约有74万人。总体上看，成为官员的士绅所占比例也非常低，但科举的杠杆效应仍非常强大。

在担任官员之外，士绅还可通过担任幕僚发挥所长。拥有举人及以下功名的中低级士绅虽难以成为正式官员，但可以成为府县官员甚至督抚的幕僚、师爷。清代士人游幕期间的功名状况以中等士人（举人25%，贡生12.5%）与低层士人（诸生23.7%，监生4%）为主，但也有16%的进士，他们通常在候补期间选择成为幕僚。游幕既是士绅的一种"就业渠道"，也可成为士绅在科举制度之外的晋升渠道。在对清代591例幕僚入仕或升迁事例的调查中，经科举正途铨选者311例，占52.6%；有游幕经历者236例，占39.9%，其中借助游幕经历升迁为督抚、布政使、按察使者达197

---

① 参见 Yu Hao, Zheng-Cheng Liu, Xi Weng, and Li-an Zhou, "The Making of Bad Gentry: The Abolition of Keju, Local Governance and Anti-elite Protests, 1902-1911", *The Journal of Economic History*, 82.3(2022):625-661。

② 参见 Jiang, Q., & Kung, J. K. S., "Social Mobility in Late Imperial China: Reconsidering the 'Ladder of Success' Hypothesis", *Modern China*, 47(5), 2021:628-661。

人次。①"由幕而官"的典型当属左宗棠，左宗棠中举之后屡试不能中进士，后来成为知名幕僚，进而成为中兴名臣，超越了他曾经辅佐的督抚。

二、士绅的激励与约束机制

在传统中国，士绅身份往往意味着拥有超越平民的社会地位与经济特权。士绅的社会地位远高于普通民众，是一个享有一定特权的阶层。士绅一般被认为可以与地方官平起平坐，也可以自由见官，而百姓则不能随意见官。普通百姓有犯罪嫌疑时被刑讯逼供或处以刑罚是常见情形，但士绅不会受到刑罚，如果罪行很重而必须惩治，则需要首先革去其士绅身份，然后再行处置。倘若士绅与普通民众发生冲突，士绅也是优先受到保护的一方，涉事士绅甚至不需要到庭审现场，只需派出其仆人即可。此外，士绅优越的社会地位还体现在其他方面，如称呼、服饰、官方典礼、家族祭祀等。就享有的经济特权来说，士绅不需要服徭役，这等体力劳动类的徭役均由普通百姓承担。士绅还享受丁税的优免。更为重要的是，在常有额外捐税的情况下，士绅往往能够利用他们的特权地位免交苛捐杂税。

通过科举考试获得的士绅身份虽不能继承——品官不是世袭的，也不是终身制的——他们的声望和特权却可由家人分享，并为家族带来荣耀。父亲会随着儿子获得功名而提升社会地位，士

---

① 参见尚小明：《清代士人游幕表》，中华书局，2005年。

绅尊称"同年"的父亲为"年伯"，士绅的父亲通过其子向州县官施加影响也不无可能。士绅的家人、亲属虽不会获得士绅身份，却能借助士绅的地位获得影响力，甚至士绅的仆人也可能利用主家的影响力从事非法活动。

即便如此，在科举制有效运转的情况下，地方政府仍可以有效约束士绅的行为。比如，地方政府会对生员的品行进行监督与评估，如果发现其有违法之事，则可以剥夺其身份。[1]一般而言，这项职责由负责地方学校、科举的学官行使，更具体地说，各地学官因其主管科举事宜而具有管控普通士绅的权力。士绅所享有的种种特权随着其功名地位的上升而增加，但在阶层上升的过程中，每一步的竞争都非常激烈。因此，士绅总是力图避免会影响其名声的行为，并通过各种方式提升名声，以尽可能保住现有的身份与特权，取得向上晋升的机会。

士绅所享有的社会地位与经济特权与其在科举体系中所获得的功名层次密切相关。作为最低级的士绅，生员就其个人而言很难说能对州县官产生多大的影响。而举人属于上层士绅，有做官的资格，社会地位实现了跃升，这正是"范进中举"发生的背景。士绅如果具有正式的官员身份，则可以称之为"官绅"，他们在士绅群体中地位最高，居于社会阶层金字塔的顶部，影响力更大。这一点在不同层次士绅与州县官交往时的不同称呼中得到了体现。

---

[1]　参见 Hsiao, Kung-Chuan, *Rural China: Imperial Control in the Nineteenth Century*. University of Washington Press, 1967。

地方政府通过褒奖士绅，鼓励士绅服务地方，在地方公共事务中发挥作用，如对积极向基层社会供给公共品的士绅给予增加记录、九品顶戴等不同程度的表彰。地方政府的表彰不仅有利于士绅提升功名，也有助于其子孙读书应试，从而建立监督、管理士绅的激励机制。士绅也因此通过扮演政府和基层社会的协调者、基层公共品的提供者和管理者等角色，获得了"德隆望重，为民表率"的正面形象。较高的社会地位及其与官僚体系的连接，使士绅阶层在民间与基层社会具有一定的声望和动员力，从而在公共品供给、民间组织与基层社会秩序中发挥不可替代的作用。

然而，在光绪三十一年（1905）科举制废除后，这种针对士绅群体的激励与约束机制顿时缺失，士绅的行为也随之改变，攫取利益而非服务地方以求晋升成了众多士绅可能采取的选择，地方治理恶化，部分士绅也恶化为土豪劣绅，其行为激起民众反抗。[1]国共合作时期，两党推出打倒"土豪劣绅"的政治口号。国民政府于1928年颁布《惩治土豪劣绅条例》[2]，将士绅视为改善地方公益事业的最大障碍，共产党更在根据地全面实施针对地方士绅的改造工作。可见在民国时期，各股政治势力均认为士绅在基层社会起到的是负面作用。

---

[1]　参见 Yu Hao, Zheng-Cheng Liu, Xi Weng, and Li-an Zhou, "The Making of Bad Gentry: The Abolition of Keju, Local Governance and Anti-elite Protests, 1902–1911", *The Journal of Economic History*, 82.3(2022): 625-661.

[2]　参见屈武编：《国民党政府政治制度档案史料选编》（下），安徽教育出版社，1994年，第608—612页。

第三节 士绅与民间组织供给公共品的模式

一、士绅与基层治理机制

明清时期，地方治理面临着名义上的无限责任与实际行政中能力有限的矛盾：中央政府虽在政治上高度集权，但在实际治理中不得不倚重士绅等基层力量，以保证对地方的有效管理，形成了所谓的"集权的简约治理"[①]。一方面，从基层治理机制的角度出发，简约的地方官员制度设计限制了政府的职能范围。州县政府没有明确的职责分工，作为"亲民官"的州县官承担多项职责，扮演着基础性、枢纽性的角色，在应付肩上的多重责任时，州县政府的行政能力受到限制。[②]如在司法领域，清代为缓解大量案件积压的困境，将提交的词讼案件中的小部分交由官府裁判，多数仍发回民间，根据民间惯习来解决。[③]另一方面，明清地方财政始终很窘迫，加之灵活度低，使得政府无力在县以下地方提供足够的公共品，需要借助民间力量完成对基层社会的间接管理，从而形成传统中国多主体的基层自治格

[①] 黄宗智：《集权的简约治理——中国以准官员和纠纷解决为主的半正式基层行政》，《开放时代》2008年第2期。

[②] 参见瞿同祖：《清代地方政府》，范忠信、何鹏、晏锋译，法律出版社，2011年。

[③] 参见梁治平：《清代习惯法：社会与国家》，中国政法大学出版社，1996年。

局。①辟交通、开水利、恤鳏寡、办学校等事业全仗人民自谋自行，政府更多承担的是维护社会稳定的职能。②在这一地方治理模式中，士绅凭借其掌握的非正式权力参与地方公共事务，在地方重大工程中扮演发起者和组织者的角色，成为政府有效管理地方必不可少的部分，瞿同祖因而将士绅定义为"与地方政府共同管理当地事务的地方精英"③。需要强调的是，士绅并非单纯以个人身份参与公共品供给，而是借助民间组织主导公共品的供给与消费，通过组织化、制度化的方式长期稳定地参与基层公共事业。以保甲、里甲等基层准行政组织为例，里长、保长并不掌握资源和权力，却需应承官方索求，由是成为百姓的主要负担来源之一。虽然士绅有豁免差役和徭役的特权，无须充当保长、里长，但可通过所领导的民间组织缓解里甲差役给基层社会造成的负担。比如，部分里甲、保甲的日常开支由士绅领导的民间组织公产拨付。两湖区域的一些地区以宗族的力量承担保甲役，湖北武昌县张氏族谱中收录的《保正轮充合约》提及，该族所承担

---

① 参见龙登高、王明、陈月圆：《论传统中国的基层自治与国家能力》，《山东大学学报（哲学社会科学版）》2021年第1期。

② 参见 Pierre-Etienne Will, Roy Bin Wong and James Z. Lee, *Nourish the People: The State Civilian Granary System in China,1650-1850.* University of Michigan Press,1991；倪玉平：《"大分流"视野下清朝财政治理能力再思考》，《中国经济史研究》2021年第1期。

③ 瞿同祖：《清代地方政府》，范忠信、何鹏、晏锋译，法律出版社，2011年，第265页。

的保正之役由三房轮流承担。① 也有宗族内部专门设立"里甲田"，以"佐门户里役之善徭"。② 在这样的情况下，百姓承担保甲、里甲等差役所需的资金，实质上来自宗族公产。也有部分士绅尝试通过"公雇里催"的方式解决相关问题，官府表示听民自便。③

与此同时，士绅能够实现与政府的有序连接。州县政府由两大类人员组成，一是由中央任命的州县官员；二是执行具体事务的"爪牙"，即胥吏。士绅的地位高于胥吏，④ 与州县官员的关系具有双重性。一方面，地方官员需要通过士绅连接民众与民间组织，借助士绅在地方的信息优势与声望实现对基层的有效管理。清道光年间，大量窑户聚集于湖南浏阳县城附近的狮山，开凿、烧制石灰，此举严重破坏了山体植被，造成了环境污染。各级政

---

① 《保正轮充合约》载，嘉庆元年（1796）三房"公议拈阄定次"，约定三房轮值顺序，同时约定，"每逢当役年份，照老例，公凑九九六钱十串文帮当役者"。参见杨国安：《长江中游乡村社会权力结构及其变迁（1368—1911年）》，载陈锋主编《明清以来长江流域社会发展史论》，武汉大学出版社，2006年，第413页。

② 参见海口市土地局、海口市地志办编：《海口市土地志》，南海出版公司，1997年，第25页。

③ 康熙年间，海宁士绅曾上书浙江布政使，主张通过由里甲"公雇一人以任催粮之事"的方式承担原本由各户轮流应充的里甲役，借此减轻负担，所雇用者受到里甲内部监督。经过激烈的争论，布政使袁相一表示，是否选择雇用一人承担里甲役听民自便，官府不得对此进行干预或强制。参见侯鹏：《清代浙江顺庄法研究》，《中国经济史研究》2017年第4期。

④ 胥吏可通过捐纳等方式获得功名，进而步入士绅阶层。参见［日］小野达哉著：《清末巴县胥吏谭敏政》，薛云虹、吴佩林译，《四川大学学报（哲学社会科学版）》，2020年第2期。但这似乎不存在普遍的制度通道，应该是个别的情况。

府屡次下令封禁山林，不仅收效甚微，甚至引发命案。不得已，当地官员转而寻求士绅的支持。士绅接连上书浏阳县、长沙府与湖南布政使，请求更高级别的政府介入，最终通过与省、府、县各级政府的协调完成山林封禁，实现对环境的保护。①在这一过程中，士绅虽独立于政府之外，但对官僚体系内部的信息渠道形成了有效的补充，从而有力地维护了地方利益。类似的情况十分常见。明万历十五年（1587）的江南水灾导致饥荒与疫病流行，士绅主动主持、操办赈灾事务，与官方赈济相互配合。与此同时，士绅还利用私人关系联络高级官员，联手赈济地方，并向朝廷上书，要求减免税赋。②

另一方面，士绅作为基层利益的代言人，必须维护本地利益、获取本地民众信任，因此在某些官方文献中，反抗官员权威的士绅被称为"刁绅劣监"。③比如，士绅群体既能利用社会影响力介入地方行政和社会管理，帮办团练、赈济、慈善、经济等地方事务，又能为维护地方利益而反抗政府弊政，发展家族等基层社会组织。④明代福建地区形成了不少科举家族，大多是当时的

---

① 参见陈月圆、龙登高：《公共利益冲突中的产权交易与基层治理——清代狮山书院与山林封禁的考察》，《中国社会经济史研究》2021年第1期。

② 参见冯贤亮：《明清江南的州县行政与地方社会研究》，上海古籍出版社，2015年。

③ 参见马俊亚：《被妖魔化的群体——清中期江南基层社会中的"刁生劣监"》，《清华大学学报（哲学社会科学版）》2013年第6期。

④ 参见王志明：《试析清代乡居进士对地方行政和社会管理的影响》，《史林》2015年第1期。

模范家族，他们参与地方的修桥铺路、水利兴修、筑城卫民等公共事务，对地方文教事业的发展及地方社会秩序的维护起着积极的作用。①

二、士绅通过创建和领导民间组织供给公共品

公共品供给存在的"集体行动"困境，会导致其水平低下，而中国传统士绅通过各种方式显著减轻了这一问题造成的困扰。其中最为重要的一点是士绅通过创建和领导民间组织供给公共品成为基层社会的核心，克服了自然人的局限。②

首先，自然人主导公共工程，难以克服公共性、外部性问题。士绅作为自然人占用公共资源，会引发"不当得利"的舆论，与其表率作用背道而驰；由民间组织来管理和运营，则可有效解决使用公共资源的合法性问题。基础设施的建设通常需占用相应的公共资源，倘若由私人以营利为目的承担基础设施建设，则会侵害本地其他百姓的利益；桥会、义渡等民间组织不以营利为目的，在政府授权与法律支持下使用公共资源，所修建的桥梁由本地百姓免费使用，其做法就会得到社会各界的接受与认可。士绅通过担任民间组织的管理者参与基层公共事务，受到民众的监督与约束，如都江堰灌区各地堰长的选任即

---

① 参见蔡惠茹：《明代福建科举家族研究》，福建师范大学博士学位论文，2019年。

② 参见龙登高、王明、陈月圆：《明清时期中国的民间组织与基层秩序》，《民族研究》2021年第6期。

需要得到本地民众认可。

其次，民间组织大大摆脱了士绅作为自然人的天然限制，提升了公共品供给的效率。此类组织的名称或许各有不同，如"会""局""社"等，但功能基本相似，均以协调不同群体利益、实现工程和资产管理等任务为目标。如广东为修建横跨南海、顺德的桑园围工程而建立的"桑园围总局"，江西新城县为构建面向当地所有百姓的义仓而组织的"广仁庄"和为举办育婴堂而组织的"善会"等，皆是如此，不胜枚举。

再次，士绅通过民间组织建立起公开透明的治理模式，使得公共品的运营具备了长期存续的基础。公共建设多由民间筹集资金，作为个体的士绅介入其中难免有瓜田李下之嫌。民间组织通过制定相关章程，明确士绅管理的权责来化解这一困境。例如《永锡桥志》在《章程》中强调，"会金乃捐费余资，非一人一乡所有，司会者总宜秉公经理，无负开创初心。倘有浪费公资私肥己囊等弊，一经查出，除赔偿外，定即将名斥革，令扐殷实老成者充之"。为避免士绅借此谋私，《章程》特地规定，用于放贷收息的资金"只准各项散户承借，首事不得支领，免致彼此效由"。

民间组织以其非人格化与制度化的章程，获得了较强的存续力，避免了陷入"人亡政息"的困境，对地方治理模式产生了深远影响。即使某位士绅具有较高的声望，也难以解决过世之后如何延续公共品维护的问题。以民间组织为基础的公共品供给模式则能够避免这一困境，在经历数百年风雨而不变后，其遗存时至今日仍得以重见天日。温汝适死后，桑园围在南海、顺德两县十四堡居民的维护下得以长期延续，并于2020年入选世界灌溉工程遗产。在江西新城县中田镇，鲁、陈两大家族均为当地科举世家，获得功名的家族成员先是构建了宗族组织，然后依靠宗族于乾隆年间先后创建了家族义仓，积极参与着地方公共事务。①

公共工程管理的组织化、制度化在都江堰灌区体现尤为突出。都江堰滋润了成都平原，成就了"天府之国"，崇庆州、大邑县、新津县大小堰堤100余座，灌溉数10万亩田地，灌区的灌溉、航运都离不开成都平原各地堰堤、河渠等配套设施。灌区由政府授权民间自我管理，灌溉与通航，包括堰堤的修建与维护，均由民间自行组织。灌区的管理者包括总堰长、堰长、沟长、牌首及大小水户②，分别承担疏浚淤塞的沟渠、重建垮塌的堤堰等职责，以此达到有效协调上下游之间的分工与合作的目的。堰长根据约定俗成的规则、合约与明文章程，维持用水秩序，处理纠纷，如遇无法解决的冲突，则由政府仲裁。乾隆中期议修千工堰，三州县十堰长"公办论定堰之多寡均派"，"故立合同共办文约……以为永远杜患"。通济堰为三州县"公堰"，由崇庆州、大邑县、新津县根据受益田亩大小、上下游职责分摊工程，每年"上灌取水，并帮都江堰百余两，各有专责"。各州县之间分工明确，"大邑堰民深淘河口，崇庆州堰民编篾压物，新津堰堆砌笼

---

① 参见袁海燕：《清代江西的家族、乡绅与义仓——新城县广仁庄研究》，《中国社会经济史研究》2002年第4期。

② 其他相关责任人包括基层准行政（总保、支保、团保、甲长）、政府办事人员（即胥吏，如河差、长役、太役、兴役、巡勇）等。

脚"。①以堰长为核心的组织体系构成了都江堰灌区堤堰沟渠公共工程长期运行的制度基础，任何乡绅个人都只能在此体系中发挥作用。

公共事业的发展需集中财力、人力与技术等要素，大量、频繁的市场交易、契约的签订与执行是公共事业得以顺利进行的基础。大型公共事业的发展往往伴随着高昂的交易成本，一方面，公共事业需要持续运营，民间组织拥有财产且产权受到的保护，理论上可以实现永续发展，历史上运行数十年、数百年的民间组织比比皆是；另一方面，公共事业所需人力、资金规模相对较大，建设与运营的周期相对较长。永锡桥工程共涉及石工、锯工、木工、土工、瓦匠等多工种和超过4.3万个工数，在这个过程中，桥梁的工艺与规格、工钱的报价，还有严格的违约惩罚条款，以及完工后的验收等均需通过签订契约落实，士绅个人难以承担这一系列契约的签订、监督与执行。

民间组织可以有效放大士绅的作用，士绅亦主动依靠民间组织发挥力量。明万历年间，山西沁水县郭壁镇官至通政司右通政的韩范引退回乡，计划在当地设立义仓。尽管出于儒家正统观念，韩范从内心深处排斥"社"每年定期举办的崇神祈福活动，还是不得不"誓之神明，质智长老"，利用"社"的力量组织义仓建设。无论是商人还是属于家族的士绅，参与地方大

---

① 感谢周琳副教授提供清朝《新津县档案》。

型的公共工程时，都需要借助"社"一类的组织。[1]类似地，对于修建桥梁等具有较高技术要求的公共设施，或收养弃婴、抚恤孤寡老人等需要日常管理、决策的慈善事业，民间组织所具有的包括组织力、动员力以及整合资源在内的制度性力量往往可以发挥突出的作用。乾隆年间的桑园围工程，既需要筹集6万两白银，也需要专业的水利工程技术人才，各段工程还需在当年冬季水位较低的短暂时间内完成，显然不是发起者一人或几人能完成的。为此，桑园围总局公议11条章程，对领导机构、工程监督、工程款使用、工人管理做出明确规定。为保证通修工程的顺利进行，桑园围总局还专门制定了《基工章程》，对施工方案的设计，石料的规格、价格、运输方式等均有详细说明。[2]光绪年间，山西太原小店镇修筑一段堤坝，动用本镇劳力108人，外加邻村920人前来相助。[3]事实上，士绅借助民间组织参与公益事业，与士绅利用个人声誉实现相关目标并不冲突，民间组织的制度安排能够让士绅专注于他们擅长的协调、统筹、沟通等工作，并充分发挥作用。

---

[1]　参见杜正贞：《村社传统与明清士绅：山西泽州乡土社会的制度变迁》，上海辞书出版社，2007年，第161—162页。

[2]　参见〔清〕明之纲、卢维球纂修：《桑园围总志》，载中国水利史典编委会编《中国水利史典·珠江卷一》，中国水利水电出版社，2015年，第133—136页、第137—143页。

[3]　参见光绪二十二年（1896）《小店镇创修坝堰碑记》，载张正明、〔英〕科大卫主编《明清山西碑刻资料选·续一》，山西人民出版社，2005年，第231—232页。

三、公共品的资产管理与经营模式

法人产权制度为公共品的长期运行提供了制度基础。为保证公共品能够实现长期、稳定供给，民间组织所有的财产——"公产"逐渐形成有别于"私产""官产"的产权形态，时人对其产权边界有了准确、清晰的认知。公产由民间组织所有，独立于管理者与捐资者，类似于当地的"法人产权"，政府对公产的认可和保护也基本与私产无异。[①]公产的管理者通常由士绅担任，其对财产的处置与支配需由组织内部共同商议决定。公产具有独立性和排他性，民间组织之外的个人或群体不得主张其权利，政府亦不得以公共理由占据或使用其资产。镇江义渡局《章程》规定，瓜洲义渡船专门为利济行人开设，对南来北往的官员与客商永不借用，亦不承担衙门、军队的差役，《章程》得到了官府准许。

公共品面向大众提供无偿服务，一般不向使用者收取费用，士绅作为组织者和管理者以义务奉献为主，通常不从中获取报酬，事务繁多者或有少许补贴，即为非营利性与公益性。公共品的非营利性和公益性特点，使士绅占据了有利的舆论地位，可以有效协调不同群体的利益，减少因占用公共资源和由负外部性而引发的不满和冲突。灌溉系统、书院、义渡、桥会、善堂等基层公共品供给多采用"公益建造，免费使用"的模式，以非营利的方式解决公共品供给之中公共资源的使用问题。

---

① 参见龙登高、王正华、伊巍：《传统民间组织治理结构与法人产权制度——基于清代公共建设与管理的研究》，《经济研究》2018年第10期。

　　公共品的非营利性并不意味着不能赢利。为保证公共品的长期维护与运营，民间组织一般通过田产或基金的运作产生稳定现金流，只不过这部分收入一般只能用于公共品的开支，而不能通过分红等方式为成员牟利。购买土地、商铺出租，利用金融市场"发典生息"等均是寻求财产增值、构筑稳定现金流的重要手段。值得注意的是，传统中国非营利性民间组织提供公共设施，其公益建造、免费使用的模式，也在一定程度上挤压了营利性企业在公共领域的生存空间。[1]

小　结

　　士绅在传统中国具有重要影响，如果仅关注士绅的相应价值和不同群体对士绅的道德判断，忽视士绅群体是实现基层公共品供给职能的组织支撑与制度基础，无益于准确把握士绅在传统中国基层治理机制之中所扮演的角色。本章认为，士绅不仅是一个群体，也是一种制度安排，具有明确的认定标准与稳定的规则，在运行中形成了有效的激励与约束机制。士绅通过创建和领导民间组织向基层提供公共品，推动民间组织制度化、组织化，建立公开透明的治理模式。士绅通过民间组织扩展了自身的能量，在公共品供给中克服了自然人的天然局限，推动了公共品的长期运

---

[1]　参见丁春燕、龙登高：《清代田宅交易中的官中与基层治理》，《中国经济史研究》2021年第4期。

营与可持续发展。政府通过士绅与民间组织实现了与民众的有序联结，将权力渗透基层，通过间接控制的模式，以较小的官僚体系、较低的行政成本实现对"广土众民"的国家的治理。

士绅制度与科举制、文官制及民间组织等相配套，强化了科举的杠杆作用。这些制度并不是孤立存在的，而是在一个相互依存的制度体系中共同发挥作用。一旦其中的某一配套制度发生变化，均衡被打破，其他相关制度的效力也将受到影响。光绪三十一年（1905）科举制度废止后，延续了数百年的激励与约束机制失效，致使民国时期士绅成为劣绅的代名词，这一负面影响传导至基层社会，致使传统的基层自治趋于瓦解，引发了社会危机。同一个群体在有效的激励与约束机制下，可以有效发挥作用，而一旦其制度体系消解，就可能走向反面。这种现象非独士绅制、科举制如此，传统市场与地权制度在20世纪也备受诟病。[①]经历20世纪的社会革命，传统中国的制度遗产被彻底改变，以致其今日被遗忘。或谓传统中国只有人治、德治，缺乏制度规约，因而其治理是随性的、不稳定的，这种感性认识是片面的、有偏差的。中国国家层面的文官制度已经实施了约2000年（西欧约300年），科举制度逾千年，士绅制度约500年；民间社会的村规民约、民间团体章程、公共设施的禁约与规章亦延绵数百年，二

---

① 参见龙登高、丁春燕、马芳：《近代中国经济落后的根源——基于传统经济变迁视角的考察》，《湖南大学学报（社会科学版）》2021年第2期。事实上，市场经济、民主制度让有的国家强盛，却让另一些国家动荡不安，尤其是转型国家。

者共同构成了基层秩序稳定的制度基础。或谓中国人是一盘散沙，缺少组织力，在近代固然可以看到这种现象，但从更长的历史来看，士绅领导民间团体的组织化、基层社会的自组织力不应该被忽视。制度遗产不可再现，但思考其渊源流变具有理论价值，也不乏现实意义，尤其是民间自组织力和制度化、市场化的历史要素已沉淀于中国社会的基因中，在当前社会主义市场经济建设中仍然具有重要影响，甚或可以成为制度自信、文化自信之源。

第二章　民间组织与基层秩序

　　民间组织在传统中国的社会经济中扮演了重要角色，受到学者持续关注，各类民间组织的创建、运营与管理，及其对基层秩序与社会治理的影响，均成为学术界关注的热点，[1]民间组织在基层公共事业中的作用也被重新认识。[2]随之而来的问题

---

[1] 各领域的民间组织研究成果丰硕，可参见马敏、朱英：《辛亥革命时期苏州商会研究》，华中师范大学出版社，2011年；邱澎生：《十八、十九世纪苏州城的新兴工商业团体》，台湾大学出版中心，1990年；王卫平：《明清时期江南地区的民间慈善事业》，《社会学研究》1998年第1期；王日根：《明清民间社会的秩序》，岳麓书社，2003年；卞利：《明清徽州乡（村）规民约论纲》，《中国农史》2004年第4期；陈宝良：《中国的社与会》，中国人民大学出版社，2011年；杨国安：《国家权力与民间秩序：多元视野下的明清两湖乡村社会史研究》，武汉大学出版社，2012年；张佩国：《传统中国福利实践的社会逻辑——基于明清社会研究的解释》，《社会学研究》2017年第2期。

[2] 相关研究参见 Rowe, W., *Hankow: Conflict and Community in a Chinese City, 1796-1895*. Stanford University Press, 1989; Rowe, W., *Hankow: Commerce and Society in a Chinese City, 1796-1889*; Stanford University Press, 1984；黄宗智主编：《中国研究的范式问题讨论》，社会科学文献出版社，2003年。

是，士绅与民间组织在基层社会中的职能似乎很接近，那么二者在基层秩序与公共事业中各自发挥了什么作用？二者之间又存在什么关系？

自生自发的民间组织广泛分布于基层社会，体现了传统经济的韧性与活力，这亦是明清时期基层自治的核心环节。政府通过民间组织实现对基层的间接管理，有效降低了行政成本，形成短缺经济与信息技术条件落后条件下的政府治理之道，这一点为西方与当今中国所少见。本章将在第一章的基础上，深入考察民间组织的制度特征与经营模式，[①] 希冀由此揭示明清时期传统中国民间组织的制度化模式，深入挖掘民间组织在基层秩序中的作用及其与国家治理的关联，进而寻求理论启示与现实借鉴。

第一节　民间组织的"合法性"与协调力

民间组织并非权力与行政机构，而是由不同社会群体出于某种"公共性"目的创建并经营管理的非政府性社会团体，大多是非营利性的。民间组织如何获得社会的认可，成为基层公共事业

---

① 已有研究也间或涉及士绅与民间组织的互动，参见［加］卜正民著：《为权力祈祷——佛教与晚明中国士绅社会的形成》，张华译，江苏人民出版社，2005年，第112—116页；杜正贞：《村社传统与明清士绅：山西泽州乡土社会的制度变迁》，上海辞书出版社，2007年，第109—111页。

的主体，即解决所谓的"合法性"问题①，是民间组织面临的首要挑战。

首先，政府的支持与"授权"是民间组织合法性的一项重要来源。地方官往往通过准许"立案"、捐簿加盖官印、下达谕示禁令等方式维护公共设施建设使用过程中的秩序，亦常常率先捐款或亲自倡导。乾隆五十九年（1794），珠三角桑园围工程在筹集资金时，广东布政使率先垂范，以其母亲的名义捐出白银100两，广州知府、南海知县等地方各级官员亦带头倡捐。②政府"授权"的另一层面，在于通过"授匾""褒奖"等精神奖励，对主持公共工程的民间组织予以认可。康熙十五年（1676），苏州育婴堂获颁"广慈保赤"的御书匾额；康熙五十五年（1716）普济堂亦获"香岩普济"御书匾额；③清代汉口的紫阳书院得到各级

---

① 韦伯将"合法性"视为"制度存在的观念与取向"，制度的合法性来自传统、情绪（感情）的信仰、价值理性的信仰与成文法规；高丙中亦将"合法性"视为对"某些规则的符合"，其要旨在于"由于被判断或被相信符合某种规则而被承认或被接受"。参见〔德〕马克斯·韦伯著：《经济与社会》（第一卷），阎克文译，上海人民出版社，2019年，第397—405页；高丙中：《社会团体的合法性问题》，《中国社会科学》2000年第2期。

② 参见〔清〕明之纲、卢维球纂修：《桑园围总志》，载中国水利史典编委会编《中国水利史典·珠江卷一》，中国水利水电出版社，2015年，第121—123页，第198—225页。

③ 参见王卫平、黄鸿山：《清代慈善组织中的国家与社会——以苏州育婴堂、普济堂、广仁堂和丰备义仓为中心》，《社会学研究》2007年第4期。

官员所题写的匾额多达31块，各类题敬更是高达60份。①政府还通过多样化的手段帮助民间组织实现长期、稳定运营，如地方政府划拨无主或罚没田地充入善堂、义仓、书院等民间组织的情况较为常见。嘉定县存仁堂在同治年间重建时，政府即将大量由太平天国战争所产生的无主田地拨入其中。②需要注意的是，政府的"授权"并非针对个体士绅。无论是以政府名义支持个人建设公共事业③，还是直接授权于个人，或是直接给予个人税赋减免、官产划拨，都可能造成"官民勾结、利益输送"的质疑，不利于公共事业的开展。

民间组织"合法性"的另一重要来源是在组织建设过程中参与者所形成的共同信念与共识。青木昌彦从个体行为与主观观念出发，将"制度"（institution）视为"人们关于某种共有信念（shared belief）相互维持的系统"，民间组织作为一种"制度"，正是一套关于博弈、互动所形成的"共有信念"系统。④清代山

① 参见〔清〕董桂敷撰：《紫阳书院志略》，李经天、李珠点注，《楚书·楚史棒杭·湖北金石诗·紫阳书院志略》，湖北教育出版社，2002年，第262—272页。

② 参见张佩国：《清代绅权的二重支配》，《开放时代》2019年第4期。

③ 事实上，以个人名义开展的公益事业，最终亦往往依托于组织的力量。嘉庆、道光年间汉口商人李本忠为整修三峡航道，自费捐资购买阴阳山并将其捐入官府，而阴阳山的日常管理则通过设置"宾兴"基金，由州学士绅主持，这里亦借助了宾兴组织的力量。参见严锴、严昌洪：《清代社会公益事业中的官民互动——以李本忠捐买阴阳山入官封禁案为例的考察》，《湖北大学学报（哲学社会科学版）》2018年第1期。

④ 参见〔日〕青木昌彦著：《比较制度分析》，周黎安译，上海远东出版社，2001年。

西田地的灌溉在较大程度上依赖于当地的泉水与河流，由此自发形成大大小小的独立的水利组织，自发选任水利组织管理者。他们编制分定水程的水册、渠册，长期承担维护水利设施、分配水力资源等功能。[①]这样一种"自发"秩序的形成，与当地人关于水利资源分配的长期重复博弈及由此形成的信念系统密切相关。民间组织参与基层公共事业也受到儒家意识形态的支持。[②]来自传统社会、政府、意识形态等不同领域的"合法性"，为民间组织的权威与发展奠定了基础。

基于多样的"合法性"来源，民间组织能够通过不同领域之间的"关联博弈"制度化地协调、整合各方利益，推动公共事业的建设。桥梁、义渡横跨江河两岸，工程建设往往需跨越乡、县抑或城、乡，乃至州、府，通常需要克服不少行政障碍与习俗差异，责任、义务与利益的协调往往颇费周章。此时，民间组织能够有效整合各方利益，实现不同群体之间的合作。如长沙与善化之间跨越湘江的义渡，同时跨越城、乡，双方的分工合作维系了义渡的长期经营。始于同治年间的镇江义渡局跨越长江天堑，义渡总局设于长江南岸的镇江府西津坊，北岸的扬州府江都县配合、协调长江两岸各府县官民相关事务，至1936年累计运行乘客逾千万人次。[③]

---

① 参见赵世瑜：《分水之争：公共资源与乡土社会的权力和象征——以明清山西汾水流域的若干案例为中心》，《中国社会科学》2005年第2期。

② 参见［日］夫马进著：《中国善会善堂史研究》，伍跃、杨文信、张学锋译，商务印书馆，2005年，第106—108页。

③ 参见祝洪瑞、庞迅、张峥嵘：《京口救生会与镇江义渡局》，《东南文化》2005年第6期。

　　民间组织具备较强的协商、调解利益的能力，还体现在组织领导层的选任上。比如桑园围总局涉及十四堡，各堡在总局中都有代表，"每堡各派三四人，在局赞襄，以昭平允"①。山西洪洞县通利渠在选举渠长的过程中，特别强调"不须一村擅自做主，致有滥保之弊"②。晋水总河设渠长一名，也是四河的总渠长，晋祠镇上的中、南、北三个堡轮流充当，由值年乡绅会同镇里的绅士们秉公议举，且不得连任。③

　　民间组织作为信息传达的渠道，能够避免政府决策可能造成的失误，这是其协商、调解利益的又一重要意义。士绅生长于本地社会，对当地的情况较为了解，可以超越私人人际关系的局限，借助民间组织与各级政府官员直接对话，有时甚至能够突破官僚等级与行政科层的困囿。比如湖南狮山书院理事会面对周边山林石灰开采所引发的环境问题，积极向各级政府协调，最后更是直接与省级政府对话，有效推动了石灰开采问题的解决。④倘若仅在官僚体系内部协调，随着信息的逐级传递，信息的有效性就可能被降低。

---

① 〔清〕明之纲、卢维球纂修：《桑园围总志》，载中国水利史典编委会编《中国水利史典·珠江卷一》，中国水利水电出版社，2015年，第94页。

② 孙奂仑：《通利渠渠册》，载《洪洞县水利志补》，山西人民出版社，1992年，第46页。

③ 参见《晋祠水利志》编委会编：《晋祠水利志》，山西人民出版社，2002年，第44页。

④ 参见光绪《浏东狮山书院志》卷五《封禁》，成文出版社，2014年。

第二节 民间组织的资产独立性与资源整合力

民间组织长期、稳定地主导基层公共事业，数十年、数百年延绵不辍，在于其拥有相应的财产与产权，时称"公产"①。独立的产权保证了民间组织的独立性、持续性与稳定性，并赋予其较强的资源整合能力。

民间组织出于公益建造基础设施与公共工程，所需资金浩大，大部分都是通过募捐而得。以士绅个人名义募捐，不仅"师出无名"，而且缺乏可操作性。募捐的对象往往分散于村村寨寨，民间团体需要组织人力去募化和催捐。捐，与强制性的税相对，名义上是自愿的，但在实际募化过程中，也常带有某种变相的强制，组织者会微妙地利用民间舆论压力，迫使民众不得不捐。常常可以见到户户皆捐、人人皆献的现象，几乎可称之为"社会税""民间税"了。道光五年（1825），山西太谷石家庄村为公共事业集资，"好善乐施"碑刻下了捐赠者姓名以期"永垂不朽"，富者多捐，穷者少纳，其中施钱300文者逾170人，施钱500文者

---

① "公产"在性质上多属于法人产权。法人与自然人相对应，法人产权指特定群体、机构、单位、社团、企业等民间组织所拥有的财产权，具有独立性、排他性、整体性，受到政府和法律保障。关于"公产"的性质，详见本书代结语。

72人，近乎达到"无人不捐"的程度。[①]

　　民间组织能够有效地筹集资金的一大原因，在于民间组织往往掌握较为全面和具体的信息。一方面，民间组织源于基层社会，通常以特定地域范围为核心，或由同一社会群体所组建，相关资金筹集自受益者，能够较好地避免组织成员"搭便车"。某些民间组织甚至对当地百姓所拥有的财产进行明确记录，能够迅速知晓个体家庭田产的增减变动，并在摊派的时候做出调整，这是里甲等国家赋役制度始终追求却难以实现的目标。[②]另一方面，民间组织发起的捐赠通常是一次性的，尽可能避免同一主体的多次支付，从而减少"搭便车"问题的发生。常见的方法是，在社区内按拥有田产多寡或按人数"均摊"，由此形成较为稳定的程序与制度。都江堰灌区由崇庆州、大邑县、新津县三地大小堰堤100余座构成，修建与维护需要流域内民众的协作，成本也由用水者承担。其中的通济堰为三地"公堰"，所需工程根据受益田亩大小、上下游职责进行分摊。[③]在山西一些地方，即使是一口水井，修建时往往也需要使用者共同出资并轮流维护。[④]

　　民间组织筹集财产的过程，也是其整合不同人群、不同地域

---

① 参见道光五年（1825）《好善乐施布施碑》，现存山西省太谷县县阳邑乡石家庄村。

② 参见杜正贞：《村社传统与明清士绅：山西泽州乡土社会的制度变迁》，上海辞书出版社，2007年，第229—230页。

③ 感谢四川大学周琳副教授提供清朝《新津县档案》。

④ 参见同治十一年《重修东井碑记》，载张正明、［英］科大卫主编《明清山西碑刻资料选·续一》，山西人民出版社，2005年，第240—241页。

资源的过程。民间组织能够实现跨地域的资源整合，这可从其财产分布清楚得知。比如镇江义渡局先后购买镇江、扬州两地房产14处，购买镇江、江都两县沿江的连成洲芦滩2800余亩、永济洲芦滩2800余亩。[1]普通民众亦能通过民间组织实现跨地域的资金筹集。比如山西阳邑六义堂在光绪年间重修乌马河善桥时，筹集资金白银1348两、钱132100文，除从当地募集资金，还有来自北京、河北、河南等地的捐助，外地捐助的资金分别是白银占43.2%、钱占29.8%。[2]

民间组织的财产形态具有多样性，田地、商铺、会金、粮食都是常见的形态，股权、收益权等权利也可以成为公产，民间组织亦能根据自身需要灵活配置。比如乾隆五十一年（1786），山西太原郭成孝连同兄弟、侄子，将继承自祖父的"窑分"捐赠龙泉寺，"凡一切费用获利，一概由龙泉寺专主，与孝等三人无干"[3]，此处转让的"窑分"即为郭氏祖父与人合伙经营煤窑的股份，郭孝成与另外四名股东商议后，捐出其可以处置的部分。此后，股份与其收益归属龙泉寺，这一捐赠本质上属于股权转让。就土地而言，民间组织所拥有的土地遍布城乡，如重庆东川书院拥有大量城市土地，超过80%出租为商铺，每年可从中得到租金

---

[1] 参见龚君、魏志文：《瓜镇义渡局始末》，《档案与建设》2016年第5期。

[2] 参见光绪二十八年（1902）《阳邑大社六义记》，载张正明、［英］科大卫主编《明清山西碑刻资料选·续一》，山西人民出版社，2005年，第39—48页

[3] 乾隆五十一年（1786）《施舍约碣》，载张正明、［英］科大卫主编《明清山西碑刻资料选·续一》，山西人民出版社，2005年，第55页。

收入897.25两，高于其从田地中获得的田租。[1]

民间组织也广泛利用市场机制经营财产，体现了较强的创造力和灵活性。比如山西运城鸣条舜帝陵庙为周围四村历年春秋演戏之处，为筹集费用而在其周边设市集、开店铺，向市场中的商品征收费用，将其用于庙宇的整修与祭祀，在不加重地方负担的情况下，庙宇的经费得到了保障。[2]四村为舜帝陵庙筹集公产的过程，与今日设立园区、招商引资的模式有异曲同工之处。民间组织对市场机制的利用主要体现在土地市场与金融市场。民间组织大量投资土地、房产，以租金维系公共事业，以至于拥有的财产占比相当之大。根据刘伯骥的统计，清代广东205所书院拥有的田产累计超过6万亩。[3]民间组织往往也利用金融市场"发典生息"，寻求财产增值、构筑稳定现金流。清代汉口紫阳书院初创时期因资金不足，将多间楼房铺面典质于人，后于康熙六十年（1721）筹集白银300两赎回，并再度出租，以租金偿还本金。本金还清后，租金成为书院公费，以备书院日后整修。紫阳书院由徽州商人在商业发达的汉口所创，其收入大多来自商铺租金，每

---

[1]　《东山书院公业纪要》，载邓洪波主编《中国书院文献丛刊》（第一辑）第九十一卷，国家图书馆出版社，上海科学技术文献出版社，2018年。

[2]　"每年斗捐花用，拨为祭祀修葺之费。"引自光绪三十三年（1907）《斗捐花用报入庙碑记》，载张正明、［英］科大卫主编《明清山西碑刻资料选·续一》，山西人民出版社，2005年，第143—144页。

[3]　参见刘伯骥：《广东书院制度》，台北"国立"编译馆中华丛书编审委员会，1978年，第178页。

年可达白银4404两，其中来自土地的租金收入仅有6两。①广东义仓则将市场的作用发挥到了极致，许多义仓实际上已经发展为一个近似于企业的组织，通过合会筹集启动资金，通过市场运作粮食储备。当时至少有1/3的义仓不建仓库，义仓资本完全用于置产、放当等投资活动，平时不做实物储备，荒歉时再用投资收益到市场上（特别是外地）购米救济。②在水运发达的佛山，当地义仓于嘉庆二年（1797）购置船艇，并将其出租给疍民，每年收取租金，此后租金占义仓年收入的比例超过90%。③

　　民间组织的财产通常被称为"公产"，与"私产""官产"等不同类型主体所拥有的财产并列，其边界在时人眼中相对清晰，各方对这一产权性质的认识遵循既有的规则与惯例，其他主体不能主张对民间组织财产的权利。康熙五十四年（1715），山西代县百姓向寺庙捐出土地时就强调"盖田为庙计，非为人计。谁作是庙之主，则食庙之田"④。乾隆十八年（1753），平遥县金庄村义学扩建后立碑，明确义田归义学所有，管理者"训蒙"代表义

---

① 参见〔清〕董桂敷撰：《紫阳书院志略》，李经天、李珠点校，载《楚书·楚史梼杌·湖北金石诗·紫阳书院志略》，湖北教育出版社，2002年，第230—231页、第237页。

② 参见陈春声：《论清末广仓的兴起——清代广东粮食仓储研究之三》，《中国社会经济史研究》1994年第1期。

③ 参见吴四伍：《清代仓储基层管理与绅士权责新探》，《学术探索》2017年第4期。

④ 康熙五十四年（1715）《度迷津募田永远记》，载张正明、〔英〕科大卫主编《明清山西碑刻资料选·续一》，山西人民出版社，2005年，第5—6页。

学，拥有受益、处分的权力，其他人无权干涉。①公产的管理有赖首士、理事等管理者按《章程》运营，由组织内部共同商议使用。政府对法人产权的认可和保护基本与私有产权无异。代表契约的产权凭证与交易凭证，由官方载明于鱼鳞图册。编造于同治年间的浙江汤溪县鱼鳞图册中，令公会、崇文会、青龙庵、胡村庙、芝山庙、七星会、考棚岁修等民间组织的名称多处出现，代表它们拥有相应土地的所有权。②同治元年（1862），山西平遥士绅筹集白银10000两，交由当铺生息以供书院各项开支，同时明确此次为书院添置公产的做法，乃仿照祁县等三县的《章程》，公产的筹集、管理与收益等环节政府不能干涉。③

官员同样不能随意侵占公产，侵占者亦将受到惩处。乾隆四十年（1775），有官员霸占了浙江绸商在苏州吴县的钱江会馆30余间，商帮诉至官府并胜诉，该官员搬出后，官方下达禁令，并且勒石刻碑，以杜绝官员随意侵占。④民间组织的财产与产权

---

① 参见乾隆十八年（1753）《义学碑》，载张正明、［英］科大卫主编《明清山西碑刻资料选·续一》，山西人民出版社，2005年，第640页。

② 参见李义敏、张涌泉、胡铁球主编：《汤溪鱼鳞图册合集》，浙江大学出版社，2020年，第一册第334页，第三册第33页、第178页、第196页、第211页、第244页、第463页。原文各处出现较多，此处仅列举部分。

③ 参见同治元年（1862）《靳公廷钰署平遥邀集绅士议》，载张正明、［英］科大卫主编《明清山西碑刻资料选·续一》，山西人民出版社，2005年，第648页。

④ 参见乾隆四十一年（1776）《吴县永禁官吏占用钱江会馆碑》，载江苏省博物馆编《江苏省明清以来碑刻资料选集》，生活·读书·新知三联书店，1959年，第25—26页。

制度，保证了其独立性、持续性与稳定性，进而确保了基层公共事业长期、有效运行，这也是士绅个人力量所无法实现的。

第三节　基层社会的自组织力：制度与规则

民间组织以其公开透明与权责分明的治理模式，形成了激励与约束机制，具有一定的活力和拓展性，从而有效满足了基层社会的公共需求。士绅与民间组织制定的乡规民约，长期稳定地维护着基层秩序。如果脱离了制度化的民间组织，士绅个体往往不能充分发挥作用。

一、激励与约束的制度化

在参与基层公共事业的过程中，民间组织往往建立起有效的自我约束机制。在民间组织的理事会治理模式下，理事会成员"首事"由民间"公议"推选，自愿担当。民间组织通常设立章程与规约，以保证组织发展与公共事业的稳定性、延续性和长期性，此类事项在书院志、水利渠册、各地的碑刻等文献资料中多有记载，其人事管理、账目往来基本能做到公开透明，向各利益相关方负责。随着公共事业的发展，不同民间组织的功能发生分化。清代江南的城隍信仰普遍以董事组织和城隍会的方式开展活动。前者主要负责庙宇的修造和维护，置办祭产，产业不仅有田、地、店铺等多种形式，而且多置办于城市中交通便利、商业繁荣的区域。后者主要参与城隍祭祀仪式各环节，二者分工明确、联系紧密。①

权责的分配与决策中的制约机制尤其重要。义渡管理章程规定，乡间首事管理义渡田产，长沙城首事管理河船，每年的整修由城乡共同办理。②广东南海的桑园围通修工程中明确规定，各堡修筑各处基址需要总局派出首事，"协同该处首事，相度办理"③，不允许各堡私自修筑。

民间组织还可根据实际情况，自我纠正、自我更新、自我完善。雍正年间，长沙、益阳等地方初办社仓时，曾实行由本里民众轮流担任社长的方法，运行不久后即出现挪移亏空的情况，"良法成弊制也"。此后，社仓明确社长一职由殷实端方绅士担任，不但考虑其乡绅身份，更强调个人品质和威望，以保证社仓顺利发展。④佛山义仓创始初期，由全镇士绅共同推举管理人，嘉庆十七年（1812）后，改为二十四铺轮流派士绅管理，以期预防管理者长期垄断管理职位可能造成的腐败。⑤清朝嘉庆、道光

---

① 参见李义琼、张妍妍：《清代江南城隍信仰的组织化与城市社会经济》，《中国经济史研究》2021年第1期。

② "长善各二，乡城分管。乡管田业，城查河船；支发银两，岁修油艌等项，仍公同办理。"《津梁·附载义渡章程》，载〔清〕刘采邦等编纂《同治长沙县志》卷五，岳麓书社，2010年，第60页。

③ 〔清〕明之纲、卢维球纂修：《桑园围总志》，载中国水利史典编委会编《中国水利史典·珠江卷一》，中国水利水电出版社，2015年，第143页。

④ 参见白丽萍：《清代长江中游地区的宗族、乡绅与社仓》，《求索》2011年第2期。

⑤ 吴四伍：《清代仓储基层管理与绅士权责新探》，《学术探索》2017年第4期。

时期，江南地区的育婴堂出现了监管松懈、侵蚀公款等诸多弊端，导致婴儿死亡率上升，最早成立的扬州育婴堂甚至一度被讥为"杀婴堂"。经济不发达的地区情况更为严重，在湘贵交界的洪江镇上，当地育婴堂在1880—1887年收容的弃婴死亡率高达67%。在这样的情况下，育婴堂通过将家庭引入救助体系，成功提高了救助效率，梁其姿称之为"配合家庭制度的保婴会"①。

为获得社会各界信任，保障财务运行的安全与透明，民间组织创造出了"征信录"这一有效的信息披露机制。最早的"征信录"可以被简单理解成年度连续编制的"会计报告"，开列"旧管、新收、开除、实在"四柱清册，汇总一年的收支状况，并向社会公开。康熙二十年（1681）之前，"征信录"就已经被用于管理善会善堂的账目。②随着地方公共事业的发展，征信录逐渐被不同民间组织所利用，如书院、会馆，尤其是在工商业行会中，清代上海各行业的商人行会通常主动刊刻。③民间组织在长期发展中，不断顺应实际情况进行调整，这种较强的适应性与创造力是民间组织得以持续、有效运行的关键因素。

---

① 具体方法是，将救助重心从育婴堂转向防止父母溺婴，给予有新生婴儿的穷苦之家每月1斗米及200文钱的救济补助，为期5个月。如果5个月之后，受济之家仍难以养活婴儿，再安排送至育婴堂抚养。参见梁其姿：《施善与教化：明清时期的慈善组织》，北京师范大学出版社，2013年，第242页。

② 参见［日］夫马进著：《中国善会善堂史研究》，伍跃、杨文信、张京锋译，商务印书馆，2015年，第712—713页。

③ 参见彭泽益主编：《中国工商行会史料集》，中华书局，1995年，第765—930页。

二、民间组织的拓展性

各民间组织能够通过联合、复制与扩张实现资源整合，从而推动基层公共事业的发展。同治三年（1864），杭州全城23个民间救火组织"集"联合起来，以祭祀龙神为名，在梅东高桥成立仁和、钱塘县救火公所。光绪十九年（1893），发展到30余"集"。[①]清代的江西新城县中田镇，鲁、陈两大家族于乾隆年间先后创建了家族义仓。鲁、陈二姓经过协商，决定充分发挥各自的优势，在各自义仓的基础之上，共同建立"广仁庄"义仓，对当地的公益事业产生了深远影响。[②]规模较大的民间组织还演化出了多层次的结构。镇江义渡局与武宁浮桥局均建立起"总局—分部"的组织架构，各分部独立开展业务，总部具有统一调度的权力。

宗教组织与其他民间组织的互动尤为频繁。一方面，寺庙的建设离不开其他民间组织的支持。山西太谷县净信寺同时作为合镇公所，是全镇每年祭祀神灵、赛会演戏之处，至雍正十年（1732），寺已破败，寺庙住持和尚祖慧希望重修，重修资金亦得到各社的支持。[③]另一方面，其他民间组织也能借助寺庙发挥职能、兴办公共

[①] 参见邹怡：《清代城市社会公共事业的运作——以杭州城消防事业为中心》，《清史研究》2003年第4期。

[②] 参见衷海燕：《清代江西的家族、乡绅与义仓——新城县广仁庄研究》，《中国社会经济史研究》2002年第4期。

[③] 参见雍正十三年（1735）《净信寺重修佛殿金妆圣像增建社房门亭记》，载张正明、［英］科大卫主编《明清山西碑刻资料选·续一》，山西人民出版社，2005年，第373—375页。

事业。山西介休兴地村的社仓谷物即储存于当地的回銮寺。^①清代嘉定县存仁堂延续施棺会"就僧寺设局"的传统，太平天国运动之后，又利用庙址重建殡房。^②

民间组织还可突破行政区划的限制，实现跨地域的运营与合作。明清时期，广东的水利设施多为民间修建，其中跨越一县至数县的大型堤围、堤岸工程并不罕见。^③19世纪以来，传统中国本土的民间组织与基层秩序随着国际移民的不断增加，逐渐移植海外，形成跨越国界的资源整合能力。^④

不同类型的民间组织也能够实现相互联合与资源共享。湖南宁乡县的云山书院下辖桥会"步云桥"，该桥会实际上是负责修建、管理步云桥的民间组织，拥有独立的理事会和稳定的田产，与书院相对独立。书院理事会通过每年核算"步云桥"的收支账目，履行监督、管理桥梁日常运行的职责。^⑤光绪九年（1883），在原有的慈善组织的基础上，杭州发展出包括25个不同部门的"善举联合体"，涉及养老、医药、救生、育婴、义学

---

① 参见乾隆四十一年《兴地村社仓碑记》，载张正明、［英］科大卫主编《明清山西碑刻资料选·续一》，山西人民出版社，2005年，第701—702页。

② 参见张佩国：《地方善举的贡赋化——清代嘉定县的善堂经营》，《浙江社会科学》2019年第7期。

③ 参见鲍彦邦：《明清侨乡农田水利研究——基于广东考察》，广西师范大学出版社，2012年，第25—26页。

④ 参见贾俊英、龙登高、张姣：《华人国际社团组织力的拓展——基于"世界福清同乡联谊会"的考察与解释》，《东南学术》2020年第2期。

⑤ 参见《云山步云桥渡章程》，载邓洪波整理《中国书院学规集成》（第二卷），中西书局，2011年，第1141页。

等多个领域。[①]

　　奥斯特罗姆从关于公共资源的研究中得出结论，一个能够良好运行的自主组织通常遵循下列原则：资源之间具有清晰的边界，所设立的规则与当地的制度相适应，内部成员可自行制定规则并且实现"内部监督"，内部执行的惩罚体系具有一定弹性，当地存在的自行解决冲突的机制并不受外界权威干扰，各种治理活动被整合进一个多层次的嵌套式企业（nested enterprises）中执行。[②]传统中国的民间组织种类多样，但通常都源于本地社会，由本地士绅组织制定规则；有制度化的激励与监督机制，相应的监督亦由民间组织内部执行；当公共需求扩展时，民间组织亦形成多层次的结构，以实现不同类型的职能。由此，民间组织能够长期有效地运行，满足基层社会的需求。

三、民间规则与秩序

　　基层秩序有规则约束，其中乡规民约的相当一部分由士绅与民间组织制定，长期沿用的惯例由民间组织重申或监督，成为士绅与民间组织调解民众纠纷、将矛盾化解在基层的依据。只有事关命案或个别实在无法调停解决的情况，才赴县衙仲裁。卞利认为，民间规约作为基层社会治理和经济、文化及宗教活动管理的

---

① 参见［日］夫马进著：《中国善会善堂史研究》，伍跃、杨文信、张学锋译，商务印书馆，第501页。

② 参见［美］埃莉诺·奥斯特罗姆著：《公共事物的治理之道：集体行动制度的演进》，余逊达、陈旭东译，上海三联书店，2000年，第144页。

一项非制度性设置，本身带有一定的自治性质。① 这些规约的普遍存在，在现存的碑刻、抄本或印刷品中大量可见，② 从民间组织的角度大致可归为三类：

（一）特定群体内部成员的行为准则。通常而言，各种会社都议定有内部规约，以规范会员行为、协调会社内部各种关系。③ 光绪七年（1881），台北溪尾庄为维系庄内治安与社会秩序，职员、总理、绅耆、庄众等"仝立禁约字"，议定"公议"条规十二条，在庄中设立"公馆"以调解纠纷、维护治安，"庄中置公馆一所，凡大小之事，皆先集绅耆、庄众，订日在公馆评断曲直，不得袒庇，庶免强弱欺凌、是非词讼之弊；如有事不先投明绅耆、庄众，而遽自多放投词，至生事端而好事控告者，均同公罚"④，并且规定相应的惩罚条款，包括违者罚款、"革出外庄"、"禀官究治"等。禁约后盖有"淡水县正堂顾"之印，代表政府对这一民间机构及其条规的认可，民间规则的正当性得以进一步强化。

（二）士绅与民间组织拟定面向社会全体成员的公共规约。这类规约通常经过呈请官府批准而具有法律效力。光绪年间，婺

---

① 参见卞利：《论明清时期的民间规约与社会秩序》，《史学集刊》2019年第1期。

② 参见韩文甫、李霖：《清代河南乡规民约碑刻在乡村社会治理中的功能作用》，《中州学刊》2020年第10期；王建云：《清代民国时期乡规民约与地方社会研究》，山西大学硕士学位论文，2020年。

③ 参见卞利：《明清徽州的会社规约研究》，《徽学》2006年第4辑。

④ "窃闻官有正条，民有私约，……爰是邀集绅耆、庄众，公仝订约，严立条规。"载高贤治编著：《大台北古契字二集》，台北市文献委员会，2003年，第569—570页。

源的士绅面临当地因石灰开采而山林破坏的情况，以书院、文会为依托，"兹集五乡同具公呈，请官惩治，一面给示加禁"[1]。面对近50名士绅的上禀，婺源知县发布禁示，并饬令石窟附近各图约保，"查取各窑户姓，提案究办"[2]。以民间规约维系社会秩序，在山林资源的保护中十分常见。徽州地处山区，山林茂密，倘若无限制地开采，往往容易造成植被破坏、水土流失。根据咸丰七年（1857）思义社所立禁约合同，嘉庆年间该村"未行示禁"，树木被大量砍伐，致使洪水侵袭村庄，房屋田地尽被淹没。在当地乡耆的倡议下，"邀集各房人等公议，严禁树木、柴薪，毋得混行砍伐"，此后山林得以恢复。而在40余年后，原有禁约逐渐失效，思义社内各房重新订立禁约，"重禁树木、柴薪、五禾、菜蔬、瓜果等项"，倘若违背禁约或是盗砍山木，将"公同究治，断不容情"[3]。

（三）市场交易规则。除了牙行、官中等政府授权的中介维护市场秩序，各地会馆、同业公所也往往颁布行规以规范交易秩序，此不赘述。

乡规民约通常具有相当的稳定性，在基层长期发挥作用。福建漳浦县的碑刻记载了明嘉靖至清乾隆年间的几则水陂契约，这

---

[1]　《书院致五乡信》，载余伟《婺源〈保龙全书〉的整理与研究》，江西师范大学硕士学位论文，2011年，第106页。

[2]　光绪十六年（1890）《合邑绅士具禀段知县》，《婺源〈保龙全书〉的整理与研究》，第110—111页。

[3]　参见《清咸丰七年（1857）一月思义社内人等禁约合同》，载俞江主编《徽州合同文书汇编》（第四册），广西师范大学出版社，2017年，第1416页。

一稀见的资料呈现了民间规则长期存续演变的轨迹。

明嘉靖四十五年（1566）建成石陂3座，可灌溉周边僧民田共500余石。次年，周边八社共同"结立合同"。清顺治十八年（1661），水陂曾一度废坠。康熙九年（1670）周边社众再次签订契约，明确灌溉用水的分配与水租的缴纳，"合就鸠集社众，跪神立字，嗣后如有违背禁约，社众出头共攻，鸣官究治，不得推委"。民间团体的契约得到法律的认可，乾隆二十八年（1763）陵门水陂出现用水纠纷时，知县根据上述契约进行断案与调解，并将其结果勒石"永遵断案"。①

由于水利设施具有某种共用资源（common pool resources）的性质，容易产生"搭便车"的行为，因此不仅需要各利益相关方共同订立契约，以明确规则，而且需要官府勘定和信用背书，以确定合约的法律效力，甚至通过"请戏盟神"的方式，以共同宗教与信仰力量强化约束，增强规则实施效力。

民间组织对基层秩序的维护是多维度的。以福州"社境"组织为例。自元代以来，社境作为以共同信仰和祭祀为特征的民间组织体系，在组织迎神赛会的同时成为社区的议事中心，并制定社区公约。倘若事关全城，市民便聚集城隍庙商议，必要时向政府表达诉求。社境的功能随着时代发展不断拓展，19世纪以来，依此形成了民间救火会体系。②甚至在遇到匪乱的情况下，也是

---

① 参见《何公断定官陂水例便民碑记》，载王文径编《漳浦历代碑刻》，漳浦县博物馆，1994年，第93—97页。原文标点、识读有误。

② 参见徐文彬：《近代民间组织与灾害的应对》，社会科学文献出版社，2018年，第21—24页。

民间自救自卫，晚清团练就是如此，靠地方团练而兴起的湘军还挽救了在太平天国运动冲击下摇摇欲坠的大清王朝。光绪《嘉应州志·兵防》之《团练乡约章程》第一条"使乡自为守，民自为卫。且使乡相救援，民相卫护，然后可以戢暴安良"①，直接点明了民间组织维护治安的职能。

第四节　士绅、民间组织与政府

士绅通过创建与领导民间组织在基层发挥作用，能够为包括士绅在内的不同社会群体与各地民众提供活动的平台与组织基础。民间组织凭借其组织与制度优势，超越自然人的生命与局限，长期、稳定地参与基层公共事业，并与政府有序连接。士绅、民众、民间组织相互配合、相辅相成，共同维护基层秩序。

民间组织在基层社会长期存续、广泛开展公益事业，从而得到社会各界的认可，也为士绅以外的其他群体所广泛利用。福建崇安掌管辟支古佛庙的会首通过轮值的方法得以确立。对于当地村民而言，出任会首是村中居民共享的权利和义务。如有当值者迁出该村，则由下一户人家预补充继；如有新迁入人家，则会自觉加入轮值之列，从而保证了会首轮值不会受到人口迁入与迁出

---

① 光绪《嘉应州志》卷十五《兵防》，载《中国地方志集成·广东府县志辑》第20册，上海书店出版社，2003年，第239页。

的影响。[①]

非人格化与制度化的民间组织具有较强的存续力，能够避免"人亡政息"的困境。桑园围总局于乾隆五十九年（1794）创建后，在历代士绅的领导下，200年来多次完成堤坝的重修与维护，直至民国时期仍延续不辍。苏州育婴堂、普济堂、广仁堂在太平军攻占苏州后被毁，李鸿章收复苏州后又都将其重建，使其继续履行创建之初所约定的使命。这三所善堂毁于战火之时，均有百年以上的历史，其战后能够浴火重生，得益于一代代士绅的推动。

相当数量的民间组织由士绅以外的民众自发创建，成为传统中国基层秩序的重要组成部分。事实上，传统中国历来拥有自由主义的朴素传统，基层社会呈现自治形态，家族、宗教与结社基本自由。[②]士绅之外的群体包括僧侣、道士等宗教人士，处于社会底层的曲艺伶人、手工业者、漕运水手、挑运脚夫等为维护当地生产、生活秩序，保护自身利益，也自发成立了多种多样的民间组织。妇女亦可通过民间组织发挥作用，咸同年间长沙的燕坡三节渡即由三名节妇共同捐置，"同心利济，置渡船、雇舟子、建津亭、造庄屋"，并且捐入田产为义渡持续经营提供资助。[③]

---

① 参见王日根：《清代前期福建地域间基层社会整合组织的比较研究》，《福建学刊》1997年第5期。

② 参见龙登高：《历史上中国民间经济的自由主义朴素传统》，《思想战线》2012年第3期。

③ 参见〔清〕刘彩邦等修纂：《同治长沙县志》，岳麓书社，2010年，第64页。

政府通过利用民间组织实现对基层社会的管理、救济等，以维护稳定的社会秩序。清代巴县政府为方便管理脚夫，维持地方秩序，也为了在脚夫中抽税、派差，长期通过设立"夫头"、帮助议定行规等方式，协助脚行、力夫建立相关组织。[①]重庆的八省客长，由来自湖广、江西等八个省的移民推举，承担了处理商事纠纷、办理保甲、粥厂等地方公共事务，同时亦承担一定的官府差役。[②]

民间组织主导公共事业与政府征收赋税、"教化"百姓、维持社会秩序的目标一致，因而获得政府的支持与优待。地方官员亦鼓励和倡导基础设施与公共工程建设，以此获得政绩。对民间组织本身而言，政府的支持同样促进了其自身的发展。以清代书院为例（如图2-1所示），政府往往不直接管理书院，而是通过派驻监院对书院的财务进行监督，书院的日常管理、负责教学的"山长"的选派等事务，则依赖由士绅所组成的"董事"。诚如奥斯特罗姆所言，"大多数成功案例中的制度安排都是公共体制与私人体制多方面的结合"[③]。在官府、百姓、士绅等种种社会力量的支持下，民间组织有效地实现了跨阶层、跨地域合作，一定程度上满足了基层社会对公共服务的需求。

---

① 参见陈亚平：《18—19世纪的市场争夺：行帮、社会与国家——以巴县档案为中心的考察》，《清史研究》2007年第1期。

② 参见周琳：《城市商人团体与商业秩序——以清代重庆八省客长调处商业纠纷活动为中心》，《南京大学学报（哲学·人文科学·社会科学版）》2011年第2期。

③ ［美］埃莉诺·奥斯特罗姆著：《公共事物的治理之道：集体行动制度的演进》，余逊达译，上海译文出版社，2000年，第274页。

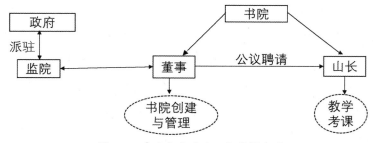

图2-1 清代书院的治理与监督体系

官府可以通过士绅联结民间组织与基层社会。士绅通过科举考试获得生员等身份后，可以享受赋税减免的特权，并保有通向官僚体系的晋升渠道。士绅参与公共建设，会累积功名记录；相反，如果作恶乡里，则会受到相应的惩戒。由此而言，士绅群体也被纳入制度框架之中。光绪三十一年（1905）年科举制度废除后，士绅的激励与约束机制不复存在，土豪劣绅开始出现。[1]在20世纪革命力量的打击下，传统基层社会秩序也日益受到冲击而被解构。

小　结

本章对民间组织的制度特征进行了系统性论述，进而探讨了民间组织在基层秩序中的核心角色与重要作用，由此得到新发现

---

[1] Yu Hao, Zheng-Cheng Liu, Xi Weng, and Li-an Zhou, "The Making of Bad Gentry: The Abolition of Keju, Local Governance and Anti-elite Protests, 1902-1911", *The Journal of Economic History*, 82.3(2022): 625-661.

与拓展性认识。民间组织作为非政府、非营利性主体参与公共事业，受到政府和社会的认可与支持，具有较强的"合法性"与稳定性；民间组织拥有稳定且独立的财产与管理机制，能够较好地整合不同社会资源，协调不同阶层、不同群体的利益和冲突，并对各参与者形成制度约束，减少可能的腐败。民间组织的制度安排具有一定的制度活力和拓展性，为士绅之外的其他社会群体参与公共事业奠定了制度基础。政府亦能够通过民间组织联系民众，从而以较小的官僚体系、较低的行政成本实现对"广土众民"的大一统国家的间接治理。最后，民间组织赋能基层社会，推动了基层社会规则与自发秩序的生成与发展。

　　以民间组织为核心的治理模式之所以能普遍存在，是因为产权制度和治理机制的有力保障。在制度化的章程之下，独立的财产与产权，民主推选、公开透明的机构治理，保障了民间组织整合各方资源的能力，从而使民间组织及其承担的公共事业在数十年、数百年的时间尺度上稳定存续。由此也可明确，过去的一些主流成说，如中国人缺乏自发组织能力，中国人没有民主基因，传统中国缺乏制度、规范等，都失之偏颇。[①] 传统基层秩序的维系并非仅仅依靠浅层次的道德教化或个人权威，而是依靠一套包含产权、组织、市场等要素的整体性制度。这种制度基础不仅为士绅提供了平台，也为普通民众在公共领域和基层秩

---

① 参见龙登高：《中国史观的20世纪偏误及其探源》，《清史研究》2020年第6期。

序中有所作为提供了可能性。士绅、民间组织以及与政府有序联结的基层制度体系，使得国家能力在与民间社会的互动中得以塑造。凡此发现与认识，将推动我们全面反思传统中国的经验与文化基因，也能为当前具有中国特色的基层治理体系与治理机制提供独到的启示。

第三章　地权制度、观念与民间经济

　　土地和土地制度是农业社会的资源配置和经济运作的核心所在。十余年来，经济史学界对土地制度的分析逐渐深入，研究表明，民间和官方分别在实践和制度层面肯定的土地私有产权是传统中国长期经济增长的核心要素。[①]不过，目前有关传统地权的研究主要围绕土地契约、调查报告和土改资料展开，聚焦于交易习惯和市场规则之中的产权实践，关注农业社会中的资源配置与经济效率，但有关相应价值信念、思想观念及意识形态等方面的讨论，仍存在较大扩展空间。与之相对的是，部分研究忽视了国家和精英对地权制度的理性讨论。

　　历史上的限田或均分论希冀以此减少土地兼并，消除贫富不

---

① 参见曹树基、刘诗古：《传统中国地权结构及其演变》，上海交通大学出版社，2015年，第3—15页；龙登高：《中国传统地权制度及其变迁》，中国社会科学出版社，2018年，第1—13页。

均和缩减贫富差距。①但不能忽视的是，在经济治理的实践中，国家积极主张保护土地私有产权，较为典型的是乾隆年间朝廷的田制讨论。不过，在近代中国处于内忧外患之际，这种思想局面发生逆转。20世纪初，孙中山提出著名的"平均地权"口号，受到社会和知识分子的广泛关注和认同。20世纪后半期，"平均地权"在全国层面转化为均分实践，土地改革成为时代大势。直至21世纪初，中央鼓励土地流转，意味着农地由政府分配转向市场配置。②上述历史变化有深刻的时代烙印与潜在的逻辑特征。本章将在准确认识传统中国土地产权形态的基础上，归纳总结清代主流的田制思潮，提炼朴素自由主义在地权市场上的表现形式，并着重探讨近代以来"平均地权"思想的实践过程，进而把握与分析当前中央推进的土地要素市场化。本章的考察将结合经济史与经济思想史相关研究，深入展示从"平均地权"到鼓励土地流转的制度变迁逻辑。

第一节 传统土地产权形态的理论建构

中国历史上的土地产权包含私有产权、法人产权与国有产

---

① 限田或均田论参见钟祥财：《中国土地思想史稿》，上海社会科学院出版社，1995年，第26—29页、第42—46页、第55—61页、第73—78页、第84—85页、第97—98页、第113—115页、第142—143页。

② 参见龙登高：《从平均地权到鼓励流转》，《河北学刊》2018年第3期。

权，三种形态同时并存，不同阶段各自所占的比重有所不同。其中，土地私有产权占据主要地位，近世以降，土地产权的发展不断成熟。多层次的地权类型和多样化的交易形式所蕴含的金融功能彰显了农业经济和地权市场潜藏的乡村活力，呈现了民间基层社会自生自发的自然演进秩序。

对传统中国土地私有产权的考察，能够有效促进源自中国经验的理论创新。传统中国的土地权利可分不同层次和不同时段的考察，土地权利的每一个部分和每一个时段都可以独立进入市场进行交易。不同时段的土地权利可以形成跨期调剂，土地权利也可分层次形成所有权、占有权与使用权等产权形态。不同层次的土地权利可通过投资、交易和继承获得，成为农民的财产性权利，不同的土地权利在市场交易中形成不同的价格。完整的土地权利的交易通常称之为"买卖"，多数表现为所有权的交易，相应地，租佃交易中涉及的土地权利则仅是全部土地权利的一部分，所交易土地权利的多寡直接形成不同的价格。除了交易和继承，非土地所有者通过投资来控制土地收益增值，进而获得相应的土地权益，也是传统中国比较普遍的模式。[①]

兹以典权为例，其最能体现出传统中国的地权交易特点。典权属于占有权，是一种财产性权利，持有者可以凭此进行抵押贷款。典权在唐宋时期，特别是在宋代以后逐渐成形。在从宋代到

---

① 参见龙登高、陈月圆、李一苇：《在所有权与使用权之间：土地占有权及其实现》，《经济学》（季刊）2022年第6期。

清代的演进过程中，典权的规则逐渐完善，在不同时期呈现了不同面貌，在自宋至清的演进过程中，交易规则变得更为完善。从历史来看，典权的交易规则并非来自某个官员或皇帝的直接规定，而是源于长期、丰富的民间交易实践，并在此基础上得到了社会的普遍认可与法律的保护。[1]

整体而言，地权交易体系的形成源于长期的历史演进。租佃即为使用权的交易，早在战国秦汉时期便已出现；抵押的交易形式在魏晋南北朝时期开始出现；明清以来，所有权的交易当中又分化出活卖和绝卖。早期的地权形式比较单一，因此容易造成土地集中，明清时期则形成了丰富多样的地权交易体系，能够在最大限度上限制地权交割，抑制土地兼并。农民可通过土地市场便捷地获得土地的不同层次的权利，独立开展农业经营。多样化的交易形式使得个体农户能够根据市场价格涨落和风险高低做出多样化的选择，通过市场要素和资源组合建立起个体家庭农庄[2]，完成生产和再生产，调配当期收益和未来收益，从而实现土地和劳动力等生产要素的动态结合。地权市场和家庭农庄精耕细作的生

---

[1] 参见龙登高、温方方、邱永志：《典田的性质与权益——基于清代与宋代的比较研究》，《历史研究》2016年第5期。

[2] 本书所称的"个体家庭农庄"指传统中国以个体小家庭为主体的生产经营模式。由夫妻及其子女形成的核心家庭以其各种土地产权、生产资料为基础，独立开展农业经营，也可兼营副业，在组织与空间形态上有别于中世纪西欧庄园与现代农场，是传统中国最基本的生产经营单位，故称为"个体家庭农庄"。关于"个体家庭农庄"的进一步说明，详见本书代结语"草根经济与民间秩序"。

产模式相配合，是中国传统经济最根本性的特征，决定了中国传统经济独特的发展路径，并在相互促进、彼此强化中提高了经济效率与土地产出。

第二节　清朝君臣反对限田与均分的讨论

历代君臣围绕是否推行限田或均分土地的政策，进行了长期讨论。明末清初，黄宗羲、王夫之等士人主张平均分配包括官田、屯田在内的全国土地，或限制每户占有的土地。清中叶以降，均分论在知识分子的讨论中渐次消隐，其观点逐渐转向反对均分。[1]在乾隆朝的田制争论中，发起限田和均分建议的官员大多是满人，持反对意见的则是汉人。[2]清人阮葵生批评崇祯年间李振声请求限田为"浅陋无识"[3]，乾隆皇帝对明初解缙均田请求更是批评说"不察时宜，空谈经济"[4]，是书生的迂阔见识。他们对田制的偏好选择既与传统王朝国家的基层治理模式、社会的契约精神与产权意识相关，又体现了清人对限田和均分不可持续的

---

[1]　参见［日］沟口雄三著：《中国的历史脉动》，乔志航、龚颖等译，生活·读书·新知三联书店，2014年，第208页、第277页。

[2]　参见高王凌：《乾隆十三年》，经济科学出版社，2012年，第93页。

[3]　〔清〕阮葵生：《茶余客话》（上），李保民注解，上海古籍出版社，2012年，第65页。

[4]　梁长森主编：《乾隆御批纲鉴》第八册卷一〇一，黄山书社，1996年，第6206页。

认识判断，其经济思想值得思考与借鉴。具体内容主要包括以下三点。

其一，缺乏基层政权的支持，国家难以承担实施限田与均分的治理成本。王朝国家的治理模式缺乏深入基层的触角，地方官吏的职能范围和行政能力受到自然条件、技术水平乃至人员规模的限制。限田与均分的实施仰赖于国家在基层的能力与行政官吏的水平。大学士张廷玉提出："纵使章程既定，券契可凭，而瓜分诡寄，改户移名，即精明之吏，亦难按册而稽。"[1]频繁、全面地丈量土地和登记造册对王朝国家而言是极大的能力挑战与成本支出，在地方官员看来，严格执行土地清丈并不是一项积极的政治行动。[2]实施限田与均分政策对官吏有着严格的素质要求，张廷玉表示，百姓容易在此过程中遭受胥吏的"乘机需索讹诈"，造成"小民震惑，互相告讦，狱讼纷繁"的局面。[3]纵有良吏奉行，黄中坚提出，在分配期间，面对已完成和未分配的农民，"国家之财赋力役，将责之何人"？[4]作为国家的代理者，地方官吏的规模数量和治理能力受到诸多限制，往往难以应对烦琐

---

[1] 〔清〕张廷玉：《澄怀园文存》卷三《罢限田议》，江小角、杨怀志点校，安徽大学出版社，2015年，第68页。

[2] 参见赵思渊：《清前期徽州乡村社会秩序中的土地登记》，《历史研究》2021年第3期。

[3] 〔清〕张廷玉：《澄怀园文存》卷三《罢限田议》，江小角、杨怀志点校，安徽大学出版社，2015年，第68页。

[4] 〔清〕魏源：《皇朝经世文编》卷三十一《户政六》，岳麓书社，2004年，第740页。

程序和百姓的逃避策略，所以在时人看来，这是一项难以贯彻的政策。

与此同时，传统中国政府凭借间接控制来管理基层社会，奉行"大道至简、顺其自然"的治世理念，通过士绅与民间组织实现基层自治和国家控制。王夫之反对限田与均分，并认为"约略其凡，无所大损于民，而天下固已大均矣。均之者，非齐之也。设政以驱之齐，民固不齐矣"①。直隶总督高斌则说："圣王之道，要在居敬而行简；圣王之政，要在因民之所利而利之。今限田之议，事属纷繁，殊非易简之道。而民非所愿，难必乐从，亦甚非因地制宜之意。"②张廷玉也表达了相似的观点："古云：'治大国如烹小鲜，在毋扰之而已。'今天下各直省皆大国也。本欲安之，适以扰之，虽法良意美，顾可不深思而熟虑之乎？"③实际上，朴素的经济自由主义是大一统中国王朝对民间经济与基层治理的基本取向，④不少官员倾向于减少过多的人为干预，而限田与均分着实违背了因势利导的治世方法。

因此，在他们看来，实行限田与均分对国家、基层和百姓

① 〔清〕王夫之：《船山遗书》第五卷《读通鉴论》卷十九，北京出版社，1999年，第3465页。
② 中国第一历史档案馆：《乾隆初年议奏限田史料》，《历史档案》1993年第3期。
③ 〔清〕张廷玉：《澄怀园文存》卷三《罢限田议》，江小角、杨怀志点校，安徽大学出版社，2015年，第68页。
④ 参见龙登高：《历史上中国民间经济的自由主义朴素传统》，《思想战线》2012年第3期。

来说都是难以承受的事情。王夫之强调,"均田令行"只会"虐民",造成"相倾相怨以成乎大乱"的局面,并提出均田者应由"王者所必诛而不赦"。①乾隆皇帝也认为这是在"重扰闾阎","未受均田之益,而怨咨先起矣",对民生滋扰所害甚大。②清王朝基层自治的前提是个体农户和民间组织的独立性,农户长期、稳定生存发展的制度基石在于土地私有产权与个体家庭农庄的自主经营。③破坏农民的土地产权,影响农庄的自主经营,基层自治也将受到扰动,从而削弱国家的治理能力。在高斌等人看来,施政本是为使贫民受益,结果却是"贫民且未必能即受均田之益"④。乾隆皇帝则断定"究于贫民无补,是不但无益而且有累也"⑤。

其二,契约精神与产权意识深入人心。土地听民自置,契约界定产权,官府认可民间契约并将其作为发挥法律效力的依据。清代土地交易立法的表现为"防范律例过密"和"强调毋增

---

① 参见〔清〕王夫之:《船山遗书》第五卷《读通鉴论》卷十九,北京出版社,1999年,第3123页。

② 参见梁长森主编:《乾隆御批纲鉴》第一册卷十九,黄山书社,1996年,第6205—6206页。

③ 参见龙登高、王明、陈月圆:《论传统中国的基层自治与国家能力》,《山东大学学报(哲学社会科学版)》2021年第1期。

④ 可见于中国第一历史档案馆藏《乾隆初年议奏限田史料》,《历史档案》1993年第3期。

⑤ 《清实录》第十一册《高宗纯皇帝实录(三)》卷二〇一,乾隆八年九月丙申,中华书局,1985年,第574页。

民累"，①这两点在限田与均分讨论中也有体现。面对御史薛醖奏请每户占田不得超过50亩的请求，王大臣等提出"田不在官而在民，民之贫富不可强而同。……正之夺富予贫为拂人情而违土俗，莫若听民自便之为得也"②。河南道监察御史陈其凝从地主和佃农的关系肯定了民间通过契约签订的自由交易，并主张尽量减少官府的干预："业户出田以养佃，佃户力作以交租，民间交易，情可相通。若官为立法，强以必从，则挟制争夺，必滋扰累。请民田佃种，照旧交收，不必官为定例。"③官府若予以诸多非必要的交易限制，对佃农生计来说也是滋扰，不如民间自定。

国家保护个人的私有土地，土地产权不可被剥夺和侵犯。曾小萍认为，中国是产权界定完善的社会，政府起到重要的而非排他性的作用。④邓钢称中国的土地制度表现为私人土地所有权普遍化（pan-private land ownership）。⑤受国家能力和社会观念的影响，时人认为朝廷无权随意干涉土地交易，即"限田之说……

① 刘之杨：《清代土地交易立法的谦抑观研究——基于清代与宋代的比较》，中南财经政法大学硕士学位论文，2018年，第29—31页。

② 《乾隆嘉庆两朝奏议》，乾隆二年二月三日。转引自高王凌《乾隆十三年》，经济科学出版社，2012年，第88页。

③ 《清实录》第十册《高宗纯皇帝实录（二）》卷一百二十，乾隆五年闰六月庚子，中华书局，1985年，第755页。

④ 参见［美］曾小萍著：《对战前中国产权的评论》，载［美］曾小萍、欧中坦、加德拉编《早期近代中国的契约与产权》，李超等译，浙江大学出版社，2011年，第19页。

⑤ ［英］邓钢著：《中国传统经济：结构均衡与资本主义停滞》，苘玉聪、徐雪英译，浙江大学出版社，2020年，第68页。

朝廷无权，其势不得不听民自置"①。针对富人的土地，雍正皇帝则强调继承自祖先和自己工作得来的财富理应受到国家的保护。②限田与均分是变动土地所有权，大臣们则根据佃农的土地占有，提出"贫民未有置产之资，反失佃种之业，转致失所，势有必然……为害甚大，决不可行"③。对富人土地的分配既满足不了所有贫民的需求，又容易致使佃农失去由长期耕作形成的占有权。

与此同时，社会主流思潮否定"夺富益贫"的分配方式。张建民指出，传统社会后期的主流思潮从"抑富佑贫"转向"保富救荒"，关注贫富或业佃间的相互依存关系，肯定富民的正面导向和支柱作用，试图减少政府干预，并借助富人力量进行救济。④清人陆次云就认为，通过割取富人财富的限田和均分都难以真正资助贫民。⑤雍正、乾隆等皇帝均强调保护个人财富："即使哀多益寡，而富人之有余，亦终不能补贫人之不足，

---

① 章邦元 :《读通鉴纲目札记》卷四，载《四库未收书辑刊》编纂委员会编《四库未收书辑刊》第三辑第十二册，北京出版社，2000年，第398页。

② 参见《雍正上谕内阁》卷七十九，雍正七年三月，载中国第一历史档案馆编《雍正朝汉文谕旨汇编》第七册，广西师范大学出版社，1999年，第357页。

③ 《乾隆嘉庆两朝奏议》，乾隆二年二月三日。转引自高王凌《乾隆十三年》，经济科学出版社，2012年，第88页。

④ 参见张建民 :《贫富相须与保富救荒：中国传统社会后期贫富观的新趋向》，载陈锋主编《中国经济与社会史评论》第10辑，社会科学文献出版社，2022年，第198—217页。

⑤ 参见陆次云 :《尚论持平》卷二，载《续修四库全书》编纂委员会编《续修四库全书·子部·杂家类》，上海古籍出版社，1996年，第204页。

势必致贫者未能富，而富者先贫，亦何赖此调剂为耶？"①事实上，这些观念能够成为社会潮流并上升至国家意识，正是建立在国家和民间对契约精神与产权意识的广泛认可、支持与保护的基础之上。

其三，地权动态配置的平均状态不可持续。家庭人口构成变动不居，诸子均分制对地权集中起着负反馈调节，是民间在微观层面的均分实践。乾隆皇帝对顾琮奏请的每户30顷土地为限提出批评："分之兄弟子孙每人名下，不过数顷，未尝不可置买，何损于富民？何益于贫民？"②通过分家析产，新增的个体农户能够组成自己的家庭农庄，土地占有趋于分散，人均面积趋向于平均，自耕农与佃农是社会的主流阶层，纯粹的雇农只占到2%—3%。③徽州朱学源户名下有土地803.2962亩，以往被学者视为土地较多的大户地主，④但其下共有子户52户，相当于每户只有15.44亩土地。根据国民政府组织的浙江农村调查，在5年之内，由于分家，崇德县的富农户数虽增加了

① 赵之恒、牛耕、巴图主编：《大清十朝圣训·高宗圣训》，北京燕山出版社，1998年，第1459页。
② 《清实录》第十一册《高宗纯皇帝实录（三）》卷二〇一，乾隆八年九月丙申，中华书局，1985年，第574页。
③ 参见龙登高：《中国传统地权制度及其变迁》，中国社会科学出版社，2018年，第204页。
④ 参见栾成显：《明代黄册研究》，中国社会科学出版社，2018年，第384页。

0.23%，户均地亩却减少了2.37%。①不断分家析产缓和了土地的集中与兼并。

　　土地自由交易虽会产生不均，但限制交易更不利于贫民。以往指责土地交易的理由之一是贫农与富户的财富差距会随土地买卖而扩大，但"直省风土互异，贫富长落不时"②才是社会流动的常态。阮葵生指出，推行限田或均田，三五十年以后，户口日繁，人民迁徙，仍无法形成平均状态，这种一时之计注定难以长期维持。③其实，不用三五十年，十年之内，民间就常发生鬻产行为，政府限制农民交易，则容易导致"贫产遽难求脱，势豪益复刁难"④。事实上，土地作为财产不是只可用于耕种，其收益和权利的交易实现了多方需求的融通，以及当期收益与远期收益的跨期调剂，由此可解决农民的急迫需求。⑤在清朝的国家政策与市场规则之下，农民还可在适当之时进行回赎，其中的典田反映了田主、典主、佃农三者依托市场交易构筑的共享地权格局。

---

① 参见行政院农村复习委员会编：《浙江省农村调查》，载民国浙江史研究中心、杭州师范大学选编《民国浙江史料辑刊》第一辑第五册，国家图书馆出版社，2008年，第151页。

② 〔清〕张廷玉：《澄怀园文存》卷三《罢限田议》，江小角、杨怀志点校，安徽大学出版社，2015年，第68页。

③ 参见〔清〕阮葵生：《茶余客话》（上），李保民注解，上海古籍出版社，2012年，第65页。

④ 〔清〕魏源：《皇朝经世文编》卷三十《户政五》，岳麓书社，2014年，第724页。

⑤ 参见龙登高：《地权市场与资源配置》，福建人民出版社，2012年。

不仅土地的平均状态难以维持，政策的执行同样如此。每项政策都有交易成本，百姓分得土地受分家析产、自由交易及迁徙等变量影响，政府不得不定期进行检查，由是面临反复、持续的清查和分配。黄中坚提出："至于既行之后，又当钩考其受田还田，吏胥上下其手，弊孔必且百出。"①若是面对这种情况，政策是否继续执行？乾隆皇帝责问道："况一立限田之法，若不查问，仍属有名无实，必须户户查对，人人审问，其为滋扰，不可胜言。夫果滋扰于一时，而可收功于日后，亦岂可畏难中止？"②百姓不断受到滋扰，忧虑土地产权的再失去，加重了政策执行的成本，渐而使民众对政府丧失信心，最终国家陷入两难。

概而言之，清朝的治理模式和意识形态影响了其对土地制度的选择。清代的土地产权制度与基层社会自治构成王朝制度的一体两面，互为表里，在有限的治理水平和技术条件下，这种模式既降低了国家的治理成本，又减少了政策对社会百姓的干扰，共同推动了要素市场与社会的稳定。因此，清朝认可民间土地流转的自由交易，与此同时，还强调分家析产的负反馈调节，朴素地意识到破坏土地产权，社会将发生动荡，故而选择尽量减少政府的非必要干预。

---

① 〔清〕魏源：《皇朝经世文编》卷三十一《户政六》，岳麓书社，2014年，第740页。

② 《清实录》第十一册《高宗纯皇帝实录（三）》卷二〇一，乾隆八年九月丙申，中华书局，1985年，第574页。

第三节　孙中山"平均地权"的时代困惑

"平均地权"由孙中山提出，作为政治口号成为20世纪中国的主流思想。孙中山民生主义的核心即在于"平均地权"和"节制资本"。[1]不过，在今日看来，孙中山的思想有矛盾之处，既发乎感性，理性不足，部分论述又不甚准确。其悖论在于既承认土地私有产权，又主张政府来平均分配，存在着经济学层面的逻辑偏误，与此同时又受制于中国落后挨打的时代局面。因此，厘清"平均地权"的困惑显得颇为必要。

不少学者指出了"平均地权"的思想缺陷，但多未从《三民主义》文本的角度对孙中山的逻辑偏误进行思考。其一，孙中山既说"中国到今日，虽然没有大地主，还有小地主。在这种小地主时代，大多数地方，还是相安无事，没有人和地主为难"[2]，但转而强调，农民占到人口的八九成，他们生产的粮食被地主夺去大多数而难以自养[3]，所以要实行平均地权。但若说绝大多数佃农因交租

---

① 毛泽东在《新民主主义论》中亦指出："中国的经济，一定要走'节制资本'和'平均地权'的路，决不能是'少数人所得而私'，决不能让少数资本家少数地主'操纵国民生计'。"参见《毛泽东选集》（第二卷），人民出版社，1991年，第678页。

② 中山大学历史系孙中山研究室等编：《孙中山全集》（第九卷），中华书局，1986年，第382页。

③ 同上，第399页。

而沦落至无法生存自养，如何会长期和地主相安无事？其二，孙中山承认中国处于"今是患贫，不是患不均"，"实业尚未发达"的时代，想通过思患预防的办法来阻止私人的大资本，防备将来社会贫富不均的大毛病。①但实际上，20世纪初民营企业屡受挫折，经济转型本就举步维艰，这种预防的目的是均贫富，在实业不发达之际，再不断强调节制资本难免让企业雪上加霜，产业规模难以扩展，进而容易压制社会经济发展。

不过，孙中山也注意到了城市土地增值收益的分配问题，关注地价上涨导致的不公平现象。"平均地权"是其提出的民生主义中解决土地问题的首要办法，具体实施为照价抽税和照价收买。照价指的是由地主自己到政府处报告的地价，归地主所有。但照价抽税算的是"素地"，人工改良和地面建筑不在其内，政府将土地税收用于公共事业，由此减少诸如警察捐、修路费等摊派；照价收买则需补回楼宇的价格，涨高的地价应归大众而非私人所有。面对社会财富分化，孙中山注意到因涨价归私带来的收益分配问题，对归公寄予了实现共产的理想。时至今日，学者指出，涨价归公表现为全民政府和强力政府的思维，是不尊重市场原则的设想。②

---

① 参见中山大学历史系孙中山研究室等编：《孙中山全集》（第九卷），中华书局，1986年，第392页。

② 参见王昉、熊金武：《从"涨价归公"思想到土地增值税制度——兼论近代社会转型时期经济思想与经济制度的关系》，《财经研究》2010年第1期。

　　孙中山的"平均地权"着眼于未来，主张的共产是指"共将来"而非"共现在"。平均地权并不打算没收地主土地和破坏现有产权，而是尊重个人和家庭的土地私有产权，"以前有了产业的人决不至吃亏"，政府并不"把人民已有了的产业都抢去政府里头"。① 孙中山说中国受欧美经济潮流的侵入，土地买卖作为投机加剧了不平均，上海黄浦滩和上海乡下的土地在同等面积下相差几千倍。他指出，民生主义就是社会主义，就是共产主义，目的就是让社会上的财源平均化。由于当时的中国还没有英国和美国般发达，难以实行马克思主张的阶级战争和无产阶级专制，因此得防备着未来的贫富不均，在资本没有发达、地价还没加高之前，先行解决地权平均问题。孙中山还认为若当时不推行平均地权，则待实业发达的时候，大资本家就会争先恐后参与土地投机，而在地权平均之时，资本家会从事工商而放弃土地投机。② 显然，在这里孙中山混淆了土地投机和正常地产交易，对此笼统加以否定，与经济的现实运作不无矛盾。③

　　孙中山的"平均地权"作为经济思想有着时代的局限性④，而作为时代诉求，反映的是20世纪产生于中国经济落后背景之下的

---

① 中山大学历史系孙中山研究室等编:《孙中山全集》(第九卷)，中华书局，1986年，第390页。

② 中山大学历史系孙中山研究室等编:《孙中山全集》(第二卷)，中华书局，1982年，第355—356页。

③ 参见钟祥财:《中国土地思想史稿》，上海人民出版社，2014年，第293页。

④ 参见周建波:《孙中山的节制资本和平均地权思想评议》，《河南师范大学学报(哲学社会科学版)》2010年第1期。

主流思潮，其口号停留于理想，可能并不是历史上农民诉求的直接结果。正如邱捷指出的，孙中山直至逝世可能都没有看过甚至可能不知道《天朝田亩制度》。事实上，直至20世纪50年代，很少有人对起义中的"均平"史料进行专门整理，孙中山在自己的著作和演讲中从没有表现出受过这方面的影响。如果要分析农民起义中的"均平"思想对孙中山的影响，那必须要有更多的直接证据。[①]1923年，孙中山在《中国国民党宣言》中指出："在一定时期以后，私人之土地所有权，不得超过法定限度。"1924年，在国民党第一次全国代表大会上，孙中山将"平均地权"的口号变为"耕者有其田"，与此同时并不主张立即实行夺取地主田地给农民。[②]

　　支持"平均地权"的另一观点，认为近代中国经济落后是由于土地私有产权及其交易造成的土地集中与农民破产。但实际上，土地兼并和地权集中的程度被严重夸大。据1949—1952年的土地改革普查数据，在进行土地改革之前，农村前10%的富有阶层所占有土地的比例，南方各省的准确数据是30%（±5%），北方则低于这一水平。[③]晚清民国时期，中央政府较为弱势，并未举办全国范围内的土地普查；土改时期的土地调查数据应非常可

---

① 参见邱捷：《"孙中山与农民问题"补论》，《中山大学学报（社会科学版）》2006年第6期。

② 1907年成立的共进会，虽作为同盟会外围革命团体尊孙中山为领袖，以同盟会的纲领为纲领，却将"平均地权"改为"平均人权"。参见石芳勤：《略论共进会的性质和作用》，《历史教学》1979年第11期。

③ 参见龙登高、何国卿：《土改前夕地权分配的检验与解释》，《东南学术》2018年第4期。

靠，这是因为家庭土地的多少影响阶级成分，由这项普遍数据检验不同阶层的土地占有情况最为准确。就统计数据而言，近代中国某些局部地区土地集中的确突出，但全国层面的分配不均并不十分明显。此外，族田、寺庙田、学田、会田等地方公产实际上占比非常高。土改时期的统计数据与相关研究通常将上述公田视为由地主或族长长期霸占和控制的财产，将其纳入地主阶级所有的土地，但公田作为特定民间组织所有的土地，在长期实践中得到民众和官方的共同认可，难以完全由个人占有。

中国传统农业经济长期领先世界，以只占有世界7%—8%的耕地，养活了世界上1/4乃至1/3的人口，其制度基础正是地权制度与个体家庭农庄。土地产权及其交易体系呈现了多层次的地权形态以及多样化的交易形式，佃户和自耕农一样能够通过交易行使使用权、占有权或所有权，建立自己的家庭农庄并高效组合土地、劳动力、资本和技术等要素。在风险自担与不确定经营中，佃农支配剩余控制权，利用要素市场提高经济效率和土地产出。[1]佃农比率高的南方地区经济发展水平要高于北方，北方六省佃农户数占六省佃农总数的14%，半佃农数占19%，南方则分别高达43%、27%。[2]以农业为主的传统经济的发展并没有受制于土地的集中和兼并，而是充分释放了以地权为轴心的资源配置作用，其效果不言

---

[1] 参见龙登高、彭波：《近世佃农的经营性质与收益比较》，《经济研究》2010年第1期。

[2] 参见严中平等编：《中国近代经济史统计资料选编》，科学出版社，1955年，第262页。

而喻。中国没有发生原生性的工业革命，不能就此说明传统经济停滞或者缺乏活力。英国的工业革命在世界范围内都是独特的，其他地区都是通过学习和模仿"英国模式"而实现工业化的。英国之所以发生原生性的工业革命，并非原有制度本身的优势，而是因为经过长期革命改变了原有的制度与文化。传统中国的地权市场使得农民家庭具有韧性、稳定性和竞争力，促使社会经济相对稳定，这种稳定性和它自我强化的本质属性抑制了变革和异质因素成长。

因此，近代中国经济落后的症结并非传统制度与文化，其直接原因在于大规模战乱导致经济长期负增长，打断并扭转了中国市场经济发展的轨道和方向。仁人志士苦苦寻其根源与救国救民之道，其中不乏试错探索，然而经济转型始终举步维艰，造成了知识分子怀疑与否定传统的思潮。近代的强权与暴力破坏了土地产权制度，被破坏的市场造成了经济的混乱和失序，前人对市场的恐惧由此逐渐形成，渐而担忧和非议土地产权制度，希冀通过平均地权来解决民生问题。①

第四节　从政府分配走向要素市场化

中华人民共和国成立后，国家对土地的平均在全国范围内付诸实践。不过，土地的初始平均状态难以维系，与此同时，民间

---

① 参见龙登高、丁春燕、马芳：《近代中国经济落后的根源——基于传统经济变迁视角的考察》，《湖南大学学报（社会科学版）》2021年第2期。

的土地交易广泛存在，隐藏着潜在风险。现在的改革应充分利用市场机制推动要素的流动与交易，实现资源的有效配置。

一、平均地权的实践及其困境

土地改革保障的是农民土地私有制下的"耕者有其田"。1947年10月10日，《中国土地法大纲》颁布施行。大纲第二条、第三条分别规定废除地主的土地所有权，以及祠堂、庙宇、寺院、学校、机关及团体的土地所有权。第六条则规定乡村中一切地主的土地及公地，包括乡村中其他一切土地，都按照乡村全部人口进行统一平均分配。

1949—1952年的土地改革是全面彻底的、自上而下的制度变迁，对地主土地及其他生产资料进行没收和重新平分。《土地改革法》规定，为了实现农民的土地所有制，要没收地主的土地、耕畜、农具、多余的粮食及其在农村中多余的房屋，旧社会的契约一律作废。新政权拥有强大的动员能力，发动农民进行土地没收与分配，这是此前的历史时期不曾有过的乡村社会控制能力。不过，土地改革继承了革命年代的斗争逻辑，随着阶级斗争的激烈，对地主的批斗成为必要的清算手段，这也成了时代的产物。[①]

在很多人的印象中，革命是为了推翻土地私有制，通过土地

[①] 在1946年的解放区，"各地均提出要防止和平分地的倾向，对地主这种自动交出土地的态度，应采取明确的拒绝方针"。中共黑龙江省工委认为，"不经清算斗争，地主和农民间的阶级仇恨不会明显，农民阶级觉悟不会提高"。参见王博主编：《中华人民共和国经济发展全史》（第6卷），中国经济文献出版社，2006年，第3029—3030页。

改革建立了集体所有制，但新政权的法律法规保障了农民的土地所有权。从《共同纲领》到《土地改革法》，再到1954年《中华人民共和国宪法》，均明确规定切实保障土地改革后人民的土地房屋所有权，不论新分还是原有，均一律给农民颁发土地房屋所有权证；对分给地主的土地房屋也颁发所有证。土地改革并没有禁止土地交易，因此土地分配的平均状态会随着交易重置。当时毛泽东提出："平均分配土地一次不要紧，但不能常常平分下去。旧式富农实际上是要侵犯一些的，新式富农则不应侵犯。"[①]从现有的土地契约来看，集体化之前全国各地均出现大量民众自发的土地交易，并非局部或区域现象。

1956—1958年，通过集体化和合作化，农民的土地使用权和所有权收归集体。在短短一两年时间里，从互助组、初级社到高级社，再至人民公社，在极左的思潮下，原先的农民土地所有权改为集体土地所有制。1962年《农村人民公社工作条例修正草案》第二十一条规定生产队范围内的土地都归生产队所有，不准进行出租和买卖，农户宅基地也失去所有权。人民公社下的集体劳动往往缺乏激励机制，导致生产积极性下降，"搭便车"的现象不可克服，其效果最终与提高农民生产经营效率的初衷相差甚远。

1981年，国家实行"包产到户"政策，将集体的土地使用权

---

① 中共中央文献研究室编：《毛泽东年谱（1893—1949）》（下卷），人民出版社、中央文献出版社，1993年，第78—79页。

分给农民，由个体家庭自主经营。"家庭联产承包责任制"一词绕开了意识形态和使用权的法律界定之争，尽管农民没有土地所有权，但仍能通过使用权、经营权建立起自己的家庭农庄。1983 年，中央一号文件《当前农村经济政策的若干问题》指出，家庭联产承包责任制扩大了农民的自主权，发挥了小规模经营的长处，克服了管理过分集中、劳动"大呼隆"和平均主义的弊病。在人民公社时期，社员相当于公社的雇员，劳动报酬实行工分制。但家庭农庄则完全不同，农庄相当于农业企业，农民的自主性、能动性和积极性在自己支配生产剩余中充分表达，激励效应显著。这种家庭农庄具有深厚的历史基础和制度渊源，一旦国家制度得以调整，农民反应迅速，家庭农庄的成效立竿见影。

平均地权的制度实践虽在短期内实现了平均，但在不断推行中仍会产生新的问题。其一，现行制度框架下的家庭承包经营权是一种身份性产权，不适应快速城市化与工业化进程中的市民化与人口流动；同时，因其权利不完整，产权不清晰，农民的土地权利常得不到保障。其二，初始平均状态受到了家庭人口数量与构成变化、人口流动，以及耕种能力差异等变量的影响，特别是农村女性因婚嫁引起身份变动时，她们的土地权益变得不确定，甚至消失，在非继承之外，往往难以从集体那里分配到土地。其三，土地产权边界不明，交易形式有限，土地流转不畅，经济效率难以持续提高。

二、鼓励土地流转，推动要素市场化配置

20世纪的认识误区体现了土地不流动的静态思维，是对市场配置资源机制的疑虑和否定。在当下对土地改革的思考中，既有对私有产权的顾虑和担忧，又束缚于对集体所有制的认知。殊不知，土地私有产权消失和集体产权全面形成有其特定的时代背景和历史趋势。目前的趋势是城市化与工业化快速发展，大量农民不再以土地为生，随着社会的动态发展，不论是所有权还是使用权的平均，都亟须国家的改革推进。

解决平均地权产生的遗留问题，需依靠市场经济制度在生产要素领域的深化，即中央鼓励土地流转，推进土地要素市场化配置。2013年11月，党的十八届三中全会《决定》提出："赋予农民更多财产权利。……建立农村产权流转交易市场，推动农村产权流转交易公开、公正、规范运行。"2021年3月《农村土地经营权流转管理办法》正式施行，进一步放活经营主体的土地经营权，提高土地流转的风险保障。随着工业化和城镇化的推进，原有农户家庭的承包经营可分离承包主体和经营主体，"三权分置"的制度安排推动农村土地要素的合理配置。

从长期来看，土地流转的需求是大势所趋。一方面，现代化与城市化进程不以人的意志为转移，打工已是农民收入的主要来源。农民期盼通过流转土地，进而交易土地，实现财产增益。另一方面，农民的户籍脱离农村，转为城镇户籍，农民数量虽然减少，但人均土地面积增加，这有利于实现规模化经营。将土地流转至最具效率的农庄或公司，实现规模化经营，不仅能够减少闲

置土地的浪费，还可以提升经济效益。应该强调的是，现代社会和政府应尊重在市场化基础上的农民个体和集体的自由选择。每个农民、每户家庭都有不同的需求和现实考虑，集体或政府的一刀切规划往往难以让农民满意，由此还会引发诸多纠纷。所以，政府应发挥引导而非主导市场的作用，即让农民个体或集体主动根据市场的价格信号去判断，通过市场组织生产要素；对于在不同层面、不同时期形成的土地市场交易，应该得到允许和保护，从而实现动态的劳动力与土地相结合，发挥市场在资源配置中的决定性作用。

小　结

历次制度变革都引发了广泛的社会、政治和经济变动，从学理和实践层面系统审视"平均地权"的观念与实践，不仅可以一探清代至今的社会经济的宏观变迁，还能够为当下鼓励土地流转的政策创新提供经验借鉴和理论启发。

清朝的基层治理模式及其有限的行政能力限制了限田与均分政策的执行，国家既缺乏深入基层的触角，又对民间社会的发展实行有限干预，认可和保护私人土地产权与土地自由交易。18世纪的市场秩序与经济增长呈现出较为良好的态势，与孙中山主张"平均地权"时所处的经济衰败和市场动荡的时代背景大为不同，亦可见地权观念与社会经济之间的紧密关联，"平均地权"成为

20世纪中国的主流思潮，反映了时代诉求及其历史局限。

平均地权的实践与中华人民共和国强有力的基层政权组织密切相关。起初的实践直至土地改革时期仍表现为土地私有制，至集体化时期，个人的土地收归集体。无论是所有权还是使用权的平均，初始状态都难以维系。当前，农民既渴望离开土地进入城市发展，同时亦有将土地作为经济保障的需求，因此必须建立一种风险缓冲、保障与过渡机制，让农民与集体消除后顾之忧，使发展与安全的矛盾在推进农地流转的良性循环中得以解决。

本章通过历史比较的方法，总结了传统中国土地制度宝贵的历史遗产，并借由理论反思提炼土地产权制度对经济发展的意义。反对限田与均分的思想是21世纪经济改革不应忽视的历史经验与制度遗产，平均地权则以实践过程及其结果提供了审视土地改革与检验经济理论的实验素材。从"平均地权"转向"鼓励流转"，实际上就是从政府分配走向要素市场化配置的制度变迁，是当代中国市场经济制度深化的必然选择。

第四章　基层自治与国家能力

　　相较于小国林立的西欧，大一统是传统中国的突出特征。以往的感性认识乃至长期以来的主流思潮认为，历代王朝对基层进行严密管制，以强化国家能力，维护大一统。然而，朝廷对基层社会的管理是严密控制还是趋于放任自流？是直接管理还是基层自治？近年来，不少学者从不同的角度论证了民间组织在基层秩序中的角色，揭示了民间组织与政府之间相得益彰的复杂关系，[①]但基层自治与国家能力的关系究竟如何？

　　本章主要讨论两个核心问题。一是基层自治，即民间自我管

[①]　详见王日根：《论明清乡约属性与职能的变迁》，《厦门大学学报（哲学社会科学版）》2003年第3期；杨国安：《控制与自治之间：国家与社会互动视野下的明清乡村秩序》，《光明日报》2012年11月29日；吴雪梅：《多中心互嵌：乡村社会秩序的又一种类型》，《光明日报》2011年12月15日。

理、自我服务、自我监督。[1]传统中国的基层自治，既不是西欧的自治政府，也不同于当代中国的村民自治，而是各类民间主体自发提供公共品，并与政府有序联结。西欧的城市自治政府拥有独立的法律制度和强制力，[2]当代中国的村民自治受到党组织的领导。[3]传统中国的基层自治是一种自生自发的形态，介乎独立性与从属性之间，作为一种制度遗产，具有独特的学术价值与理论启示。二是国家能力（state capacity），这一概念最初产生于西方政治学界，简单而言，可视为国家实现其意志与目标的能力。[4]传统中国的国家能力在国家与民间社会互动的过程中被塑造，如清代市场与社会的发育，扩大了基层社会的能量，强化了民间主体的功能，甚至形成了联结政府的市场化纽带。

---

[1]　本章借用了当前"基层群众自治制度"的内涵，即依照宪法和法律实行自我管理、自我教育、自我服务、自我监督的制度，但组织形式和作用都不同。

[2]　前近代西欧的城市自治独立制定法律，并可自行征收税收以维持城市财政。参见［比］亨利·皮朗著：《中世纪欧洲经济社会史》，乐文译，上海人民出版社，2001年，第48—54页。

[3]　《中华人民共和国村民委员会组织法》第四条规定："中国共产党在农村的基层组织，按照中国共产党章程进行工作，发挥领导核心作用，领导和支持村民委员会行使职权。"

[4]　学界对于"国家能力"这一概念本身的讨论相对多样，可参考黄宝玖：《国家能力：涵义、特征与结构分析》，《政治学研究》2004年第4期。

第一节 基层自治的制度基石

一、私有产权：独立与自由选择的制度基础

基层自治的前提是个体农户与民间组织的独立性。米塞斯曾强调，"私人拥有生产手段乃市场经济的基本制度"，以私有产权为基础，土地或资本的所有者才能通过满足他人的需求获得财产收益。[①]传统中国农民的独立性以土地私有产权与个体家庭农庄自主经营为基础，民间组织的独立性则来自法人产权及其自主发展。

在私有产权制度下，农民可以建立自己的农庄，拥有独立性、排他性的财产，获取安身立命之基。[②]明清个体农户能够在获得土地所有权、占有权或使用权的基础之上自由配置各种生产要素，自主、独立经营其家庭农庄，[③]并通过创造和积累财富提升经济地位，通过科举制提高政治与社会地位。

土地私有与农庄独立经营为劳动力的自由选择奠定了基础。西欧中世纪的农民依附于庄园，难以建立独立经营的个体农庄，

---

① 参见［奥地利］路德维希·冯·米塞斯著：《人的行动：关于经济学的论文》（下），余晖译，上海人民出版社，2013年，第701—702页。

② 参见龙登高：《中国传统地权制度及其变迁》，中国社会科学出版社，2018年，第17—18页。

③ 参见龙登高、彭波：《近世佃农的经营性质与收益比较》，《经济研究》2010年第1期。

这造成了前近代西欧无产者人数占总人口比例是近世中国同等情况的3—5倍。西欧的无产者被迫成为工商业者,在庄园之外逐渐形成自治性城市,进而成为西欧变革的重要诱因。[1]

对组织与机构而言,拥有独立性、排他性的法人产权,它们才有可能独立存在、自主发展。法人产权可以说是私有产权的衍生形态,反映了私有产权的发育程度。法人产权在公益机构、慈善机构、会馆等非营利性机构中都有呈现,族田、庙田、学田也可归属法人产权。这些法人既是在政府档案中有登记的产权单位,同时也是交易单位,还是纳税单位。

基于自发自主意愿的契约具有法律效力,"官有正典,民从私契"。宗族与不少民间组织所制定的规章制度具有一定程度的强制性,如民间为保护山林环境不被破坏的"禁约"和维护治安的"合约"。这些"约"实际上是民间社会自发形成的秩序,存在不同的类型与性质,[2]也得到了官方的认可与尊重,即使遇到皇帝的大赦也可行使"抵赦条款"。在清朝的民间词讼中,提交官府的诉讼只是民间同类纠纷中极小的一部分,甚至提交官府的词讼案件最后也只有少部分由官府裁判,多数仍发回民间,根据民间惯习来解决。[3]

---

[1] Kenneth Pomeranz, *Chinese Development in Long-Run Perspective, Proceedings of the American Philosophical Society*, Philadelphia,2008.

[2] 参见[日]寺田浩明著:《明清时期法秩序中"约"的性质》,载《权利与冤抑——寺田浩明中国法史论集》,王亚新译,清华大学出版社,2012年,第148页。

[3] 参见梁治平:《清代习惯法:社会与国家》,中国政法大学出版社,1996年,第172—173页。

二、自然约束下的有限政府与经济自发演进

中国历史上的专制与集权通常被渲染得无所不在，甚至可以为所欲为。其实，传统社会与现代社会不同，受自然条件和技术水平的约束，专制程度与对资源的控制水平通常是有限的。在濮德培、墨子刻等看来，清代政府就是一个有限政府（limited state）。[①]

中央政府的控制力，首先受到交通运输条件和信息传递的限制。政府对四方的控制力、资源汲取能力一般以首都为中心递减，由此导致两方面的后果：一是中央对地方官的监督管理难度随着距离的增加而上升；二是皇帝与中央从地方敛取财物的能力受到制约。供皇室消费的地方特产、贡品或奢侈品的数量始终有限。清代的数据表明，距离北京越远的区域，各府能够征得的土地税额与县级区划的数量都更少。[②]

其次是受金融工具的限制。金融机构由政府管控，意味着政府可以借此汲取社会剩余。传统时期官方缺乏有效的金融工具，社会剩余只能通过赋税渠道流向政府，几乎不存在其他的资源汲取和调配方式。虽然政府可以通过铸造钱币的方式获取"铸息"收入，却要经常面对"铜荒"等原材料短缺的困境，也无法杜绝民间私铸。清代采用银铜复本位的货币体系，但白银

[①] Peter C.Perdue, *Exhausting the Earth: State and Peasant in Hunan*. Harvard University Press, 1987, pp.2-9.

[②] Tuanhwee Sng, "Size and Dynastic Decline: The Principal-Agent Problem in Late Imperial China, 1700-1850", *Explorations in Economic History*, 2014, 54, pp.107-127.

主要来自日本、美洲及缅甸等地，不在官府控制范围之内。因此，在金融工具的限制之下，中央政府既无法有效汲取社会剩余，也无法充分获取发行货币的收益，掌握社会资源的能力受到极大限制。

受到上述条件的约束，政府通常倾向于采取"藏富于民"的治理策略，"与民争利"的提法则受到指斥。虽然政府专卖制度一直存在，但在宋以后多表现出市场化取向，明清时期则全面走向式微，到鸦片战争前，政府专卖的商品只剩下盐和茶。[1]因此，民间与市场能够以自组织而非通过外部指令来运行，各方按照配合默契的某种规则，各尽其责地形成有序结构。这种自发力量表面上看起来很柔弱，长期而言却坚韧顽强。从历史长河来看，其规则由无序走向有序，由低级有序走向高级有序。无论是地权市场还是交易契约，相关的交易规则皆源于约定俗成的习俗与惯例，而非政府的强制规定。政府认可并尊重民间惯例，在朴素的经济自由主义取向之下，传统经济不断增长，产生不少技术创新与制度创新。世界最早的纸币起先由商人在成都平原自发创制，随后逐渐被官府接受并成为正式制度。这是一个庞大帝国低成本的治国之道，也是王朝与大一统能够长期存续的保障。

---

[1] 参见林文勋、黄纯艳：《中国古代专卖制度与商品经济》，云南大学出版社，2003年，第373—374页。

第二节 基层自治与政府间接治理

一、制度化的基层自治体系

传统中国的基层自治以民间力量为主导，官方力量并不直接参与其中。在基层行政层面，保长、里长虽由政府任命，可称为"准官吏"，但不属于公务员系列，不领官俸。以村落为基础的"里"在完成其赋役征收功能的基础上，也具有一定的自治功能。① 在实际中，保甲制度的运行效率较低，其原因在于官方设计的初衷与民间自生自发秩序相冲突。乡村社会自有其运转逻辑与制度基础，而统治者在设计保甲制度时，总是力图避免被乡村内生力量左右，② 而州县官也极少认真推行这一制度。③ 萧公权认为，保甲制度至少在中国南部地区是失败的，其作用十分有限。④ 受政府委托，保长完成赋役，乡约力行教化，但他们没有可支配的资源。在基层社会中，保长的地位低于获优免赋税的

---

① 参见鲁西奇：《中国古代乡里控制的基本结构》，《南国学术》2018年第4期。

② 参见王先明、常书红：《晚清保甲制的历史演变与乡村权力结构——国家与社会在乡村社会控制中的关系变化》，《史学月刊》2000年第5期。

③ 参见瞿同祖：《清代地方政府》，范忠信、何鹏、晏锋译，法律出版社，2011年，第238—240页。

④ Hsiao Kung-Chuan, *Rural China:Imperial Control in the Nineteenth Century*, University of Washington Press, 1960,pp.67-70.

士绅，也受制于主导民间组织而控制公共资源的士绅。保甲、乡约没有报酬与经费，但基层事务开支不小，因此一些地方的民间组织从"大公产"中抽出一部分作为其公共事务的经费。[1]在基层自治体系中，士绅扮演了重要角色，在诸多方面起到了不可或缺的作用。[2]各类民间主体作为主要的行动者在大部分情况下构建与维护地方基层秩序，是基层社会精英们的自觉行动。[3]

二、民间组织主导基层公共产品与公共服务

公共品的提供一般被认为是现代国家能力的核心环节。传统中国的基层公共品，并非由政府直接供给，而主要依赖于以士绅为核心的各种民间组织。多样化的民间组织全方位提供各类公共品，在政府的支持与配合下自发运行，是基层治理的中坚力量。

桥梁、义渡、茶亭、道路、水利工程等通常由民间公益法人组织兴建与维护，供民众免费使用。它们拥有法人产权的财产，具有独立性，理事会形式的组织治理模式公开透明，运行良好，长期延续，避免了寻租行为。[4]政府往往尊重民间自发形成的公共秩序，山西洪洞、赵城、霍州三县交界处15个村自发组成的"四社五村"用水体系，由明清延续自当代，"四社"轮流主办水

---

[1] 参见胡庆钧：《从保长到乡约》，载费孝通、吴晗等著《皇权与绅权》，生活·读书·新知三联书店，2013年，第184页。

[2] 参见周雪光：《黄仁宇悖论与帝国逻辑：以科举制为线索》，《社会》2019年第2期。

[3] 参见王日根：《明清民间社会的秩序》，岳麓书社，2003年，第19—30页。

[4] 有关茶亭、公共基础设施建设的讨论，可见本书第六、七章。

利工程、财务与祭祀活动。①救济与慈善的情况相类似，政府虽有一些拨款，但往往主要由民间团体主持、参与。康熙二十年（1681）之前，"征信录"就已经被用于管理善会善堂的账目。②主要由私塾、义学和书院构成的民间教育系统也受到政府的鼓励与支持。晚清千古奇丐武训也能够利用地权市场、金融市场与法人产权制度来理财筹资，由理事会兴建和管理义学。③这一事例虽然极端，却具有普遍的制度基础。

历史上中国宗教的自由和多样化与同时期欧洲的教派对立与纷争迥异。遍布各地的佛道寺庙与地方神祇不仅提供宗教与信仰服务，亦广泛提供各类公共品。寺庙以民间施舍置产，自魏晋以来就有放贷的传统，④为基层百姓提供金融服务，与原教旨的天主教、伊斯兰教禁止有息放贷大相径庭。以寺庙为中心开展的庙会，亦成为集会娱乐、商品交易的场所。⑤

其他民间主体也在社会各领域的发展中起到相当重要的作用。行会、会馆、商会等在工商业中形成的行业协会，不仅处理行业

---

① 参见祁建民：《自治与他治：近代华北农村的社会和水利秩序》，商务印书馆，2020年，第115—125页。

② 参见［日］夫马进著：《中国善会善堂史研究》，伍跃、杨文信、张学锋译，商务印书馆，2005年，第712页。

③ 参见龙登高、王苗：《武训的理财兴学之道》，《中国经济史研究》2018年第3期。

④ 参见周建波、张博、周建涛：《中古时期寺院经济兴衰的经济学分析》，《经济学》（季刊）2017年第3期。

⑤ 参见赵世瑜：《狂欢与日常——明清以来的庙会与民间社会》，北京大学出版社，2017年，第182页。

内部的协调事务，制定行业规则，还能够有效协调与政府和社会的各种关系。①在金融领域，合会之类的民间金融组织由来已久。体育、文娱方面的民间组织也很多。如宋代杭州民间组织冲浪比赛，每年都有健儿伤亡，苏轼下令取消，但有令不行，因为民间对冲浪比赛兴趣广泛，并具备强大的资金支持与组织能力。②家族、宗族等以血缘为纽带的民间组织，不同程度地承担了礼仪、赋役、经营、救济互助等职责。③传统中国家族普遍拥有族田，可以开展家族与基层社会的公共事务。

综上所述，民间自组织体系是一种普遍、全方位的存在，而且源远流长。各层面、各领域的民间组织相辅相成，彼此配合，推动基层自我管理与自我运行。

三、官不下县：政府间接控制和管理基层社会

"官不下县"是指正式的行政机构与官僚体系设置到县级、县以下实行间接管理，通过各种渠道与手段将国家权力延伸至基层社会的情况。"官不下县"并非"皇权不下县"或"国权不下县"，尽管在明清时期，政府已在江南等发达地区的市镇增设了巡检司作为县以下的常设机构以维持水陆治安巡逻，也出现了同知、通判驻镇，或直接委派县丞、主簿管理，但通常属于制度安

---

① 参见彭泽益主编：《中国工商行会史料集》，中华书局，1995年，第107—111页。

② 参见龙登高：《南宋临安的娱乐市场》，《历史研究》2002年第5期。

③ 参见［英］科大卫著：《皇帝与祖宗——华南的国家与宗族》，卜永坚译，江苏人民出版社，2009年，第11页。

排上的"权宜之计",并没有纳入固定的官僚行政体系之中。^①也就是说,政府对基层的间接管理不是通过行政体系或官僚体系,而是通过各种民间中介主体来实现。所谓的"官督民办"^②,正是民间组织与政府合作的写照。

民间组织之外,市场主体亦大量参与不同层面的公共管理。牙行、官中、歇家等为商品市场、地权市场提供中介服务的民间主体,非官非吏,杜赞奇谓之"营利性经纪"^③。它们通过缴纳押金等方式获得政府授权,凭借其信息优势实现政权与基层之间的上传下达,并接受政府委托,代理完成某些政府职能,如包税商,代政府完成部分赋役的征纳,^④成为清代县衙与基层社会的一种市场化联结。这种政府依托民间主体实现公共管理进而维持大一统政权的模式,构成了传统中国基层治理体制的一大特色。

与基层自治的逻辑相似但表现更为突出的是,中央政府对边疆与少数民族地区先后实行羁縻制度、土司制度等。"因其故俗,治以宽大"^⑤,中央政府尽量不干预这些地区的政体、宗教、法律与税收制度,使其在大一统的中央王朝框架之中保持高度自治,

---

① 参见张海英:《"国权":"下县"与"不下县"之间——析明清政府对江南市镇的管理》,《清华大学学报(哲学社会科学版)》2017年第1期。

② 杨国安:《救生船局与清代两湖水上救生事业》,《武汉大学学报(人文科学版)》2006年第1期。

③ 参见〔美〕杜赞奇著:《文化、权力与国家:1900—1942年的华北农村》,王福明译,江苏人民出版社,2003年,第24—37页。

④ 参见胡铁球:《明清歇家研究》,上海古籍出版社,2015年,第2—5页。

⑤ 〔宋〕王安石:《尚书祠部郎中集贤殿修撰萧君墓志铭》,载余冠英等主编《唐宋八大家全集·王安石集》,国际文化出版公司,1997年,第998页。

类似于本章开篇所说的自治政府，以较低的管制成本维持着统一国家的名分与秩序。

第三节　基层自治支持国家能力：内在逻辑与历史实证

国家能力不应简单以政府直接控制基层的强度，或可直接支配资源的多少来度量，更不应被理解为政府权力超越一切约束与限制的能力。不同于以经济发展为导向的现代国家，传统中国的国家能力主要体现在以较低成本维系大一统，实现长期稳定治理上。基层自治、政府间接控制的治理模式，成为凭借当时的国家能力实现长期稳定统治的制度机制与保障。

一、改善朝廷与地方的委托－代理关系

在朝廷与地方的委托－代理关系中存在两大难题，一是要克服激励不相容，二是要尽量避免信息传递失真。就前者而言，皇帝在力求驱使官员实现朝廷目标和利益的同时，又要防范官员中饱私囊。历朝的官僚体系均强化激励机制，严格监管、督察与约束机制。清袭明制，又多有创新，乾隆时期形成了"年终密考"制度，在地方官的考核和简选中发挥了独特作用。[1]就后者而言，信息在委托－代理链条中容易扭曲与失真。每一级政府、每一个

---

[1]　参见常越男：《清代地方官"年终密考"制度述论》，《中国史研究》2019年第2期。

官员都可能根据部门利益、个性偏好筛选信息。链条越长，层级越多，信息失真与扭曲越突出，例如传统时期的"州县不以实闻，上下相蒙"[①]，或像"上有政策，下有对策"。在信息传递滞缓、交通运输不便的时代，天高皇帝远、尾大不掉的现象也颇堪忧虑。

通过基层自治与官不下县，朝廷可以缩短与地方的委托-代理链条，从而克服官僚体系信息传递失真的弊端，也减轻激励不相容的问题。西欧在现代国家取代封建制的过程中确立了文官体系，但覆盖范围相对较小，通常只有数百万、上千万的人口。长达2000年历史的中国文官体系覆盖范围相当于整个欧洲。[②]基层自治作为制度基础支撑基层社会经济的相对稳定运行，官僚体系则能够摆脱烦琐复杂的基层事务，专注于完成朝廷委托的国家事务，有效地构建了传统中国的国家能力。

二、分散风险，降低管理成本

基层官员代表中央治理地方，权力直达底层，固然有助于提升政府的动员力，却也意味着责任与风险的集中，基层矛盾连累或归咎中央的可能性大幅提高。如果中央对地方适当放权，允许基层自治，那么危机就可以首先就地消化，进而减少系统性风险，在

---

① 〔宋〕司马光编纂：《资治通鉴》卷二百五十二，岳麓书社，1990年，第386页。

② 参见〔美〕王国斌、罗森塔尔著：《大分流之外：中国和欧洲经济变迁的政治》，周琳译，江苏人民出版社，2018年，第12—33页。

这种模式下中央更不会成为被指责的对象。尤其是在相对较为封闭的传统中国，即使某一区域基层民众抵制地方官吏，也很难引起其他区域民众的共鸣，更难以同时出现反对中央的浪潮。

在幅员辽阔的古代中国，政府的税收能力受到官僚体系效率与技术条件等方面的制约。李伯重发现，以华亭、娄县地区为代表的江南地区，政府税收所占GDP的比重为4%—5%。[①]石锦建的研究亦表明，明代财政收入占GDP的比重由15世纪初的9%稳定下降至15世纪末的4%左右。[②]官僚体系的规模受到财政条件的限制，使朝廷权力彻底渗透到基层面临高昂的成本，收益却十分有限。若通过基层自治的方式，则能够有效减轻管理成本，并维持基层社会的基本稳定。因此，明清两代都维系着一个官员人数较少的官僚体系。与此同时，官僚体系直接参与的基层事务也十分有限，清代光绪时全国公共建设的费用每年仅150万两[③]，平均到每个县不过区区数百两。

三、激发民众的创造力

在传统中国基层自治的治理模式中，基层行政、市场主体、

---

①　参见李伯重：《从1820年代华亭—娄县地区GDP看中国的早期近代经济》，《清华大学学报（哲学社会科学版）》2009年第3期。

②　参见石锦建：《中国历史上财政收支和政权稳定关系的研究：1402—1644》，清华大学博士学位论文，2017年。

③　参见［美］贾米森著：《中华帝国财政收支报告》，载［美］费正清、刘广京编《剑桥中国晚清史1800—1911（下卷）》，中国社会科学院历史研究所编译室译，中国社会科学出版社，1993年，第79页。

民间组织等非政府主体承担了基层公共品的供给与治理。基层自治所表现出的草根民主或朴素民主，可以激发民众的创造力。这种民间自生自发的制度可以因地制宜，通过各地的创新尝试，民众能够自由地进行选择处理。具有生命力的制度被自愿选择、移植，不断得到改善和扩展。反之，不具备竞争力的制度则会被淘汰。义渡、廊桥、水利设施等由公益建造、免费使用的制度，在各地推广，呈相互砥砺之势。当民间拥有自我决策的权力时，在各地不同的约束条件下，竞争与创新会带来更适合当地情况的制度安排。

四、基层自治或能制衡官僚体系

依赖官僚体系实现对官员的约束，取得的成效有限，借助政府以外的力量或许能起到较为良好的效果。独立的士绅和民间组织有时可能成为这种约束因素。基层自主自立或可以抗衡官员的狐假虎威，甚至与中央遥相呼应，自下而上地监督官员，能够把权力关进笼子。朱元璋曾允许民众将他们认为的不法官员"绑缚赴京治罪"，尽管这一政策推行未久便停止，但从中折射了皇帝对民众发挥监督官员作用的期许。尽管士绅在某些情况下亦被官员视为"刁生劣监"（"刁衿劣监"）而加以打击，但从另一方面来看，士绅作为基层群体或百姓的利益代表协助其诉讼，甚至直接越级告状，从而挑战地方官员话语权，恰好反映了士绅利用自身的知识、获取的信息以及周边的民间力量而对官员产生某种制衡作用。从长期来看，这一制度制衡的设计有利于消化潜在的冲突因素，使之在萌芽状态中得到解决，而不致累积成为大问题。

小 结

在感性和直线思维下，国家能力的强度被等同于政府和官员不受限制的权力，但从长远和整体的视野下，官员和政府受到制衡，政府能力反而可能增强。英国光荣革命的历程表明，政府受到议会的约束与监督，提高了政府信用，从而为融资与支持战争提供了帮助。在近代西欧，只有那些既实现了财政体制的中央集权（Fiscal centralization），同时政府行政权力又受到制度约束的国家（limited government），国家财政能力才能得到更大的提升。在16—18世纪西方各国的竞争中，以英国为代表的国家税收更具合法性基础，并提升了其公债信用，获得了更强的财政动员能力，而西班牙和法国则相形失色。[①]

传统中国基层自治的治理模式，体现在基层行政、市场主体、民间组织等这些非政府主体所承担的基层公共品供给职责，从而有效缩减了官僚体系的委托-代理链条，使中央政府能够低成本地实现大一统政权对"广土众民"的统治，由此塑造了传统中国的国家能力。这种朴素的经济自由主义取向始终在与专制集

[①] 参见黄艳红：《近代早期的国际竞争与财政动员：关于西荷与英法的比较研究》，《史学集刊》2020年第2期。

权的博弈过程中消长，作为人类天性的朴素追求，其在中国源远流长，具有强韧的生命力，但缺乏正式的基层自治制度作为支撑。而当约束条件变动时，它无法抗衡政府权力的膨胀，从而显得脆弱不堪。本章系统地总结了传统中国的基层自治及所折射的国家能力，亦能够为推动当前国家能力建设与现代国家治理体系的完善提供有益启示。

下编

民间主体的治理机制

第五章　传统宗族治理与茶商经营

学界对近代中国茶业的研究聚焦于世界市场的变迁，着重探讨产业现代化转型等相关问题。其中，分析华茶外销衰微和转型艰难多是以组织形式和生产技术为切入要点。学者的研究既以宏观的数据呈现了对外贸易的整体趋势，又以比较视野关注了西方世界的主导优势。[①]不过，近年来随着历史观念和问题意识的调整，学界强调，虽然殖民地茶叶在世界市场竞争中处于优势地位，但是生活在殖民地茶园中的劳工与中国的茶业者在生存方式上有着根本区别，与此同时，学者还注意到中国茶商的经济意识发生了

---

① 参见汪敬虞：《中国近代茶叶的对外贸易和茶业的现代化问题》，《近代史研究》1987年第6期；Robert Gardella, *Harvesting Mountains: Fujian and the China Tea Trade* (1757-1937), University of California Press, 1994；林满红：《茶、糖、樟脑业与台湾之社会经济变迁（1860—1895）》，联经出版事业股份有限公司，1997年，第1—146页；周翔鹤：《晚清台湾乡村制茶业》，《台湾研究集刊》2001年第2期；林齐模：《近代中国茶叶国际贸易的衰减——以对英国出口为中心》，《历史研究》2003年第6期；仲伟民：《近代中国茶叶国际贸易由盛转衰解疑》，《学术月刊》2007年第4期；邹怡：《明清以来的徽州茶业与地方社会（1368—1949）》，复旦大学出版社，2012年；陈慈玉：《近代中国茶业之发展》，中国人民大学出版社，2013年。

内在变迁。[1]因此，对近代中国茶业研究的探讨不应只局限在贸易、组织或技术层面，其他面向也需进一步挖掘。

回顾民国茶业的调查资料，众多报告清晰记载了茶厂中的劳动力数量和生产分工，却对劳动力的来源、生活乃至与茶商的关系关注不足。[2]以下述受到较多关注的一则史料为例："隆记行中佐理者百余人，因多取亲友，视其能任以事，人每借以致富，其中尤多族人……"[3]其中的隆记茶行创办于广州十三行，由张殿铨求教皖浙茶商后创办，由此可知，宗族关系在茶厂内部组织中扮演了重要角色。那么，茶庄如何选任宗族亲友开展生产经营？宗族关系在茶业商号的经营与治理中扮演了什么样的角色？茶庄又是如何对宗族伙计的生产经营提供激励机制的？已有关于茶业商号的研究，受限于相关材料的不足，并未对茶商内部的组织结构进行明确探讨；[4]近年来，民间文书的整理与挖掘极大地强化了学界对研究对象的认知，以账簿为代表的商业文书多带有商人自身的从业知识、习惯实践以及诸多活动过程。相比其他文献中的质性描述，账簿中的记述提供了定量分析的数据来源，利于描述、统计以

---

[1] 参见［英］艾伦·麦克法兰、艾丽斯·麦克法兰著：《绿色黄金：茶叶帝国》，扈喜林译，社会科学文献出版社，2016年；Andrew B. Liu. *TEA WAR：A History of Capitalism in China and India*, Yale University Press, 2020。

[2] 参见许嘉璐主编：《中国茶文献集成》第23—50册，文物出版社，2016年。

[3] 彭泽益编：《中国近代手工业史资料（1840—1949）》（第1卷），生活·读书·新知三联书店，1957年，第487页。

[4] 参见魏明孔主编，李绍强、徐建青著：《中国手工业经济通史（明清卷）》，福建人民出版社，2004年，第401页。

及比较交易成本。①

　　本章将以徽州歙县吴炽甫茶商账簿为核心史料，并辅之以昌溪吴氏宗谱，讨论晚清宗族伙计制的运行逻辑。②吴炽甫茶商账簿，是茶商在浙江收购和加工茶叶的过程记录。③宗族伙计则是来自同一宗族，是茶业经营工作的主要执行人员。本章将通过对吴炽甫名下的淳安茶庄的考察，详细论述宗族如何基于血缘和地缘优势发挥其在制茶业中的经济功能，最终既成为族人收入来源的重要补充，同时又节省了茶商的经营成本。本章的考察亦能够为理解宗族作为民间主体在商业治理之中的作用提供独到启示。

---

① 注意每一项交易都具有不同的属性，并且需要匹配它对应的治理结构，从而才能实现节约交易成本的目的。参见［美］奥利弗·E.威廉姆森著：《契约、治理与交易成本经济学》，陈耿宣编译，中国人民大学出版社，2020年，第14页。

② 伙计是商人资本所雇佣的具有自由人身的中下层雇员，族人乡党充当伙计的现象在徽商中比较多见。参见唐力行：《论徽商与封建宗族势力》，《历史研究》1986年第2期；张忠民：《前近代中国社会的商人资本与社会再生产》，上海社会科学院出版社，1996年，第220页。

③ 参见王瀚巍：《近代徽商吴炽甫与内销茶业——以文书材料为中心》，复旦大学硕士学位论文，2018年；马勇虎、马路：《清末民初徽州京庄茶商经营实态研究——以吴炽甫京茶庄商业账簿为中心》，《安徽大学学报（哲学社会科学版）》2020年第2期；章毅、黄一彪：《晚清内销茶商的季节性经营和跨地域流动：以泰昌发介号〈淳庄账簿〉为中心》，《史林》2022年第1期。

第一节　徽州茶商与内销茶庄

吴炽甫茶商账簿总量约300册，目前分别由黄山市档案馆与上海交通大学图书馆收藏。这批账簿是茶商遗留的其经营全过程的记录，包含了新安江上游流域的多家茶庄，其中一组账簿产生于泰昌发介号派驻在淳安县的茶庄，现藏于上海交通大学图书馆。茶庄全名称作"泰昌发介号淳安毛峰庄"（以下简称淳庄）。《淳庄账簿》起始于光绪十九年（1893），至光绪二十四年（1898），前后持续6年，共计10册，统计约25万字。

一、淳庄的商业性质

淳庄是茶叶收购和初加工机构。随着清代中叶茶叶流动规模的扩大，从事收购毛茶并加以精制的茶栈和茶厂不断涌现，[①]与此同时，在产茶区内以收购和销售茶叶为主业的茶行和茶庄也逐渐开始兼营加工制茶，并使之成为一项固定工作。[②]这些变化主要与世界市场对中国茶业的刺激有关。值得注意的是，国内市场也在发生变化，华北花茶的消费于晚清时期快速兴

---

① 参见实业部国际贸易局编纂：《中国实业志（浙江省）》第七编《工业》，实业部国际贸易局，1933年，第158—159页。

② 参见魏明孔主编，李绍强、徐建青著：《中国手工业经济通史（明清卷）》，福建人民出版社，2004年，第399页。

起。① 基于国内和国际市场的演变，吴炽甫选择从砖茶贸易转向花茶营销，② 在浙江设立了收购原料并对其进行初加工的茶庄。彼时，徽州茶商的销售分为"京庄"和"洋庄"两大体系。所谓的"京庄"，是相对于外销"洋庄"而言，市场以京、津等北方地区为主。③ 关于民国茶商，仁井田陞的《中国の社会とギルド》记载："在北京的茶商中，要说吴姓，今天所见的大体也还是安徽人（徽州人即歙县人），要说北京的安徽茶商，也可以说全是徽州人。"④ 由是来看，对吴炽甫茶商的经营讨论具有个案意义上的学术价值。

值得一提的是，淳庄虽直属于由吴炽甫管理的泰昌发介号，但每年还接收来自北京和天津等地的几家茶号的出资；这些茶号主要由吴炽甫及其兄弟经营。与此同时，吴氏兄弟还在茉莉花产地福州设立了窨花茶栈。淳庄产的成品茶便是通过新式轮船运至福州，并移交至茶栈进行深加工。而在制茶的过程中，淳庄会挑拣出难以窨花的茶朴、茶末及茶梗等，并将其运销至家族在杭州

---

① 参见许哲娜：《缔造"花茶时代"——清末以来花茶生产与消费初探》，载常建华主编《中国社会历史评论》（第15卷），天津古籍出版社，2014年，第39—56页。

② 参见朱益新主编、歙县地方志编纂委员会编纂：《歙县志》，第688页；中国人民政治协商会议安徽省黄山市委员会文史资料委员会主编：《黄山市文史》（第3辑），1993年，第37页。

③ 参见张海鹏、王廷元主编：《徽商研究》，安徽人民出版社，1995年，第244—245页。

④ ［日］仁井田陞：《中国の社会とギルド》，岩波书店，1951年，第99页。

开设的茶庄。面对分布于全国不同地方的产业组织，吴炽甫通过分派直系亲属至各个环节，[1] 构建出家族分工式的产供销经营体系。在此之中，淳庄是吴炽甫家族跨地域商业链条中最为基础的经营主体。[2]

二、淳庄的人员结构

淳庄的经营人员主要包括管事和伙计。根据账房的记账习惯，淳庄账簿对不同人员的称呼差异主要基于身份职业的不同。账簿常以"△记"来代指对应的核心伙计、管事及出资者，其中的出资者是出资茶号的经营者。上述"△记"最为直接的账簿记录是"仲记即春妹"[3]，光绪《昌溪太湖吴氏宗谱》记载，春妹谱名亦贵，字仲山，二十六世族人，相当于吴炽甫族叔（见表5-1）。

结合宗谱，其他的"△记"身份如下：

表5-1 "△记"的身份详情

编号	世系	谱名	宗族身份	△记	庄内身份
01	二十六世	亦贵	锡祉子，春妹，字仲山	仲记	伙计
02	二十六世	亦炘	锡梓子，字绍光	绍记	伙计

---

① 参见王瀚巍：《近代徽商吴炽甫与内销茶业——以文书材料为中心》，复旦大学硕士学位论文，2018年。

② 有关淳庄的基础研究参见章毅、黄一彪：《晚清内销茶商的季节性经营和跨地域流动：以泰昌发介号〈淳庄账簿〉为中心》，《史林》2022年第1期。

③ 《光绪二十年三月立泰昌发介记淳庄流水》，编号JT03140110020002，第33页。

续表

编号	世系	谱名	宗族身份	△记	庄内身份
03	二十七世	世昌	亦炜子，全庆，字炽甫	炽记	出资者
04	二十七世	世玺	亦炜子，振禄，字传甫	传记	出资者
05	二十七世	世型	亦炜子，振寿，字仁甫	仁记	账房[a]
06	二十七世	世壂	亦炜子，振文	壂记	—
07	二十七世	世垂	亦炜子，振均，字绅甫，号宸臣	绅记	出资者
08	二十七世	宗瑞	萃元子，字配乾，号连峰	配记	管事
09	二十八世	云镮	世昌子，仲麟，字金如	金记	管事
10	二十八世	云鍢	世昌子，石麟，又名敏，字竹如	石记	学徒/实习[b]
11	二十八世	云釙	世型子，德麟，字济川，号川如	济记	管事
12	二十八世	云钜	世昌子，瑞麟，又名景云，字福如	福记	——
13	二十八世	云铭	世堡子，福全，字诵先	诵记	——
14	二十八世	云洮	世增子，元麟，字清如	清记	——

资料来源：光绪《昌溪太湖吴氏宗谱》，上海图书馆藏，光绪三十二年（1906）刻本，第17册，第65页、第70页、第72—73页、第75—78页、第88页、第91页、第93—94页。

注：a.账簿中的"传兄绅弟来淳"表明账房身份。"传"应该是吴世玺，"绅"则是吴世垂，两人均属吴炽甫胞弟。在吴炽甫胞弟之中，吴世型和吴世壂两人在"传兄绅弟"位次之间，其中一人或为账房。b.吴石麟，光绪五年（1879）生，至光绪十九年时年仅14岁。庄内身份援引的例子参照胡适自述"我们徽州人通常在11、12、13岁时便到城市里去学生意。最初多半是在自家长辈或亲戚的店铺里当学徒。在历时3年的学徒期间，他们是没有薪金的；其后则稍有报酬。直至学徒（和实习）期满……"参见欧阳哲生编：《胡适文集（1）》，北京大学出版社，1998年，第178页。

表5-1显示，具备"△记"身份的成员多和吴炽甫有着直系

血缘或密切的族亲关系。除两位年资比较久的伙计，普通伙计可能不太具备被账簿以"△记"形式记录的资格。与此相对的是，账房常用"各伙"或"各友"来统称伙计群体。在伙计之中，比较显著的特征是九成以上的伙计称谓不带有姓氏。但方正大、方长泉、王访贵3人除外。淳庄合作的代理商名为方三多，此人正是渡市镇的丹阳方氏六十九世族人，长子名长全，该宗族六十九世之中也有以"正"字排行取名的。①因此，前两位多有可能来自丹阳方氏，王访贵暂不详。面对其他人员，账房在记录时则多强调其职业身份，以"船户""篾工"等直接称呼，又或是姓名之后再加职业身份，如"陈顺招舟人"。②

基于上述讨论，淳庄的人员大致可分为宗族成员和非宗族成员两类。如图5-1所示，其中的非宗族成员包括临时伙计、篾工、拣工、船户和代理商等。临时伙计指的是淳庄在本地的临时雇用人员，账簿对方长泉的工作注明"帮忙"二字③，表明了他的临时伙计身份。篾工又称火司竹匠，来自歙县的深渡镇。淳庄在镇上的竹匠店购买篾箬，竹匠店则外派篾工至淳庄工作，工资和路费由淳庄支付。拣工、船户和代理商均是本地人，他们分别负责拣茶、运输和代理工作。而宗族成员可划分为吴炽甫家族成员和

① 参见方国华主编：《丹阳方氏宗谱》，2012年，第176—177页、第180页、第184页，原版存淳安县亚山村。

② 参见《光绪二十三年三月吉日立泰昌发介号淳庄茶号收支银洋钱总并誊清各序》，编号JT0 3140110020004，第19页。

③ 参见《光绪贰拾四年三月泰昌发淳庄收支银洋钱总并誊清各序》，编号JT03140110020008，第100页。

非吴炽甫家族成员两类。其中的家族成员包括吴炽甫的兄弟子侄（见表5-1编号05、06、08、09、10和11），他们的工作表现在统筹业务、掌管资金和管理人事等。至于非家族成员，像表5-1的春妹（编号01）和绍光（编号02），在宗谱世系中有着比较详细的记录，他们是本章关注的宗族伙计，当中的少数成员还可通过考课升至管事。

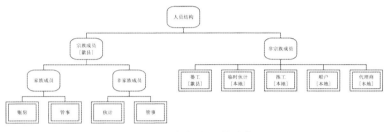

图5-1　淳庄的人员结构

资料来源：《淳庄账簿》，编号JT03140110020001、JT03140110020004、JT03140110020008、JT03140110020014、JT03140110020017。

三、宗族伙计的考证

账簿中九成以上的伙计没有记载姓氏，这是因为账房在记录他们时统一省去了"吴"字。既然同出自歙县的昌溪吴氏，与吴炽甫家族成员同族，姓氏也就没必要再出现了。不过，宗族和家族之间还是存在着本质差异，宗族的聚合方式在于强调祖先凝聚，[①] 淳

---

① 参见［英］科大卫著：《近代中国商业的发展》，周琳、李旭佳译，浙江大学出版社，2010年，第81页。

庄作为宗族的一部分，表现之一是代缴了4元英洋，用作"永评祖茔修什捐输"①。寺田隆信在他的研究中提及过永评祖先，"昌溪吴永评"曾在乾隆年间参与北京歙县会馆的义阡捐输，是会馆记录中较早出现的茶商，②查阅宗谱，吴炽甫的远祖身份无疑。③随着宗族经商的发展，至清中后期，昌溪吴氏族人外迁的现象非常普遍，不少族人侨居异乡，迁居至仁和县、钱塘县、平阳县、吴县、上海县、南通州、苏州及北京等地。④这些外迁的同族成员与吴炽甫家族之间的宗族关系难免趋于淡化。

不过，伙计常年多定居在歙县的昌溪村，工作期间则住在淳庄。账簿的记载显示，他们经常托庆妹等人转交工资至"里"中的"父"或"母"。有关庆妹，宗谱记载为二十六世族人，与其处同一辈分的伙计还有八顺，相似名称的则有二十七世灶顺等。⑤那账簿中的"里"具体指何地？比对活动轨迹，光绪二十二年（1896），伙计将行李由"里"挑

---

① 《光绪二十三年三月吉日立流水》，编号JT03140110020005，第44页。
② 参见［日］寺田隆信著：《关于北京歙县会馆》，潘宏立译，《中国社会经济史》1991年第1期。
③ 参见光绪《昌溪太湖吴氏宗谱》，第九册，第241页。
④ 参见光绪《昌溪太湖吴氏宗谱》，第十七册，第44页、第109页、第1136页；第18册，第19页、第30页、第62页、第130页、第111页、第139页；第19册，第124页。相似的例子见北岸岔口吴氏，同样经营茶叶生意，总计宗谱中的外迁人口高达715人。参见贾晓阳：《清代"以商辅农"的乡村经济——以歙县北岸吴氏为中心的研究》，上海交通大学硕士学位论文，2016年。
⑤ 参见光绪《昌溪太湖吴氏宗谱》，第十七册，第51页、第65页，第十九册，第68页。

至"深"（歙县深渡镇），再过"深"至"进贤"（淳安县渡市镇），光绪二十年（1894）则记载行程为"家至淳"。①由此确定，"里"是"乡里"的简写。"父"和"母"自然可理解为"家父"和"家母"，比如说光绪二十四年（1898），顺庆和吉祥委托庆妹将工资"手交伊父收"，春林和八顺则委托庆妹"手交伊母收"。②上述这些活动轨迹表明他们尚未外迁定居，同乡同族身份得以确认。

根据账簿记载的人员名称，可以推算出平均每年有14名伙计在淳庄参加工作，6年内相继出现过30余名不同称呼的伙计。其中，三成伙计的工作年限长达5年以上，工作3—4年的将近二成，但高达五成比例的伙计只工作了1—2年。除去临时伙计，该职位平均每年的离职率为14.7%，新进率则达到25.5%，表明淳庄处在经营的扩张成长阶段。由于现存账簿时间序列的中断，导致光绪二十四年（1898）之后连续几年的伙计情况不详。但好在现有研究公布了光绪二十七年（1901）的名录，共21人。③整合这年人名，其中的7人最晚自光绪十九年（1893）起连续工作，3人在6年之中工作了4—5年，以及2人分别工作了3年和1年，其

---

① 参见《光绪丙申泰昌发介号立银洋钱总并誊清各款序》，编号JT03140110020017，第5页；《光绪二十年三月立泰昌发介记淳庄流水》，编号JT03140110020002，第5页。

② 参见《光绪贰拾四年三月泰昌发淳庄收支银洋钱总并誊清各序》，编号JT03140110020008，第31页。

③ 人名参见马勇虎、马路：《清末民初徽州京庄茶商经营实态研究——以吴炽甫京茶庄商业账簿为中心》，《安徽大学学报（哲学社会科学版）》2020年第2期。

余9人则未出现在本研究时段中。就数年内的人数变化来说，族人辞职或者新加入的现象比较常见。这是因为他们在工作结束之后，返乡即可就地解散，至新的一年，吴炽甫又会在乡内组织和安排，当伙计们共同到达淳庄之后才又开始新一轮的收购和加工工作，年年如是。围绕着上述过程，不难发现，淳庄可以凭借同乡宗族在地缘和血缘上的优势积极发挥灵活和便捷的特点，进而减少招募、管理和解散伙计等的交易成本。

作为泰昌发介号派驻淳安的经营主体，淳庄处于吴炽甫家族产业链中的基础环节，核心业务是进行茶叶原材料的收购、茶叶产品的初级加工。执行这些工作的伙计主要来自歙县昌溪村的昌溪吴氏。宗族血缘成为雇工与雇主间的一种关联，相比上文账簿描述的其他职业身份，"各友"一词凸显了吴炽甫与伙计之间的亲密关系。事实上，淳庄对宗族成员来说，相当于为他们寻求工作提供了比较直接的选择机会。

第二节　宗族伙计的工作选择

昌溪村位于歙县南乡的三十一都，村落两侧地形以山地、丘陵为主。据调查，歙县的土地类型主要是山地，其中茶地达到了94000余亩，年产茶4万余担。[①]作为主要的茶产区，南乡水稻的

---

① 参见建设委员会经济调查所统计课编：《中国经济志·安徽省歙县》，建设委员会经济调查所，1935年，第1页。

产量居于歙县各乡都之末。①相当多的农民不得已外出工作，以赚取生活物资。20世纪30年代，著名社会学家吴景超提出乡村农民满足其生活需求的手段主要有物资输出和劳务输出两种。其中劳务输出表现在辞别亲友，外出谋生而换取现金，歙县当属这种类型。②吴景超即出生于茶业发达、茶商辈出的南乡，不难推测他的观点源自他对乡村生计的直接体验。③而淳庄作为吴炽甫在异地他乡开设的茶庄，有效地为宗族成员提供了以工补农式的谋生支持。

一、伙计的工作时间

伙计参与淳庄的工作集中在公历的4月底至7月中旬（见表5-2）。淳庄多提前向茶贩预借现金，伙计在既定的"行场"予以收购，以方姓为主的茶贩则在此期间"以茶来归"。④因为族人辞去或者新加入工作的现象比较频繁，淳庄每年开庄的时间不足3个月，相对周边的方姓大族来说，伙计季节性活动的"客边"身份明显，固定的收茶方式可以减少他们在异地的麻

---

① 参见民国《歙县志》卷三《物产》第1b页，载本社编选《中国地方志集成·安徽府县志辑》第五十一册，凤凰出版社，2010年。

② 参见吴景超：《第四种国家的出路》，商务印书馆，2017年，第176—180页。

③ 参见吴景超：《皖歙岔口村风土志略》，《癸亥级刊》1919年，第107—117页。

④ 参见马勇虎、马路：《清末民初徽州京庄茶商经营实态研究——以吴炽甫京茶庄商业账簿为中心》，《安徽大学学报（哲学社会科学版）》2020年第2期。

烦。不过，相较于方姓宗族，伙计以异籍他姓的身份承担起本地茶贩交易的对象，换言之，"客边"的作用表现在他们在贸易过程中成为脱胎于血缘之外的商业活动的媒介。[①]

表5-2　宗族伙计的工作时间

年份	离乡到庄日期	收茶起止日期	离庄返乡日期	工作天数（工数）	工数占全年比例
1893	4.27	4.28—5.21	6.30	64	17.5%
1894	4.29	不详	7.13	75	20.5%
1895	5.04	5.05—6.27	7.15	73	20.0%
1896	4.28	5.03—6.23	7.09	73	19.9%
1897	4.28	4.29—7.12	7.20	83	22.7%
1898	4.29	5.02—7.11	7.26	88	24.1%
平均	–	–	–	76	20.8%

资料来源：《淳庄账簿》，编号JT03140110020001、JT03140110020004、JT03140110020 005、JT03140110020008、JT03140110020014、JT03140110020017。

注：农历日期统一换算为公历日期。

不过，伙计的工作时间整体上与茶季旺期脱节。茶庄的季节性经营为学界熟知。但梳理账簿的记录，可以发现伙计虽然到庄不久就开始进行收购，但他们开始劳作的时间远晚于茶叶的春季开采期。账簿记载收购的茶叶品级有雀舌、雨前、极品、贡品、提品及莲芯等数类，根据名称，茶农应多在公历的3月份采摘

---

① 参见费孝通：《乡土中国》，上海人民出版社，2006年，第61页。

雀舌，在谷雨节气之前采摘雨前。但伙计的收茶起始于公历的4月底5月初，即使与谷雨相比，还是晚了10余天。不论是直接的时间记载，还是茶叶的品级名称，都显示出伙计收茶的开始时间不同于我们的常规认知，这也说明伙计所收茶叶可能经过了茶农和茶贩的前期加工。这在下文还会详细论述。

除淳庄的季节性经营，伙计难以完全抽身于农业耕种，也缩短了其在庄内的劳动时间。表5-2显示，伙计的工作时间只占据了全年的20.8%。《歙县志》记载，昌溪乡内有水田125亩、旱地430亩、桑园1615亩，而茶园面积高达4741亩。[1] 如此大量的茶园面积在茶季亟须众多劳动力，每年公历的3、4月份又是茶叶采摘最为忙碌的时期，妇女和孩童难以独自承担起乡内的茶叶采摘、加工、运输乃至贩卖等诸多工作。又以徽州一年两熟的粮食耕作来看，籼稻的播种最早在4月初，最晚在5月中旬，收割则最早在7月中旬，最迟9月底；小麦播种最早在9月，最迟11月，收获最早在翌年3月，最迟在翌年5月；大麦和玉米的播种期分别与小麦、籼稻略同。[2]结合这些农业周期，可以说，淳庄的工作时间安排使得伙计在非雇佣时间之外能够尽可能从事家乡的粮食作物和经济作物的生产，进而充分利用农业资源，在赚取淳庄工资的基础上提高家庭的年收入。

---

[1] 参见歙县地方志编纂委员会编纂:《歙县志》，黄山书社，2010年，第123页。

[2] 参见铁道部财务司调查科编：《京粤线安徽段经济调查总报告书》，国家图书馆藏，1930年，第99页。

二、伙计的工资构成

伙计的工资结算包括记账的货币工资以及包含工食、住宿、理发等在内的实物与隐性工资和福利等。平均每位伙计大概可得11.5元记账工资，由基础工资、路费与酒钱三类构成。基础工资基于工作天数与个人工价测算，不同地位和职责的伙计工价在100—160文不等。除去信差等专职的工价，伙计的工价平均在120文；100文作为最低起点，随着年资积累，工价会有相应的调整（见图5-2）。常驻伙计的路费统一为1元，相当于6—10日的工价；酒钱则与工价挂钩，分有5个层级，累进200文至500文以及1元。

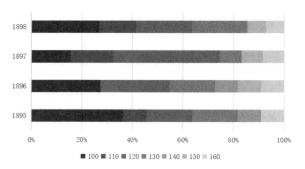

图5-2 常驻宗族伙计的工价分布［单位：文（制钱）］

资料来源：《淳庄账簿》，编号JT03140110020004、JT03140110020008、JT0314011020014、JT03140110020017。

伙计的食宿统一由淳庄提供。在日常主食上，以光绪二十三年（1897）为例，累计购买白米9.54石。该年共17人

（含管事）长期在庄内工作，平均每人每天食用白米0.68升。[1] 与生活交易相关的商号主要有乾丰、广大、允裕、咸泰和同益。匹配民国档案，明确可知的有乾丰、咸泰和同益等数家，以经营酱园、杂货等为主，经理人均为徽籍人士。[2] 地缘成为伙计选择与这些商号交易的重要因素。相较于伙计和吴炽甫之间的同族关系，共同的徽籍促使这些没有血缘关联的人相互联系，而这种联系又是从商业里发展出来的社会关系，是契约社会的基础。[3] 伙计固定选择在这些商号支取生活物资，定期通过账折结算（所谓的"账折"，多指折叠成摺的单张账纸，结算属赊账形式）。商号立折并记录了淳庄的消费记录，以此作为凭证，结账时可与之对账。据此计算，淳庄向伙计贴补了人均6.97元的生活消费，其中明确以账折形式结算的支出占生活消费支出的比例稳定在四成左右（见表5-3）。

---

[1] 光绪二十一年至二十四年（1895—1898），淳安县米价持续高升，根据账簿推算，由2.56元/石上涨至4元/石，工食还在一定程度上缓解了伙计受物价波动的影响。米价高涨的背景参见吴媛媛：《从粮食事件看晚清徽州绅商的社会作用——以〈歙地少请通浙米呈稿〉和〈祁米案牍〉为例》，《安徽史学》2004年第6期。

[2] 参见《淳安县酱坊商业同业工会第一届当选职员名册》，浙江省淳安县档案馆藏：档案号M001-012-0088-058；《中华民国十八年五月浙江淳安县商会执监委员会姓名表》，档案号M001-012-0088-013；《中华民国十九年二月造送淳安商会会员名册》，档案号M001-012-0088-030。

[3] 参见费孝通：《乡土中国》，上海人民出版社，2006年，第61页。

表5-3 生活消费的支出钱额

项目		1893	1894	1895	1896	1897	1898	平均
（1）账折结算支出	乾丰	5.36	10.07	7.06	5.61	10.00	7.88	7.66
	广大	5.68	9.12	8.17	9.00	17.34	17.51	11.14
	允裕	10.92	5.35	9.84	5.96	8.40	21.29	10.29
	咸泰	3.46	5.93	4.49	6.01	6.23	17.90	7.34
	同益	7.37	6.12	8.23	13.35	13.75	4.84	8.94
（2）生活消费支出总计		83.93	106.31	88.70	100.22	151.45	180.59	118.53
（3）人均生活消费支出		6.00	6.25	5.22	6.26	8.41	8.21	6.97
比例［（1）/（2）］		39.1%	34.4%	42.6%	39.8%	36.8%	38.4%	38.3%

资料来源：《淳庄账簿》，编号JT03140110020001、JT03140110020002、JT03140110020004、JT03140110020008、JT03140110020014、JT03140110020017。

注：比例指账折结算支出占生活消费支出总计的比例（%）。

累计上文的记账工资和生活消费支出，每位伙计平均可节省并赚取18.47元，前者占到总工资的六成以上。对比同一时期的其他行业雇工的工资货币化程度，例如北京燃料铺工人的现金工资占总工资（即现金工资与食物津贴之和）的40%，浙南石仓乡村农业与非农业雇工的工资货币化则普遍在20%以下，[①]淳庄虽远离城市，但行业的商业化特征使得工资的货币化程度相对较高。

---

① 参见Sidney D Gabmle, *Daily Wages of Unskilled Chinese Laborers, 1870-1902*, The Far Eastern Quarterly ,Vol. 3, No. 1,1943, pp. 41-73；蒋勤、王泽堃：《清代石仓的雇工与工资（1836—1870）》，《中国经济史研究》2020年第5期。

三、伙计的激励制度

徽商常用薪金、奖金及职位提升等来激励宗族伙计。[1]除了上文分析的工资（账簿称粗工/薪金），淳庄没有留下专门的激励制度细则，但匹配历年的工资记载差异，结合晋升和奖金的相关案例仍可推测伙计晋升和获得奖金的运行规则。

其一，从学徒晋升为伙计。名为隆贵的伙计工钱记录有着非常明显的变化。光绪十九年（1893），隆贵"在行照应65天"[2]，酬劳仅为2元，当年账房将此支出归于"杂支"项。次年，上涨至3.5元。光绪二十一年至二十三年（1895—1897），隆贵的工钱逐步上涨，此时账房将此支出并入"粗工"项，但仍是一次性结清。直至光绪二十四年（1898），账簿详载了工价、工数、酒钱及路费等，其工资构成与其他伙计一致，共计9.565元。

其二，从伙计晋升为管事。名为子兰的伙计虽不在吴炽甫亲属圈的核心，但亦可升任为管事。光绪十九年至二十年（1893—1894），他个人的工资记录在"粗工"项，按照数项工资构成累计总额。光绪二十一年（1895）起，工资记录挪至管事的"辛金"项，至光绪二十四年（1898），工资增长至24元。此外，称呼记载从"子兰"改为"子记"，进一步预示着职位的晋升。

---

[1] 参见蔡洪滨、周黎安、吴意云：《宗族制度、商人信仰与商帮治理：关于明清时期徽商与晋商的比较研究》，《管理世界》2008年第8期。

[2] 《光绪十九年三月立泰昌发淳号银洋钱总并誊清各序》，编号JT03140110020001，第85页。

其三，酬劳奖励。淳庄给晋升后的管事子兰3元奖励，当年账簿加注曰"因今年货多，人手略紧，各友颇耐劳，所以另给酬劳"[1]，此语似有称赞其管理众伙计得当之意。不过关于普通伙计的酬劳情况，内中未有记载。

总体而言，虽然伙计的工资结算于返乡前完成，但是他们提前支用的行为非常普遍。而按照米价年均3.38元/石计，每位伙计近3个月的劳力回报相当于个人2年的生活口粮。他们在外工作数月，行动空间与生活方式受到了较大限制，难以在工作期内返回家中，所以淳庄又特意安排人员"代带里家用"[2]，即代为转交，由是可直接通过现金来补贴家用。

第三节　工作安排与成本考察

商人选用宗族伙计的出发点不仅在于他们了解这些人员，便于通过亲缘、乡缘关系进行管理和控制，还在于维系与利用社会人际关系形成内在向心力，促进商业经营的持续发展。[3]落实至淳庄，上述面向的表现之一是宗族伙计在招募、管理及解

---

① 《光绪二十三年三月吉立泰昌发介号淳庄茶号收支银洋钱总并誊清各序》，编号JT03140110020004，第49页。

② 《光绪二十三年三月吉立泰昌发介号淳庄茶号收支银洋钱总并誊清各序》，编号JT03140110020004，第88页。

③ 参见张忠民：《前近代中国社会的商人资本与社会再生产》，上海社会科学院出版社，1996年，第222—223页。

散等方面的特征。但不同的行业有着各自对应的经营特点和需求，以淳庄的地理方位为例，宗族所在的乡里与之相隔了至少155里路程，故而作为经营主体，淳庄不得不增加额外的支出。[①]因此，我们将基于对伙计工作项目的讨论，从交易成本的视角，指出吴炽甫为何宁愿增加交通费用也要雇佣宗族伙计的动因。

一、工作项目与分工详情

多数情况下，账簿中有关交易的收和支可视作淳庄人员执行工作的表现，分析视角转换之后，他们承担的工作项目就能有所了解。除了茶叶的收购、加工与运输，工作项目还包括以下几类：行场预定、货币兑换与搬运、物资采买、钱洋兑换、税捐完纳、信件寄送、粗茶售卖、货物代购等。其中的货物代购源自吴炽甫家族僻处歙县山区，伙计作为宗族成员外运茶货返乡之时，亦肩负了在杭州、宁波等地代购生活物资的角色。

表5-4梳理了不同人员承担相应工作项目的大致情形。

---

① 里程资料参见〔明〕黄汴：《一统路程图记》卷七《江南水路》，载杨正泰《明代驿站考》，上海古籍出版社，2006年，第273页；光绪《淳安县志》卷三《方舆志》，载《中国方志丛书·华中地方》第208号，成文出版社有限公司，1975年影印本，第281页。

表5-4　工作项目与分工详情

工作项目	伙计			拣工	篓工	船户	管事	代理商	其他
	单人	多人	集体						
行场预定	+								
银洋兑换	+	+				+	+	+	
英洋搬运	+	+	+			+	+	+	
洋钱兑换	+	△				+	+	+	
茶叶收购	+	+	△						
物资采购	+	+	+			+	+	+	
茶叶烘焙			△						
茶叶挑拣				+					
篓箬加工					+				
茶叶装篓			△						
茶叶运输	+	△				+			
粗茶售卖							△		
行场打扫									△
税捐完纳	+					△	+	+	+
信件寄送	+								
货物代购	+					+	+		

资料来源：《淳庄账簿》，编号JT03140110020001、JT03140110020005、JT03140110020007、JT03140110020008、JT03140110020014、JT03140110020017。

注："+""△"表示参与此项工作，"+"是根据账簿收支记录中的人名判断，"△"由笔者推测。

　　以上这些工作可分为伙计独自负责、数名协同或者集体参与，以及其他雇工或商号单独承担，又或者共同协作完成等数种模式。随着工作的内容变动，活动地点扩展到徽州、严州、杭州、绍兴与宁波等所属的县域，但在此之中，只有少数资历深厚的伙计能够前往新安江流域以外的地区。多数伙计的工作集中在英洋的搬运、物资的采购以及茶叶的收购和加工上，故而这些项目成为分析的重点。

二、人、物与资金的共同流动

伙计从昌溪村前往淳庄的同时，既顺道解决了物资的购买，又保障了资金的安全运输。调查显示，淳安县的西乡多产制外销茶，但东、南及北三乡以本庄茶为主，[1]其中的小源乡烘青多销售至东北和华北地区，集中在十五都村。[2]渡市镇正位于十五都村下游，足见择址的区位要素以原料供应为核心，保证货源的稳定成为首选目的。淳庄也因此远离了每年收取和兑换资金的地点——休宁县屯溪镇。研究指出，晚清时期的屯溪镇已是整个徽州金融业和茶业周边产业集聚的中心，[3]但统计里程，此地与淳庄相隔至少255里。[4]面对这种情况，吴炽甫挑选几位年

---

[1] 参见安徽省立茶业改良场编：《皖浙新安江流域之茶业》，上海大文印刷所，1934年，第45页。

[2] 参见陶秉珍：《淳安遂安茶产调查报告》，《浙江农业》1940年第26—29期。

[3] 参见邹怡：《产业集聚与城市区位巩固：徽州茶务都会屯溪发展史（1577—1949）》，《"中央研究院"近代史研究所集刊》2009年第66期。

[4] 里程资料参见〔明〕黄汴：《一统路程图记》卷七《江南水路》，载杨正泰《明代驿站考》，上海古籍出版社，2006年，第273页；光绪《淳安县志》卷三《方舆志》，载《中国方志丛书·华中地方》第208号，成文出版社有限公司，1975年，第281页。

资较高的伙计，从昌溪村启程，前往屯溪镇的钱庄兑换钱票并搬运现金。光绪二十四年（1898），伙计兑换、肩挑以及船运英洋11300余元，[①]净重逾600斤。其中，屯溪镇至深渡镇的人力运输成本接近一位伙计80天的记账工资。自深渡镇至昌溪村一线，每人肩挑数百斤的英洋徒步山路。返乡后，数十名伙计集体搬运物资和钱财至深渡镇，随之雇用船只前往淳庄。在沿途市镇中，伙计以淳庄名义购买了不少经营和生活物资。

除去山路小道，上述水运河道均在新安江水系中，但主干水流湍急，险滩中乱石密布。其中，深渡镇至街口镇"乱石纵横，状多怪特，舟行其间，如入八阵图中，目为之眩"，街口镇至威坪镇又"间多险滩，……巨石累累满河，……舟行其间，危险万状"。[②]受雇于东印度公司的罗伯特·福琼（Robert Fortune）在第二次访问中国采集茶树时，曾乘船于此，回国后回忆到这段水系的途险滩上聚集了大量乞丐船只，常会发生纠缠骚扰的现象。[③]在此背景之下，携带高额现金的伙计通过集体活动的方式，实现了人、物与资金的共同流动（见图5-3）。

---

① 参见《光绪贰拾四年三月泰昌发淳庄收支银洋钱总并誊清各序》，编号JT03140110020004，第4页。

② 钱兆隆：《钱塘江上流游记》，《地理杂志》1931年第4卷第2期。

③ 参见［英］罗伯特·福琼著：《两访中国茶乡》，敖雪岗译，江苏人民出版社，2015年，第241—242页。

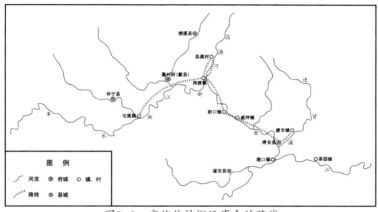

图5-3　宗族伙计搬运资金的路线

资料来源：底图出自谭其骧主编：《中国历史地图集（清时期）》第8册，中国地图出版社，1996年，第18—19页。

三、高体力消耗而轻加工步骤

伙计到达淳庄之后不日便开始收购和加工茶叶。不过，伙计对于茶叶的加工很可能只进行了"烘"的工序，而加工流程中的"炒"和"揉"则多由茶农和茶贩完成。[①]一般来说，加工鲜叶的3道标准程序，依次为炒制入锅、茶床揉搓以及装笼

[①] 成文于光绪二十三年（1897）的《整饬皖茶文牍》记载山户会先"炒焙"茶叶。参见陈祖椝、朱自振编：《中国茶叶历史资料选辑》，农业出版社，1981年，第198页。有关茶农商贩加工的案例参见刘永华：《小农家庭、土地开发与国际茶市——晚清徽州婺源程家的个案分析（1838—1901）》，《近代史研究》2015年第4期；董乾坤：《社会关系与日常经济网络的形成——以胡廷卿家庭收支账簿为中心》，《民俗研究》2020年第2期。

烘干，通常4斤鲜叶可烘制1斤毛茶。[①]而成书于光绪二十二年（1896）的《浙志便览》记载，内销绿茶通过毛茶再加工后即可销售，重量维持旧有的八九折。[②]窨制花茶的茶叶原料主要由烘青绿茶经精加工所得，[③]通算淳庄烘制后的成品率平均高达93.0%，据此比较，淳庄所收茶叶远比通俗惯称的鲜叶和毛茶更为干燥。茶叶的成品率表明所收茶叶已经过相当程度的脱水处理，这也就解释了前文中为何伙计到庄收茶的起始时间比较晚。

为衡量伙计在收购和加工中的体力支出，本章统计了茶叶的重量以及相应的劳动数量。账簿中的测量单位比较复杂，主要包括庄秤、平秤、关秤（又称税秤）和杭秤等4种。本章依据海关英制关平秤与民国通用市秤的标准进行换算，[④]以及通算簿中所有的相关数字，测算出每庄秤约817克，即折合1.63市秤斤。6年来，产制的成品茶由39569市斤快速增长至100616市斤，平均年产61642市斤，占到全县内销茶的

---

① 参见陶秉珍：《淳安遂安茶产调查报告》，《浙江农业》1940年第26—29期。

② 参见〔清〕李应珏：《浙志便览》卷3第38b页，光绪二十二年刊本，《中国方志丛书·华中地方》第180号，成文出版社有限公司，1975年影印本，第363页。

③ 参见夏涛主编：《制茶学》，中国农业出版社，2016年，第330页。

④ 参见吴承洛：《中国度量衡史》，商务印书馆，1957年，第199页、第234页。

10.1%左右，[1]足见淳庄茶叶在本地的市场份额。至于劳动数量，考虑到管事的工作和临时伙计的工资，他们的单位劳力折半统计。

表5-5　收购与加工的工作量（单位：市斤）

年份	人数		工作总量（人均）		连续收茶天数	收茶量（每日人均）
	常驻伙计	管事/帮忙	收购/烘焙量	打包/装舟量		
1893	12	1	3469	3166	21	165
1894	15	1	3969	3700	–	–
1895	13	4	3503	3360	27	130
1896	12	4	4273	4017	31	138
1897	13	4	4748	4378	43	110
1898	17	4	5717	5296	36	159
平均	14	3	4270	3977	32	133

资料来源：《淳庄账簿》，编号JT03140110020001、JT03140110020002、JT0314011002004、JT03140110020008、JT03140110020014、JT03140110020017。

注：临近收茶尾期，账房记账的收茶时间多以数十天甚至按月记载，但收茶量不高，这一时段并不代表每日进行了收购。因此，计算时除去了这些不具连续意义的收茶活动。

---

[1] 成品茶包括正货和粗货两类，分别占到八成和二成的比例。光绪三年（1877），淳安县运往宁波出口的绿茶产量约5000关秤担。民国年间，淳安县内销北方的茶叶量达5200篓。其中，1关秤斤折合1.21市斤，每篓约重95市斤。参见《光绪三年浙海关贸易报告》，载杭州海关译编《近代浙江通商口岸经济社会概况——浙海关、瓯海关、杭州关贸易报告集成》，浙江人民出版社，2002年，第188页；魏颂唐编：《浙江经济纪略·淳安县》，载民国浙江史研究中心、杭州师范大学选编《民国浙江史料辑刊·第一辑》第2册，国家图书馆出版社，2008年，第426—427页；上海商业储蓄银行调查部编：《茶》，上海商业储蓄银行信托部，1931年，第24页。计算公式如下：10.1%=［（61642/100/（5000×1.21）+（61642△×80%）/（95×5200）］/2×100。

如表5-5所示，平均每位伙计承担收购和烘焙茶叶原料4270市斤，分批装篓成品茶3977市斤，并将此搬运至渡市镇的渡口。根据时间间隔，每位伙计的日均收茶量高达133市斤。这些数据呈现了伙计高体力消耗的工作特征。由于伙计收购的是已经过相当程度加工的茶叶，伙计的专业制茶核心技术集中于烘焙工序上即可。这种轻加工的模式自然比较利于宗族成员的雇用，工作的准入门槛也相对降低。值得强调的是，拣茶工作也无须伙计负责。账簿的支出表明，这项工作比较吃重，因此支付给所有拣工的工资可达到全部伙计货币工资的2倍至3倍。

淳庄通过缩减加工步骤，将伙计的重体力劳动集中在特定的工序上，如此便可节省不少经营时间。据民国年间浙江省油茶棉丝管理处茶叶部编写的《浙江省之茶厂管理》记载，淳安县茶司的全期工作以100天为中心，[①]淳庄的伙计年均工作时长只有76天，故而即使调查中的时间略微泛指，两者仍相差了不少天数。此外，有关福州花茶的调查显示，相比福建本地的窨花，徽商在时间成本上不占优势，与其他茶帮相比，徽商抵达窨花茶栈的时间要晚一些。[②]这也从侧面解释了淳庄工作安排和伙计工作特征的特殊之处。

实际上，相比淳庄的各项开支，以内河水运为主的交通费

---

① 参见浙江省油茶棉丝管理处茶叶部编：《浙江省之茶厂管理（二十八年度）》，民国二十八年（1939）铅印本，第38页，第40页。

② 参见铁道部财务司调查科编：《京粤线福建段福州市县经济调查报告书》，国家图书馆藏，第163页。

用并不算高。淳庄通过宗族成员来解决或者说保障了资金与货物运输的同时，完成了伙计的就位，实现了劳动力的资源配置，这是合乎现实的理性交易。适逢茶季进入末尾之时，淳安县的茶叶大致粗制完成，宗族成员转身成为淳庄的伙计，在较短的时间内购得充足的茶叶，并凭借比较简易的烘焙和装篓完成制茶工作。

小　结

本章以晚清茶庄的经营呈现出宗族伙计作为雇工的双重属性。茶商吴炽甫对他们的雇用不只是出于血缘身份的考量，而是茶商契合宗族关系、地理环境和农业周期的理性交易的表现，是与所处社会和环境相嵌套的制度安排。茶商基于特定的农业周期与地理方位选择雇用歙县的昌溪吴氏族人充任伙计，宗族成员因而能够实现生活资产来源的多样化。

从伙计的角度出发，由于他们尚未完全从农业生产中解放出来，凭借周期性的以工补农，通过跨地域流动，受雇于同族吴炽甫名下的浙江淳庄。在具体工作上，烘焙是伙计在制茶工序中所承担的关键步骤。近三个月的工作，伙计所得的全部工资相当于个人两年的口粮，对其生计来源的补充大有裨益。

对淳庄来说，宗族在伙计的招募、管理和解散等环节上表现出比较便利和灵活的优点，减少了招募、管理及解散等环节的交易成本，与此同时，宗族伙计的参与可以实现人、物与资金的共同流动，进而降低货物与资金的运输风险。淳庄通过对宗族伙计的安排，有效缩减加工步骤，节省了诸多交易成本并缩短了经营周期，从而更好地参与市场竞争。

徽州茶商的案例显示传统宗族在近代商业竞争中的经济功能，通过合理有效的治理安排，宗族成员参与同族茶商的产业经营，极大地增益了个人收入，与此同时，茶商得以节省经营成本，从而更好地参与市场竞争，这是一种双方互益的制度安排。

第六章　小微公共品与民间供给机制

　　1915年，中国首次亮相国际博览会——旧金山巴拿马太平洋万国博览会。中华政府馆的正门两侧空地上建有茶亭，由商人集资建造，赴赛代表屠坤华对茶亭评价相当高，言"用意之良，似较诸国过之无不及也。窃谓我之赴赛快痛得意之事，惟此茶亭而已"①。事实上，由商人出资建造茶亭的事迹在历史上非常之多。不过，不同于博览会中具有商业性质的茶亭，分布于传统中国民间的茶亭是典型的非营利性公共品。②

---

① 屠坤华：《万国博览会游记》，商务印书馆，1916年，第160页。

② 茶亭的相关研究参见王天鹏：《客家茶亭文化刍论》，《湖北民族学院学报（哲学社会科学版）》2011年第2期；方观音：《明清以来赣闽粤边区茶亭研究》，赣南师范学院硕士学位论文，2014年；张亮：《徽州茶亭及其功能》，《农业考古》2015年第5期；于少波：《清末民初桂东南"茶亭"研究》，《玉林师范学院学报（哲学社会科学）》2016年第3期；冯志洁、朱世桂、佘燕文：《古代闽浙地区茶亭发端与兴盛》，《农业考古》2018年第5期；刘方进：《清末民初桂林茶亭的兴修及其运作》，《独秀论丛》2020年第1期。

有关传统中国公共品的探讨，笔者先前以湖南安化县永锡桥及桥会为例呈现了公共产品的产权形态和组织运作，研究彰显了传统社会民间的动员能力、组织能力与制度创造力。[①]丁春燕则提出清代普遍存在非政府性和非营利性的民间组织来提供基层公共品的制度化模式，民间主体具有基层性、独立法人性和组织化等特点。[②]这些研究均证明了传统中国的公共品与奥斯特罗姆（Elinor Ostrom）所关注的共用资源（common-pool resources）存在相似性。[③]

但与善堂、桥梁乃至书院等大型公共品略有不同，茶亭呈现出小规模、密集化和分散性等特征，既可由民间组织来提供，又能够吸引民间不同力量的参与，以其低的供给门槛，几乎替代了政府和市场的角色。[④]在这种情况下，茶亭在供给形式和逻辑上与上述大型公共品供给是否完全一致，抑或有所区别？其组织、运营和管理的特征又如何？进而言之，这种小规模的公共品是否能发展出制度化的法人产权？诸多细节至今尚未明晰。

---

① 参见龙登高、王正华、伊巍：《传统民间组织治理结构与法人产权制度——基于清代公共建设与管理的研究》，《经济研究》2018年第10期。

② 参见丁春燕：《清代基层社会公共品供给——基于民间组织的视角》，清华大学博士学位论文，2021年。

③ ［美］埃莉诺·奥斯特罗姆著：《公共事物的治理之道：集体行动制度的演进》，余逊达、陈旭东译，上海译文出版社，2000年版。

④ 罗伯特·伍思努提出多元主体合作供给制度模式，政府、市场和志愿三部门存在竞争与合作关系。参见Wuthnow Robert, *Between State and Markets：The Voluntary Sector in Comparative Perspective*, Princeton University Press, 1991。

因此，本章将通过碑刻与方志探索普遍存在于民间社会却又多被忽视的茶亭公共品及其特征，从而为思考民间社会的自发力量和基层秩序提供新的研究视野。

第一节　茶亭作为公共品

传统中国的路亭设施极其发达，[①]茶亭作为其中一种类型，是在道路设施中承担辅助功能的代表性建筑。与此同时，它更是存在于交通要道和乡村山间的地方性公共品，服务于民间社会中的不同个体、群体和组织。虽说相比于道路津渡、桥梁水利、义庄义仓等基础设施和公共工程，茶亭提供的功能略有不如，但其在传统中国的广泛分布和持续存在显示出茶亭在民间社会服务上的重要价值。就存在形式来说，除单独立于道路之上，茶亭又能与寺庙及殿宇构成邻近相通的慈善场所，还可作为廊桥和义渡的配套设施，提高公共品的服务能力。故而说，茶亭作为公共品的消费，贴近民间不同阶层的生活，有显著的非竞争性和非排斥性等特征。

---

① 例如20世纪80年代，据湖南各地交通部门统计，邵阳市有路亭619座，郴州市有路亭1318座，湘桂要冲的祁阳县路亭数达1000多座；据1987年调查，浙江新昌县有路亭692座。嵊县建于清代的路亭更是达到1121座。参见蒋响元：《湖南古路亭（上）》，《湖南交通科技》2012年第3期；竺柏岳主编，嵊州市交通局编：《嵊州市交通志》，浙江大学出版社，2003年，第5页；新昌县志编纂委员会编：《新昌县志》，上海书店，1994年，第288页。

一、茶亭的数量和分布密度

茶亭广泛分布于中国的南方地区，湖南、浙江、江西、福建、广东、安徽等地数量尤其多。虽说茶亭属于路亭的一种，但众多有关茶亭或路亭的调查统计是将两者等同的，而且不少路亭在实际运作中也承担了供茶服务，只不过称为路亭。与其相似的还有风雨亭、凉亭等。此外，有些南方山区的茶亭可能只是简易的石砌拱洞，样式上与现今常见的景观亭有较大区别。[1]因此茶亭在传统中国的实际分布情况可能超过了一般人的想象。

兹以现有统计数量做说明。清代江西的宁都、瑞金和石城三地有茶亭343座。民国时期，各地拥有的茶亭数量如下：福建的龙岩县107座，上杭县178座，永定县93座，长汀县73座；广东的大埔县272座，和平县82座。[2]这些是明确记载在清代民国志书中的茶亭，由于当时志书记载的公共设施往往是当地比较重要或有名的，事实上存在着大量没有被编纂者收录的茶亭，故而茶亭的数量远不止此。中华人民共和国成立之时，湖南安化县的政府部门对当地茶亭进行过统计，共有600余座。[3]时至1968年，

---

① 比如说徽州的路亭可分为拱洞式路亭、民居式路亭和亭式路亭。参见张亮：《徽州茶亭及其功能》，《农业考古》2015年第5期。

② 参见方观音：《明清以来赣闽粤边区茶亭研究》，赣南师范学院硕士学位论文，2014年。

③ 参见娄底地区交通志编委会编：《娄底地区交通志》，湖南出版社，1993年，第65页。

株洲全县则还有茶亭236座。[①]在浙江，据1955年调查，东阳县的路亭共828座，其中的茶亭有397座。[②]东阳邻县嵊县的崇仁古镇旧有茶亭17座。[③]凡此种种，足见茶亭在传统中国的普遍分布，其余各地的数量不再罗列。

茶亭在道路上的密度同样证明了其分布数量之多、社会需求之盛。在安徽绩溪县，沿途道路呈现三里一路亭、五里一茶亭的面貌。[④]新化县的密度则是五里或十里一亭。[⑤]浙江新昌县不到五里就设有茶亭。[⑥]同府的上虞县的茶亭在东向宁绍平原上的设置间隔五里到八里，而在南向上至奉化交界处，途经四明山麓，则基本上两至三里路就设有茶亭。[⑦]广东的《曲江乡土志》《始兴县乡土志》《和平县乡土志》等列有专门的《道路》，其中的一些路线即呈现了当地每隔数里路程便有一座茶亭的面貌。由于山路崎岖，行人休憩的频度高于在平原上行走时休憩的频度，使得

---

① 参见株洲县交通志编纂委员会编：《株洲县交通志》，湖南出版社，1994年，第23页。

② 参见东阳市地方志编委会编纂：《东阳市志》，汉语大辞典出版社，1993年，第289页。

③ 参见嵊州市志编纂委员会编纂：《嵊州市志（1986—2002）》，方志出版社，2017年，第56页。

④ 参见绩溪县地方志编纂委员会编纂：《绩溪县志（1810—1987）》，黄山书社，1998年，第307页。

⑤ 参见娄底地区交通志编委会编纂：《娄底地区交通志》，湖南出版社，1993年，第65页。

⑥ 参见《里小将碧云茶碑》，载新昌博物馆编，俞国璋编著《新昌历代碑刻》，文物出版社，2019年，第303页，下同。

⑦ 参见冯志洁、朱世桂、佘燕文：《古代闽浙地区茶亭发端与兴盛》，《农业考古》2018年第5期。

山路茶亭的密度高于平坦道路；平原的内陆河流畅达又减少了行人徒步的需求。茶亭又多建于物资流通频密、商旅往来频繁的商路上，这些商路往往联结了区域间的市场交易以及国内的长程贸易，众多茶亭的碑刻开篇往往强调其处于通衢要道，又或往来过客、商贩必经之所。图6-1是根据志书记载的茶亭及其方位和里程制作的新化县和浙江宣平县的茶亭分布密度图。两个县均属山区，其茶亭分布特征明显，既集中在特定的交通要道之中，又密集分布在县城周边。

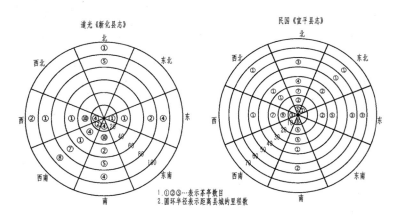

图6-1　新化县和宣平县的茶亭分布

资料来源：道光《新化县志》卷二十九《茶亭》，载《中国方志集成·湖南府县志辑》第57册，江苏古籍出版社，2002年，第307—311页；民国《宣平县志》卷二《舆地志》，载《中国方志丛书·华中地方》第206号，成文出版社有限公司，1975年，第376—388页。

二、茶亭的非政府性

公共品的供给主体有如下三种：政府机构、非政府性和非营利性的民间主体以及营利性主体。不同于官修驿亭或邮亭，地方政府较少对茶亭设施予以相应的资金支持。

茶亭以其规模小、门槛低吸引了不同个体、群体和组织的关注。其源起或与中古时期佛教僧人的施茶传统相关，直至近世，僧人、寺庙、会社及其成员仍是修筑茶亭的重要参与力量。宋明以降，宗族作为比较普遍和典型的民间组织，积极引领各种地方性事务建设，其中茶亭亦是重要构成。明清时期的士绅与商人则为民间公共品的发展注入了活力。士绅之中虽不乏曾身居官职者，但其倡建茶亭的资金又多来自个人的捐助；相反，官员以政府名义建造茶亭的行为不算太多。商人虽具有经济意识，但始终未从中谋利。值得一提的是，妇女在供给中亦有不少事迹展现。

进而言之，茶亭在太平天国运动之后的复建和兴修更是证明了士绅和商人可通过公共品的完善来促进基层社会的治理，这种不同于地方政府在基层治理上的重要作用，既体现了他们共同的信念价值与社会共识，还表明这些公共设施对他们自身有重要的社会、经济和文化效益。

近代以来，商人及商号对茶亭功能的客观需求大幅度增加，从而不断提高了其在交通要道中的分布密度和供给能力。广泛分布于全国各地尤其是南方地区的茶亭，以其提供的免费茶水服务显示出其公益性。茶亭与民间生活的关联性可能远高于善堂、义庄、书院等类型的公共品，这也促成了民间力量对茶亭供给的积极主导。

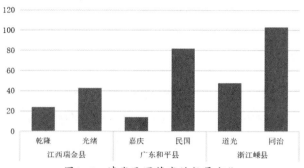

图6-2　清代民国茶亭的数量变化

资料来源：乾隆《瑞金县志》卷三《营建志》，乾隆十八年（1753）刻本，雕龙中日古籍全文资料库，第50a—53a页；光绪《瑞金县志》卷四《营建志》，光绪元年（1875）刻本，国家图书馆藏，第41a—46b页；嘉庆《和平县志》卷二《建置》，嘉庆二十四年（1819）刻本，雕龙中日古籍全文资料库，第16a—16b页；民国《和平县志》卷三《建置志》，《中国地方志集成·广东府县志辑》第18册，上海书店出版社，2003年，第64—66页；道光《嵊县志》卷五《寺观庵亭附》，道光八年（1828）刻本，国家图书馆藏，第38b—58a页；同治《嵊县志》卷三《建置志》，《中国方志丛书·华中地方》第188号，成文出版社有限公司，1974年，第331—352页。

第二节　民间提供茶亭的现实逻辑

茶亭由民间提供，这一现象的持久性和广泛性，彰显出其深深符合传统中国社会的需求。茶亭在民间被视作"地方公建"的一种，①这种"公"的互动博弈进一步提高了民间自发协调资源和处理事务的能力，而"建"的信念动机则体现在由道德和慈善传统形成的激励和约束机制上。下文将着重分析民间提供茶亭的现实逻辑。

一、弥补王朝政府的职能缺失

王朝的有限型政府限制了州县和地方官员的职能范围和行政能力，使其难以在多方面提供基层公共品。中央朝廷主要提供全国性的基础性公共品，例如运河、长城、干道与驿站等；地方政府则在县学、常平仓、育婴局等方面予以支持。江西瑞金县《竹园岭迥龙亭施茶记》记载："夫徒杠舆梁，王政首讲，未有及于茶饮者。而吾邑通道皆有之，……真有以补王政之所未备矣。"②传统中国的政治思想在理论上会要求诸如桥梁这类公共品由政府来负责，但在后世的实践之中，地方政府难以全面承担起这些职责，遑论古书中未专门言及的"茶饮"。由民间自发的茶亭供给正是基层社会自主体系的表现之一。新昌县《后岱山同归茶捐碑记》有类似表达："然大人务其大，小民务其细，各适其宜，弗能越，弗可强也。"③政府处理大事，民间管理地方事务，互不干预，各得其所。

① 参见《里小将碧云茶碑》，载新昌博物馆编、俞国璋编著《新昌历代碑刻》，文物出版社，2019年，第303页。

② 光绪《瑞金县志》卷十二《艺文志》，光绪元年（1875）刻本，国家图书馆藏，第376页。

③ 《后岱山同归茶捐碑记》，载新昌博物馆编、俞国璋编著《新昌历代碑刻》，文物出版社，2019年，第291页。

政府财政能力的不足以及对僻壤山间的管理缺失，推动了民间自发供给。曾小萍认为，明清地方财政始终窘迫，限制了政府参与地方事务的能力。①郑振满提出地方公产是"地方财政的转化形式"，明中叶以后，各级政府因财政窘迫放弃了固有的行政职能，把各种地方公共事业移交给当地的乡族集团，由当地善士捐资置产来供应常年的费用。②张佩国则认为，绅商参与并主导地方公益、福利事件中的徭役化，是官僚体系过度盘剥并尽力减轻财政压力的结果。③不论是以乡族为代表的民间组织，还是基层社会的士绅，他们均在形式上弥补了政府几无触及的茶亭公共品的提供。而这在荒凉偏远的僻壤山间表现得相当明显。新昌县《外泄下严家岭碑记》记载："盖邮亭、候馆，王政所以济行旅之仁也。每于郡邑通衢计里而置之，至若山陬僻壤间，则以荒邈而勿及焉。"④这些地方对茶亭存在着客观需求。相较于乡村，驿道大道由政府控制建设，即"康庄驿路各有衢庐"；城市有活跃的市场，即"城市通都每多茶舍"。⑤位于中国南方的广袤山区却没有这些官方设施，为民间力量积极承担职责提供了发

---

① 参见［美］曾小萍著：《州县官的银两：18 世纪中国的合理化财政改革》，董建中译，中国人民大学出版社，2020年。

② 参见郑振满：《明后期福建地方行政的演变——兼论明中叶的财政改革》，《中国史研究》1998年第1期。

③ 参见张佩国：《传统中国福利实践的社会逻辑——基于明清社会研究的解释》，《社会学研究》2017年第2期。

④ 《外泄下严家岭碑记》，载新昌博物馆编，俞国璋编著《新昌历代碑刻》，文物出版社，2019年，第260页。

⑤ 参见《真诏茶亭碑记》，载新昌博物馆编，俞国璋编著《新昌历代碑刻》，文物出版社，2019年，第227页。

挥的空间。

二、协调民间公共资源的占有

茶亭由民间筹资并公益建造，能够很好地体现公共资源的特性。市场的逐利性使得茶馆、茶舍分布于城邑和市镇之中，加诸政府的管理空缺，促使民间自发协调公共资源的占有问题。一般来说，包括茶亭在内的公共品消费通常具有非竞争性与非排他性，却可以由竞争性的市场主体提供。民间自发供给茶亭的过程往往是财富或话语表现以及博弈互动的体现，从而有利于当地社会的公共资源协调和公共事务的处理。黄冈县马鞍山茶亭的捐户达261户，共计捐额7868文，[①] 平均每户捐额只有30文。这是普通民户通力合作的过程。在安化永锡桥捐资中，大户利用和消费公共品的需求往往比小门小户多，也因此愿意多捐资金，留下声誉和功德。[②] 这种模式在茶亭的创建中也有相当多的案例表现，无关乎公共品的规模。新昌县皇渡桥村造桥建亭，共有27人参与，姓氏构成较为复杂，潘、杨两姓占到50%以上（参见图6-3）。同邑的孙家田村积极动员族人捐建亭桥，除了4笔资金由吕姓祠堂捐助、2笔由孙姓祠堂捐助，剩余的23笔捐资有16笔来自孙氏族人。这场捐资的姓氏构成不如前者复

---

① 参见黄冈县民政志编辑室编：《黄冈县民政志（1882—1984）》，湖北科学技术出版社，1985年，第142页。

② 参见龙登高、王正华、伊巍：《传统民间组织治理结构与法人产权制度——基于清代公共建设与管理的研究》，《经济研究》2018年第10期。

杂。现实中茶亭应该主要是吕姓和孙姓共用，因为他们以宗祠捐资的比例成分相当之高，超过50%（参见图6-4）。

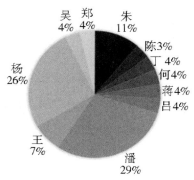

图6-3　皇渡桥亭的捐资姓氏

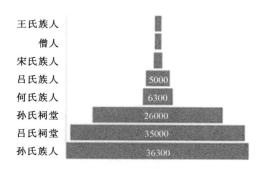

图6-4　利济桥亭的捐资主体（单位：文）

资料来源：《皇渡桥碑记》《孙家田重建利济桥及路亭碑记》，载俞国璋编著《新昌历代碑刻》，第265—267页。

茶亭以免费的休憩空间和茶水向交通道路上往来的地方民众提供服务，促进民众在跨村落、跨地域以及跨政区之间的协调公共事务能力。不同地区间的自发模式存在差异，但他们都在积极协调区域间的事务。湖南株洲县的茶亭由当地乡都立会选出长者来主管，于每年农历三月十五日进行集会募捐。[1]立会选择长者以及组织募捐的集会便是地方协调的过程。广西桂林的松桂茶亭的兴建光发起者就达到43人，捐款总共收到1749100文。与之最为密切的地方——大圩，共计有90个商号或个人捐资。此外，还有其他118个商号或个人捐资，人均1000文。据统计，他们至少来自27个不同的村落，足见涉及人数之多与范围之广。[2]又例如不同县之间的会社合建，河南伊川县的香火大会，光绪三十四年（1908），魏小寨、魏村、杨窑、耿村、苏村、张村等村的善众联合"茶社"，轮流提供茶水服务，但场所则得益于嵩阳县的"后干社"，他们在会社的余资基础上又募化钱财，为伊川县"茶社"创修起茶亭。[3]跨省案例如境会亭则是由浙江长兴和江苏宜兴两邑士绅合捐而成。[4]

三、道德量化和慈善信念作为激励和约束机制

茶亭的供给与道德功绩紧密相连，就像个人信用分数累计会成为有效的激励与约束机制。比较典型的是由文人阶层推动的《功过格》，这种类型的善书将道德量化，劝人积极向善，个人在

---

① 参见株洲县交通志编纂委员会编：《株洲县交通志》，湖南出版社，1994年，第23页。

② 参见刘方进：《清末民初桂林茶亭的兴修及其运作》，《独秀论丛》2020年第1期。

③ 参见《创修茶亭记》，国家博物馆碑帖，见国家数字图书馆。

④ 参见《境会亭碑记》，载张孟新主编《长兴茶文化碑刻集》，西泠印社出版社，2008年，第109页。

这种道德感化下，自觉践行善行，个人也坚信行善能得到世俗的回报。① 例如，《十戒功过格》记载，造桥、平路、建立茶亭和渡船等事能够积攒"五十功"，② 这种量化标准在无形中对社会民众形成激励和约束。不仅如此，建设茶亭作为一种慈善行为，能够得到官方的表彰。光绪《长汀县志》的《凡例》明确规定："凡茶亭桥梁或造或修，有善必录。"③ 政府通过将相关的事迹收录进县志予以表彰，是一种公开的社会激励。

茶亭的普及与宗教的公益服务相关，民间在历史发展过程中形成了慈善供给的社会信念。明清以降，众多茶亭附属于寺庙、祠庵之中或者修筑于其附近，其兴修多由信众来主导。新昌县《真诏重建真岭庵茶亭碑》记载了庙庵和茶亭合一的现状："庵与亭本两物也，一为礼佛计，一为行路计。兹乃合而有之，……士女悉拈香而至，萍水之循环不绝，仕商皆击毂而来，谓非一而二，二而一乎。"④ 茶亭的提供事实上俨然成为宗教慈善的一种。有意思的是，1922年，真岭庵及茶亭因火灾烧毁，村民以"二者均在所难缓，茶亭其急务"⑤，优先选择重建茶亭，体现出民间对茶亭的现实需求。

---

① 参见［美］包筠雅：《功过格：明清时期的社会变迁与道德秩序》，杜正贞、张林译，上海人民出版社，2021年版。

② 参见彭定球编著：《道藏辑要》（第10册），巴蜀书社，1995年，第26页。

③ 光绪《长汀县志》卷首《凡例》，光绪五年（1879）刻本，国家图书馆藏，第3b页。

④ 《真诏重建真岭庵茶亭碑》，载新昌博物馆编，俞国璋编著《新昌历代碑刻》，文物出版社，2019年，第229页。

⑤ 《真诏重建真岭庵茶亭碑》，载新昌博物馆编，俞国璋编著《新昌历代碑刻》，文物出版社，2019年，第229页。

　　民间提供公共品难以避免志愿失灵的现象，但传统中国在慈善过程中对供给者形成了道德约束。守亭人虽非供给的志愿者，但他同样接受茶亭理事会和社会的共同监督。绍兴傅氏在新昌县捐建了普济茶亭，但傅氏后裔将亭田出售给吕陈氏，后又转手给吕姓管业，以致亭倒茶断。1930年，14名茶亭首事重新捐资整饬，刊石以志，并撰下"傅氏后裔不贤……陈氏不善"[①]几字警示。1948年，蒲塘张氏路过，看到碑刻之后，愿将自置己田五石捐入此亭施茶。为此，茶亭又新立碑刻，其中的内容有"仰读重修碑记，其中刊有傅裔后世不良，顾将先人之田再三变卖，以茶坏亭断，抛破前功"[②]。立碑记述的方式对民间在茶亭的供给有着极为显著的激励和约束作用。前人施与公共品的供给一旦由后人中断，后人易被指摘于世，刻于碑中，累积的慈善功德则会崩坏。对有关理事会和守亭人的监督则详见下文。

　　总的来说，官僚制与垄断性是政府的公共品供给机制的核心特征。不过，政府的能力有限，一些事务也容易因政府失灵而产生相关问题，茶亭则是其中的空缺表现。市场的营利性主体，例如茶馆、茶舍及茶铺等往往分布于城邑和市镇之中，道路沿途鲜见售卖茶水服务的茶亭。民众外出行路往往自带干粮，这些营利性主体若在山间道路等地经营，可能难以从中赢利。[③]因此，民间非营利

---

① 《小石佛重建普济茶亭碑》，载新昌博物馆编，俞国璋编著《新昌历代碑刻》，文物出版社，2019年，第245页。

② 《小石佛捐助茶田碑记》，载新昌博物馆编、俞国璋编著《新昌历代碑刻》，文物出版社，2019年，第250页。

③ 非营利性组织以积极提供公益公共品可能会挤压营利性主体的成长，企业在公共领域的空间会受到压缩。

性主体出现在茶亭公共品提供中应该是现实的必然结果，民众对山区村落比较熟悉，具备灵活、效率等方面的优势，进而能够推动区域内部的灵活自治和良性竞争，由此呈现开放、多元的面貌。

第三节　茶亭资产、监管及其产权保障

免费提供茶水服务是茶亭的核心职能。在此之下，施茶经营对民间的供给提出了额外的要求，守亭人工资、施茶设备和茶叶购买等费用成为主要开销，这些均仰赖民间自发提供和长期维持。因此，经费的稳定与否成为茶亭经营的重要因素。在记载的诸多茶亭中，相当部分法人产权清晰，[1]茶亭由民间组织来管理，民间捐助的田产转入茶亭户后，遂为新的公产，得以超越个人的生命而长期延续。

一、建造和运营的资金

建造茶亭的绝大部分经费来自捐助的资金（含发典生息），此外，民间亦可捐赠亭基、施茶设备等，又或以工计股，通过劳力参与建造。嘉庆二十五年（1820），瑞金县钟道素直接费资500余金建造茶亭，[2]以一己之力提供了全部的建造费用。在嵊县，康熙四十九年（1710），为建造市心茶亭庵，喻恭韶、喻怀三和徐

---

① 有关传统中国民间公产与法人产权的论述，详见本书代结语。

② 参见光绪《瑞金县志》卷八《人物志》，光绪元年（1875）刻本，国家图书馆藏，第61a页。

道佐各捐基址，僧人出资筑室。①新昌县皇渡桥村造桥建亭共有27人参与，其中20人投有造桥建亭股，均为1股。此外，他们还总共捐助了田5亩、租36石4斗、茶亭基地1所、山1块、大炊炉1把以及石宕1所。历史上不少茶亭因战争或人为等原因坍圮，民间会予以修缮。同治七年（1868），安化县南桥汇购买龙姓铺屋基址以重作茶亭，名为"第一泉亭"。②1919年，河南伊川县的关帝圣社出资重建修于嘉庆十八年（1813）的茶亭，同社成员和其他好善者捐资效力，其《重修茶亭记》详载了施钱数与施工数。③不论钱数大小还是工数多少，只要有参与，碑刻均予以记载。工数往往来自相较其他不太有余钱的农民，这一点体现了民间在公共品提供中的包容性。

施茶经费主要来自田租和房租。一些茶亭受捐时附赠了房宅店铺，得以通过市场化的出租补充施茶经费。宁国府的江尚耀在茶亭东侧建房屋数十间，以房租作为茶资。④光绪十七年（1891），湖南攸县的艾简文捐建茶亭，附盖茅铺10间，茶亭由佃户掌管施茶，每年劳资是18仓桶田塘租额，铺租费1200文则

---

① 参见同治《嵊县志》卷三《建置志》，《中国方志丛书·华中地方》第188号，成文出版社有限公司，1974年，第317页。

② 参见同治《安化县志》卷三《舆地》，《中国地方志集成·湖南府县志辑》第86册，江苏古籍出版社，2002年，第146页。

③ 参见《重修茶亭记》，国家博物馆碑帖，见国家数字图书馆。

④ 参见嘉庆《宁国府志》卷三十《人物志》，《中国方志丛书·华中地方》第87号，成文出版社有限公司，1970年，第893页。

作为茶水费。①相比个人捐赠的房铺，由民间组织捐资置办带有合作的成分，房铺在产权上虽可能会发生纠纷，但其合作色彩又能限制他们从茶亭中撤资，这种博弈在一定程度上利于茶亭长久维持。桂林圣母池边上的茶亭在咸丰年间毁于兵火，同治年间在熊凤仪、廖元善和熊云举3名总理的倡修下，洪生号、广有号、荣茂号等16家商铺店主，以及秦东山、阳翠华、文永盛等13名善士或捐钱或捐资产，共同置办了铺屋9间、田4坦、塘1口作为修亭及施茶的经费。②

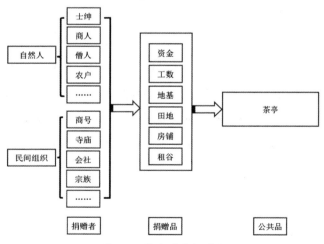

图6-5 茶亭的受捐过程

---

① 参见湖南攸县地方志编纂委员会编：《攸县志（1871—1949）》，2002年，第650页。

② 参见刘方进：《清末民初桂林茶亭的兴修及其运作》，《独秀论丛》2020年第1期。

　　不同地域土地市场的发达程度和历史传统影响当地捐租或捐田的行为比率。安化县第一泉亭的施茶经费主要由守亭人在茶山种植所得，茶山由捐赠人购入，守亭人则有8石租谷，作为自己的工资。①同治《兴国县志》的《津梁》附载了20余处县内重要的茶亭，多数注明"捐租赡茶"，例如荷岭嵊茶亭受捐田租18石7斗5升、田谷30石，灵山茶亭田租20石5斗，村头茶亭田租6石，五里亭茶亭的田租更是达到50石。②顺治十一年（1654），江西安远县僧人融六和性莹在龙安堡募建白露岭茶亭，置田320把来赡茶。与此同时，融六一人于顺治十年（1653）、十二年（1655）分别在新龙下堡和濂江坊募建3处茶亭，分别捐100把来赡茶，上述总计620把田。③道光二十六年（1846），广西北流县六里岭茶亭会成立后，全县共有茶亭会7个，均以田租谷做施茶经费。④民间组织的捐租比例亦是内部商量的表现。瑞金县风雨亭由朱本坚建于正德年间。乾隆十二年（1747），朱本坚裔孙联同赖士璋及邑中绅士等40余人成立茶会，茶会分为城中和乡间两股，所购田在比例上分为2∶1，以田租来提供每年4个月的施茶

---

① 参见同治《安化县志》卷三《舆地》，《中国地方志集成·湖南府县志辑》第86册，江苏古籍出版社，2002年，第146页。

② 参见同治《兴国县志》卷十五《津梁》，同治十一年（1872）刻本，国家图书馆藏，第186—190页。

③ 参见同治《安远县志》卷二《建置志》，同治十一年（1872）刻本，国家图书馆藏，第38b页。

④ 参见北流县志编纂委员会编：《北流县志》，广西人民出版社，1993年，第320页。

经费。[1]

捐田记载在各地县志中相当繁多。它既可以指将田地推割至茶亭户，也可以与捐租相似，所有权仍归属在个人、家族或者其他户名之下，所产租谷每年赠至茶亭。乾隆三十三年（1768），安徽当涂县齐蕴安与族人共同为接梁庙茶亭置义田3亩。[2] 3亩义田在所有权上可能还属于族产，但其产生的收益则已单独供应于施茶。太湖县黄字保等人捐田6斗，册亩4亩2分，以田租作为施茶的资金。[3] 册亩指的是登记在官府的名义田地数。同治《嵊县志》记载捐赠田亩数明确的茶亭有27座，数量分布见表6-1：

表6-1　同治年间嵊县茶亭的田亩数

田亩数	0~5	6~10	11~15	16~20	21~25	26~30	31及上	总计
茶亭数	5	12	2	4	0	2	2	27
平均	4.40	9.08	11.50	18.25	0.00	30.00	120.00	19.52

资料来源：同治《嵊县志》卷三《建置志》，《中国方志丛书·华中地方》第188号，成文出版社有限公司，1974年，第331—352页。

每座茶亭平均获捐田地20亩。但除去极值，例如市心茶亭庵由喻氏捐田，共39亩7分，多数茶亭集中在6亩至10亩，在规模

---

① 参见光绪《瑞金县志》卷四《营建志下》，光绪元年（1875）刻本，国家图书馆藏，第41b页。

② 参见民国《当涂县志》卷一《舆地志》，《中国地方志集成·安徽府县志辑》第39页，江苏古籍出版社，1998年，第99页。

③ 参见同治《太湖县志》卷五《舆地志五》，同治十一年（1872）刻本，国家图书馆藏，第4a—4b页。

上还多于同一时期的人均耕地面积。①社会捐赠的土地须附带购置的契约，作为产权交割的凭证，一般由捐助者、守亭人或民间组织的首事（或董事、经理人等）等人来保管。当年施茶费用若还剩余，瑞金县城外10里处的茶亭即规定司茶僧人应将其交至茶亭会的首事处理。②

二、茶亭的土地产权

土地所有权由捐助者决定是否进行推割，茶亭既可在政府处成为新的纳税户，承担起拥有土地的赋税责任，也可保留在捐助者头上。但这并不意味未进行土地推户的茶亭完全失去了政府的保障。

新立茶亭户多发生于民间组织或者多人合捐之中。永锡桥的产权单位和交易单位是"永锡桥柱"，此外还是纳税单位，可作为一"柱"向政府交税。③茶亭与此略有不同，还普遍表现为茶亭户。道光年间，史氏和张氏两人为嵊县的茶亭庵赎买田地并进行推割，县邑为此"令立西三图史张茶亭庵户"④。乾隆《上杭县志》单列了现存茶亭的田禾税，其中有座名为水竹凹茶亭的田

---

① 参见史志宏：《清代农业生产指标的估计》，《中国经济史研究》2015年第5期。

② 参见光绪《瑞金县志》卷十二《艺文志》，光绪元年（1875）刻本，国家图书馆藏，第1a—1b页。

① 龙登高、王正华、伊巍：《传统民间组织治理结构与法人产权制度——基于清代公共建设与管理的研究》，《经济研究》2018年第10期。

④ 同治《嵊县志》卷三《建置志》，《中国方志丛书·华中地方》第188号，成文出版社有限公司，1974年，第317—318页。

禾税详细记载，雍正十一年（1733），黄君捐施原载禾税2秤、民米1升的亭基；太平里众人又捐资建亭，并在亭前置田供茶，粮米入五图一甲，单立太平茶亭户。①独立的纳税单位表明茶亭承担起土地的法定义务，受到政府给予的完整的土地产权保障。新昌县《小石佛续碑为记》专门交代了茶亭的土地来源及契书户规的保存情况：

前碑、路廊已成刻就，内有捐助名次未清。……续碑为记：买普济庵契书一纸，立明德堂户规一本，山田亩分字号在下家村陈根世家内；回赎四亩茶田，粮在刘门庄；立普济庵茶田户规，新买茶山，粮在峡畏庄；立普济庵茶山户规，回赎当契两纸，新买茶山，契四纸。契据户规俱在刘门坞吴烂田公家内……②

1930年，普济茶亭重建完成，吴烂田和王君郁以茶亭无茶山为由，在劝募基础上，买得价值385元的茶山，并命名为"普济茶山"。这些事情于当年的碑刻中有所交代。1933年，首事专门立续碑说明这些茶山的契约和户规。碑记显示，茶山已完全是茶亭名下的产业，茶亭有着独立的纳税户。这些契据户规保存于捐

---

① 参见民国《上杭县志》卷18《惠政志》，《中国地方集成·福建府县志辑》第36册，上海书店出版社，2000年，第236页。

② 《小石续碑为记》，载新昌博物馆编、俞国璋编著《新昌历代碑刻》，文物出版社，2019年，第249页。

助者吴烂田手上。不过碑记又专门强调了"公家",不同于"陈根世家内",由吴烂田等人募捐的资产成为公产,并以立碑的形式确保了茶亭财产的排他性,吴烂田不可单独享有其收益。

受捐土地尚未登记至茶亭户名下,虽会有碍于茶亭独立法人产权的形成,但土地在实际秩序演进中能够逐渐转为茶亭所有。捐赠者的后代子孙若想取回祖先捐赠的遗产,可能会受到来自多方面的限制,包括但不限于宗族的内部协商、守亭人的控诉、社会舆论与政府官员的反对等。这种现象可从社会上的意识观念进行分析,在组织建设过程中,参与者所形成的共同信念与共识构成了基层公共事业主体的合法性的来源之一。嵊县王城茶亭的田地由会稽县张子英在康熙年间捐助,康熙末年,子嗣擅卖,守亭僧人将其上诉至政府,官员详细追述了由来,开篇内容如下:

> 审看得县属之王城镇向有茶亭,当嵊新交会之地,冬夏施济茶汤,以惠行人。有山邑张子英乐善好施,舍山四片田十亩供是亭茶汤之用,延僧明源董其事,迄今几二十年矣。此茶亭之产,……卑职查茶亭之田山俱系张子英当日陆续捐置,契书俱付僧人收执,王城一镇无不知:山为茶亭之山,田为茶亭之田。[①]

---

① 〔清〕张我观:《覆瓮集》卷五《田土·串蠹镶衔等事》,载杨一凡编《古代判牍案件新编》第十二册,社会科学文献出版社,2012年,第556—557页。

张子英将购置的 4 片山场和 10 亩田地的契书交至僧人明源保管，由其管理王城茶亭事项。这些山场和田地成为茶亭的"财产"是当地社会的共识。不过，子嗣盗卖的行为以及后续的商议说明这可能是未在官府办理产权过割而引发的系列问题。但在判决实践中，政府对茶亭的财产还是给予了充分认可。"王城一镇无不知"透露出当地社会对茶亭产权的观感，即"山为茶亭之山，田为茶亭之田"。因此，面对纠纷，茶亭的财产归属仍有据可循，受捐土地难以任由他人随意分割。此外，不少茶亭会谋求政府的敕碑，以此强调其产权不可侵犯。例如，《小石佛普济庵碑记》记载："仰该庵附近居民及地保人等知悉。自示之后，尔等各宜痛改前非，毋许仍肆到庵盘距滋扰。该住僧亦宜恪守清规，不得荡败庵产，倘敢仍蹈前辙，许□指名禀县，以凭肃法究治，决不姑宽。各宜凛遵毋违。特示。"[1]

三、茶亭的监督和管理

茶亭与廊桥、义渡的性质相似，与"茶会"构成类似今日的公益法人。[2]这里的"茶会"泛指合建茶亭的民间组织，并不特指会社中的茶会。除了置产和兴建茶亭等，茶亭的职责还包括招募佃农和守亭人、对其进行监督以及管理茶亭资产等。1924 年，

---

[1] 《小石佛普济庵碑记》，载新昌博物馆编、俞国璋编著《新昌历代碑刻》，文物出版社，2019 年，第 243 页。

[2] 关于桥会、义渡的性质，参见龙登高、王正华、伊巍：《传统民间组织治理结构与法人产权制度——基于清代公共建设与管理的研究》，《经济研究》2018 年第 10 期。

河南伊川县士绅宋显德建造了茶庵和茶亭，将6亩田地售卖充作"烹茶费之底款"，至于管理工作，则预托给附近各村的首事，要求轮流管理，并制定了详细的规则：

> 庙房茶房亭房规则：后有损坏，佃户宜重修补；若不修补，丢地。此地坐落老庄村北：东至大路，西至渠外，南至路心，北至王姓。东横卅四弓六寸，西横廿六弓三尺，南长六十五弓三尺，北长六十七弓三尺。内中有宋姓坟地一亩二分，不在其数。
>
> 烧茶条规：每年自五月起八月止，烧茶事佃户任之；若不烧茶，丢地。
>
> 井水条规：烧茶时则开，不烧茶当盖。
>
> 捐地人与诸亲友共财两清。种地人离房六尺不兴种五谷、树木。
>
> 设茶地丁银两二钱九分三厘。 ①

茶亭建筑作为重要资产，一般由茶会对其直接监管，并委托守亭人照料。上述规则要求佃户负责修补建筑，如若不补，则对其撤佃，这项惩罚措施同样出现在烧茶事项中。规则之中的捐地人与诸亲友共财两清强调了茶亭田产来源的明晰，茶亭户名下有地丁银2钱9分3厘。茶亭由士绅捐建，各村首事轮流管理，佃户

---

① 《宋显德捐地创修茶庵茶亭舍茶条规碑记》，国家博物馆碑帖，见国家数字图书馆。

有着相应的责任、规矩及其惩罚措施；田产归属茶亭，由茶亭向政府缴纳赋税，从而得到政府和法律保障，以上内容恰如其分体现出茶亭的法人产权特征。新昌县普济茶亭在1930年公议，不许在亭内摆烟火摊、堆放污秽杂物等，修理则归守亭主持管值。三年之后，新增规定，要求每年的正月十六，驻守之人设立午斋，集股人到庵，观看路廊庵屋，如果有损坏之处，则公议修理，众人不得退辞。合同议据共30本，每人1本。① 凡此种种内容还要刊于碑刻之中，对外公示，表明运营的透明化。

茶亭的公共品提供者来自个体或者民间组织。他们通过捐助以形成茶亭的基础资产，并能够成立理事会定期监管茶亭设施、聘任的守亭人及资产等。茶亭资产不仅受到民间自发的秩序和信念保护，还能得到政府和法律的保障，这些茶亭发展出清晰的理事会，具有稳固的法人产权，其演化几乎不受政府的主动干预，在稳定的产权制度和治理模式之下，茶亭积极承担起公益性的社会功能（参见图6-6）。

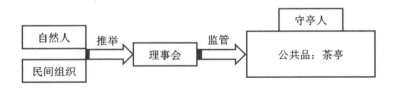

图6-6 茶亭的产权形成路径

---

① 参见《小石佛重建普济茶亭碑》《小石续碑为记》，载新昌博物馆编、俞国璋编著《新昌历代碑刻》，文物出版社，2019年，第245页、第249页。

小　结

不同于其他大型公共品，茶亭的特点主要表现在规模小、门槛低和密集化。传统中国公益建造的茶亭以其存在的持续性和分布的广泛性体现了民间社会的现实需求。供给主体的多样化特征表现在茶亭捐助者包含了民间社会的不同阶层，而受捐方式及其受捐物品类型的丰富性促进了民间自发建设茶亭的主动性。换言之，低门槛的志愿特征为民间社会打开了新的自治空间。民间普遍意识到政府在公共品供给上的职能空缺，在自发承担和主导茶亭的地方公建中，与政府形成了清晰的供给分界，故而茶亭供给具有自发性和非政府性。供给中的互动博弈能够提高民间协调资源和处理事务的能力，与此同时，公共建设的信念动机深深体现在由道德和慈善所形成的激励和约束机制上。

公共品供给者通过不同形式的捐助创建茶亭的基础资产。土地和租谷是茶亭拥有的普遍财产，茶亭以此持续经营，向民间所有阶层提供施茶服务。在此之中，茶亭及以民间组织为代表的供给者是最具排他性、独立性和制度化的公益法人。其一，茶亭在政府处开列了独立的纳税户名，依法承担赋税义务，政府和法律对此予以了相应保障。由于自发秩序的演化，即使土地未进行推割过户，茶亭资产仍能得到社会的认可与支持。其二，理事会的管理制度规范了茶亭的日常秩序，通过对茶亭设施、聘任的守亭人及资产等进行定期监管，实现长期的稳定经营。

概而言之，以茶亭为代表的小规模公用资源是服务于全社会的公益产品，我们甚至可以将其视作传统中国最具普遍性和代表性的公共品。传统中国自生自发的供给能力在茶亭的民间力量中得到极大表现，无论规模大小，这种秩序与制度受到了个体、民间组织、政府乃至全社会的共同支持和有效保障。

第七章　公共水利工程管理制度的生成与演进①

　　2020年12月8日，珠江三角洲基围——佛山桑园围正式入选《世界灌溉工程遗产名录》。基（堤）围是珠江三角洲的主要水利形式，②由堤坝、闸窦、渠涌等组成。早在10世纪的北宋时期，珠江三角洲已开始修筑基围，至今已有1000多年的历史。③桑园围始建于12世纪初的北宋末年，位于珠江支流西、北江下游，至今仍发挥着防洪、灌溉、水运、养殖等多重作用。

　　明清时期，桑园围属广州府，跨南海、顺德两县，围内共有十四堡，是"广属中基围最大之区"④与"粤东粮命最大之

---

① 本章原题为《明清桑园围管理制度的演变：一个写集体身份交互的过程》，作者余雪琼、龙登高，发表于《东南学术》2022年第5期。

② 参见吴建新：《明清广东的农业与环境：以珠江三角洲为中心》，广东人民出版社，2012年，第35页。

③ 参见赵绍祺、杨智维编修：《珠江三角洲堤围水利与农业发展史》，广东人民出版社，2011年，第89页。

④ 〔明〕明之纲、卢维球纂修：《桑园围总志》，载中国水利史典编委会编《中国水利史典·珠江卷一》，中国水利水电出版社，2015年，第28页。

区"①。桑园围还是唯一获准借帑（官款）生息作为其专门岁修款的基围，足见地位之非常。清中期以后，桑园围的修筑管理制度逐步系统化、正式化。此外，桑园围士绅前后11次编纂围志，②汇总为《桑园围总志》《重辑桑园围志》《续桑园围志》等刊印传世。围志以记录历次岁修为目的，汇集众多相关资料，时间跨度达百余年，是反映桑园围历史最重要的原始文献。

桑园围历经朝代更迭、跨越近千年时光仍能运转不废，得益于其逐渐完善的修筑管理制度。借助围志等文献，海内外历史学者业已对桑园围管理制度的发展演变进行了研究。日本学者森田明、片山刚先后从修筑经费来源、围内上下游各堡利益分歧等角度分析和解释桑园围管理制度的演变。③华南学派科大卫从公共事务中宗族与政府合作的角度勾勒桑园围管理制度的发展演变，④还有一些研究者以地方纷争、官府介入为线索考察桑园围管理制度的形成和演变，并将其与围内基层社会的运行关联起来，描摹制度演变与地方宗族结构、民间信仰秩序之间的互

①　何如铨纂修：《重辑桑园围志》卷一《奏议》，载中国水利史典编委会编《中国水利史典·珠江卷一》，中国水利水电出版社，2015年，第317页。

②　参见温肃、何炳堃纂修：《续桑园围志》，载中国水利史典编委会编《中国水利史典·珠江卷一》，中国水利水电出版社，2015年，第553页。

③　参见徐爽：《明清珠江三角洲基围水利管理机制研究：以西樵桑园围为中心》，广西师范大学出版社，2015年，第14—16页。

④　参见［英］科大卫著：《皇帝和祖宗：华南的国家与宗族》，卜永坚译，江苏人民出版社，2010年，第299—319页。

动。[1] 他们的研究提供了与桑园围管理制度演变相关的丰富知识。

然而，上述对桑园围管理制度演变的研究，多属于对事件发生的因果条件的具象剖析，鲜有上升到一般性层面的理论阐释。理论可为思维过程的组织、有力观点的表达提供支持，增强对历史现象的理解。[2] 桑园围是古代重大水利工程的典型之一，大规模水利系统的兴建和维持非一家一户所能胜任，必然需要在一定范围的社会群体之中展开分工和协作，这恰恰是组织与管理理论的核心。

因此，本研究拟借助组织与管理理论重新考察桑园围管理制度的演变。具体而言，本章借助制度与集体身份的交互作用，基于桑园围志书及广东地区其他相关方志提供的资料，重构明清桑园围管理制度的演变过程，从而为之提供一种有力的新解释。桑园围管理制度从明代的分段专管、南顺各不相派，到清中期转变为南顺合作、阖围通修，而后业户分管与通围派修结

---

[1]　参见程洁虹：《水利发展与祠庙系统的演变：以明清珠江三角洲桑园围为中心》，中山大学硕士学位论文，2007年；徐爽：《明清珠江三角洲基围水利管理机制研究：以西樵桑园围为中心》，广西师范大学出版社，2015年；李晓龙：《桑园围的基主业户与基层社会——以西樵海舟堡为例》，载黄国信、温春来编《西樵历史研究：历史学田野实践教学成果集》，广西师范大学出版社，2016年，第1—38页。

[2]　参见Mairi Maclean, Charles Harvey and Stewart R Clegg, "Organization Theory in Business and Management History: Present Status and Future Prospects", *Business History Review*, 2017,91(3), pp. 457-481。

合，形成"基主业户制"。[①]在此过程中，桑园围士绅作为制度创业者[②]在采取制度建设行动的同时，建构集体身份，推动桑园围管理制度与南顺十四堡集体身份交互演进。经历三个阶段的发展，桑园围逐步建立起一套稳定的制度系统，制度作用力与稳定性不断提升；与此同时，南顺十四堡逐渐对"桑园围"这一集体身份产生认同，形成共同的身份意识，而这种身份意识反过来又强化着桑园围管理制度。[①]

---

① 参见徐爽：《明清珠江三角洲基围水利管理机制研究：以西樵桑园围为中心》，广西师范大学出版社，2015年，第2章；李晓龙：《桑园围的基主业户与基层社会——以西樵海舟堡为例》，载黄国信、温春来编《西樵历史研究：历史学田野实践教学成果集》，广西师范大学出版社，2016年，第1—38页。

② 制度创业者是运用资源创造新制度或改变现有制度的行动者。参见 Julie Battilana, Bernard Leca and Eva Boxenbaum, "How Actors Change Institutions: Towards a Theory of Institutional Entrepreneurship", *The Academy of Management Annals*, 2009,3(1), pp. 65-107。

① 徐爽认为桑园围虽然形成了一个水利共同体，但围内各堡并没有产生集体认同；张智敏则认为，桑园围各堡在一次次的修围实践中自然而然地形成了集体认同。参见张智敏：《珠江三角洲水乡聚落桑园围研究》，华南理工大学博士学位论文，2016年。本研究旨在表明，桑园围最终形成了以集体认同为基础的集体身份，但这并不是自然而然实现的，而是桑园围士绅有意识地运用集体身份叙事以促进制度建设，从而在二者的交互并进中，最终形成集体身份。

第一节　制度与身份的理论与分析框架

一、理论基础：制度和身份

制度和身份是社会科学中两个重要但独立的研究领域，近年来在组织与管理研究领域逐渐交汇。

（一）制度

学界对制度的定义有多种，本章采纳斯科特（Scott）提出的综合性制度概念，即"制度包含规制性、规范性、文化－认知性的要素，它们与相关的活动和资源一起，为社会生活提供稳定性和意义"①。规制性、规范性、文化－认知性三类要素属于象征系统，是制度最为重要的部分，也被称为制度的支柱。规制性制度通常表现为规章、法律、许可等，通过法律制裁引导行动者的行为和观点，可引发人们的负罪感，人们出于利益考虑、为避免处罚而遵从。规范性制度通常表现为经验法则、标准程序、职业标准等，通过道德制约引导行动者的行为和信念，可引发羞耻、自责或荣耀、自豪等情感，人们出于社会责任感、因响应角色要求而遵从。文化－认知性制度主要表现为共同的信念、共享的行动逻辑、同形性(isomorphism)等，通过可理解的、可识别的文化支

---

① ［美］W.理查德·斯科特著：《制度与组织——思想观念与物质利益》，姚伟等译，中国人民大学出版社，2010年，第60—61页。

持来塑造行动者的行为和对现实的理解，可引发确信、信心或困惑、混乱等情感，人们将其视若当然，不自觉地遵从。[①]

上述三类制度要素可以分别发挥作用，有时一种要素甚至能够独自支撑起一套社会秩序，但现实中的大多数制度系统都包含不同种类制度要素的组合。[②]在一个制度系统中，几类不同的制度要素并不一定同时产生，而是在制度演变过程中相继产生，然后相互关联。[③]不同种类的制度要素，比如规制性要素和规范性要素可以互相促进或补充。[④]在传统中国社会还可以看到规制性要素吸收规范性要素，[⑤]或者规范性要素借助规制性要素提高其作用力。[⑥]当三类制度要素联合一致，将产生强大的力量，建立起稳定的社会秩序。[⑦]因此，为建设新的制度系统或者

[①] 参见 W. Richard Scott, *Institutions and Organizations: Ideas, Interests, and Identities*, Los Angeles: SAGE Publications, Inc., 2014, chap.3。

[②] 同上，p. 70。

[③] 参见 Andrew J. Hoffman, "Institutional Evolution and Change: Environmentalism and the U.S Chemical Industry," *The Academy of Management Journal*, 1999, 42(4), pp. 351-371。

[④] 参见 Gurneeta Vasudeva, "Weaving Together the Normative and Regulative Roles of Government: How the Norwegian Sovereign Wealth Fund's Responsible Conduct Is Shaping Firms Cross-Border Investments," *Organization Science*, 2013, 24(6), pp. 1662-1682。

[⑤] 包伟民、傅俊：《宋代"乡原体例"与地方官府运作》，《浙江大学学报（人文社会科学版）》2008年第3期。

[⑥] 卞利：《明清徽州村规民约和国家法之间的冲突与整合》，《华中师范大学学报（人文社会科学版）》2006年第1期。

[⑦] 参见 W. Richard Scott, *Institutions and Organizations: Ideas, Interests, and Identities*, Los Angeles: SAGE Publications, Inc., 2014, p.71。

维持旧制度，制度创业者会采取积极行动促进这三种制度要素（支柱）的产生和再生产，①属于意义符号的话语、文本则是他们所运用的重要工具。②

（二）身份

身份即个体或集体行动者就"我是谁""我们是谁"这类问题所作出的回应性描述和声明，也是行动者据以彰显自身、识别同类、辨识他者的标签。③集体身份是一个群体所共享的身份，它以个体身份为基础，但不是个体身份的加总。④集体身份的形成，不仅需要具有自我身份意识的个体识别集体，对集体产生归属感，而且需要个体之间产生联结感和共同的命运感，把对集体

---

① 参见John Child, Yuan Lu and Terence Tsai, "Institutional Entrepreneurship in Building an Environmental Protection System for the People's Republic of China," *Organization Studies*, 2007, 28(7), pp. 1013-1034; L.Højgaard Christiansen and Jochem J.Kroezen, "Institutional Maintenance through Business Collective Action: The Alcohol Industry's Engagement with the Issue of Alcohol-Related Harm," in Joel Gehman, Michael Lounsbury and Royston Greenwood (eds.), *How Institutions Matter,* Bingley: Emerald Group Publishing Limited, 2016, pp. 101-143。

② 参见Nelson Phillips, Thomas B. Lawrence and Cynthia Hardy, "Discourse and Institutions," *The Academy of Management Review*, 2004, 29(4), pp. 635-652。

③ 参见Blake E. Ashforth, Spencer H. Harrison and Kevin G. Corley, "Identification in Organizations: An Examination of Four Fundamental Questions," *Journal of Management*, 2008, 34(3), pp. 325-374; Cristina Flesher Fominaya, "Collective Identity in Social Movements: Central Concepts and Debates," *Sociology Compass*, 2010, 4(6), pp. 393-404。

④ 参见Francesca Polletta and James M. Jasper, "Collective Identity and Social Movements," *Annual Review of Sociology*, 2001, 27, pp. 283-305。

的认同视为共同意识。[①]

行动者可以运用修辞、话语等工具构建集体身份叙事，促进集体身份的形成。这些叙事通常包括创始事迹、共同目的、群体实践等内容。[②]讲述者基于经验和历史编织身份叙事，同时注入意义，使之符合自身偏好，因此身份叙事并不一定是真实的，甚至可能同时存在多版本叙事互相竞争。[③]

（三）制度与身份的关系

组织学者格林（Glynn）近年来致力于推动制度与身份研究的整合，提出了三种制度与身份的关系，身份可以是制度化过程的前因、结果与机制。[④]作为制度的前因，身份为新制度的建立与稳固提供基石。一种新制度的确立，有时是从对旧身份的质疑和

① 参见Ohad David and Daniel Bar-Tal, "A Sociopsychological Conception of Collective Identity: The Case of National Identity as an Example," *Personality and Social Psychology Review*, 2009, 13(4), pp. 354-379。

② 参见Hamid Foroughi, "Collective Memories as a Vehicle of Fantasy and Identification: Founding stories retold," *Organization Studies*, 2020, 41(10), pp. 1347-1367; Tyler Wry, Michael Lounsbury and Mary Ann Glynn, "Legitimating Nascent Collective Identities: Coordinating Cultural Entrepreneurship," *Organization Science*, 2011, 22(2), pp. 449-463; C Marlene Fiol and Elaine Romanelli, "Before Identity: The Emergence of New Organizational Forms," *Organization Science*, 2012, 23(3), pp. 597-611。

③ 参见Andrew D. Brown, "A Narrative Approach to Collective Identities," *Journal of Management Studies*, 2006, 43(4), pp. 731-753。

④ 参见Mary Ann Glynn, "Theorizing the Identity–Institution Relationship: Considering Identity as Antecedent to, Consequence of, and Mechanism for, Processes of Institutional Change,"in Royston Greenwood et al. (eds.), *The SAGE Handbook of Organizational Institutionalism*, London: SAGE Publications Ltd., 2017, pp. 243-257。

重构，以及与新制度的基础逻辑相洽的新身份开始的。[1]一些社会运动以争取新的集体身份之合法化为目标，推动新制度的确立。[2]另外，集体身份作为一种概念结构，有助于从认知层面使特定的意义和行动模式固定化，从而促进观念和行动的制度化。[3]作为制度的结果，身份不仅包含符合制度要求的属性特征，也是类别归属的表达。行动者通常以制度拼合的方式，运用制度提供的合法性材料来构建身份。[4]因此，在相同制度环境中的行动者可能呈现相似的身份特征，进而形成其作为社会类别的集体身份。[5]

---

[1] 参见L.Højgaard Christiansen and Michael Lounsbury, "Strange Brew: Bridging Logics Via Institutional Bricolage and the Reconstitution of Organizational Identity," in Michael Lounsbury and Eva Boxenbaum (eds.), *Institutional Logics in Action*, Part B, Bingley: Emerald Group Publishing Limited, 2013, pp. 199-232。

[2] 参见Hayagreeva Rao, Philippe Monin and Rodolphe Durand, "Institutional Change in Toque Ville: Nouvelle Cuisine as an Identity Movement in French Gastronomy," *American Journal of Sociology*, 2003, 108(4), pp. 795-843。

[3] 参见Mary Ann Glynn and Benjamin D. Innis, "The Generativity of Collective Identity: Identity Movements as Mechanisms for New Institutions," in Patrick Haack, Jost Sieweke and Lauri Wessel (eds.), *Microfoundations of Institutions*, Bingley: Emerald Publishing Limited, 2019, pp. 119-134。

[4] 参见Mary Ann Glynn, "Beyond Constraint: How Institutions Enable Identities," in Royston Greenwood et al. (eds.), *The Sage Handbook of Organizational Institutionalism*, London: Sage Publications Ltd, 2008, pp. 413-430。

[5] 参见E.g. Brayden G.King, Elisabeth S.Clemens and Melissa Fry, "Identity Realization and Organizational Forms: Differentiation and Consolidation of Identities Among Arizona's Charter Schools," *Organization Science*, 2011, 22(3), pp. 554-572。

本章所关注的是第三种关系。作为机制，身份可用于合理化制度内容，或用于保护制度地位及制度化的产生条件，在此过程中身份与制度交互作用，共同演化。①笔者认为，前因与结果这两种关系可以被视为对身份与制度交互作用的分析性呈现，已有研究通常侧重于某一方向的作用，而忽略另一方向的作用，但事实上两个方向的作用同时存在。甚至，尽管研究者能意识到二者的互动，在呈现时也难免有所偏颇。比如，纳维斯（Navis）和格林（Glynn）的研究将制度化程度作为身份发展的基线，着重阐述身份策略如何随着制度化程度调整，而身份对制度化的促进则成为隐含的过程。②

本章在考察明清桑园围管理制度演变时，将尝试同时呈现这两个方向的作用，即勾勒桑园围管理制度与集体身份的交互演进过程。同时本研究将揭示此过程乃是通过制度创业者（桑园围士绅）的制度建设行动和身份建构行动之间的互动得以实现的，以此回应格林（Glynn）提出的关注制度工作与身份工作互动的研究建议，丰富有关制度与身份关系的研究。

---

① 参见Mary Ann Glynn, "Theorizing the Identity-Institution Relationship: Considering Identity as Antecedent to, Consequence of, and Mechanism for, Processes of Institutional Change," in Royston Greenwood et al. (eds.), *The SAGE Handbook of Organizational Institutionalism*, London: SAGE Publications Ltd, 2017, pp. 243-257。

② 参见Chad Navis and Mary Ann Glynn, "How New Market Categories Emerge: Temporal Dynamics of Legitimacy, Identity, and Entrepreneurship in Satellite Radio, 1990-2005," *Administrative Science Quarterly*, 2010, 55(3), pp. 439-471。

二、分析框架

《桑园围志》辑录了在清中期以后历次岁修的相关文书，保存了桑园围管理和维护过程中所产生的原始文本，以及行动者的话语和建构的叙事，使我们得以深入分析桑园围管理制度演变的内在过程。

基于上述制度与身份关系的理论基础，并反复研读桑园围志书，笔者构建了桑园围管理制度演变的分析框架：

纵向地看，明清桑园围的管理制度是一个逐步完善的过程，最终发展成为兼具规制性、规范性、文化-认知性三种制度要素的综合体系。第一阶段，制度是围内各堡在长期实践中形成并沿袭的民间规范（规范性制度），到第二和第三阶段，围内士绅扮演了制度创业者的角色，积极推动制度转变。他们利用自身与官僚体系的特殊关联，争取地方官员的支持（政治策略），获得政府对新定管理章程的承认，使之成为官方规章（规制性制度）；他们还利用自身在文化与精神领域的领袖角色，运用文本工具开展编纂围志、勒石刻碑，记录岁修及相关章程、官府裁定等行动（文化策略），从而促使桑园围管理制度成为理所当然的文化性存在（文化-认知性制度）。

在此过程中，桑园围士绅通过追溯创围事迹、分析利患与共等形式的叙事（身份策略），塑造了南顺十四堡的集体认同，为从分管走向合作的关键转变提供了合法性基础；而十四堡（见图7-1）经过一次次合作通修的制度实践，使抽象的身份叙述具象化，强化了集体认同，形成集体身份。

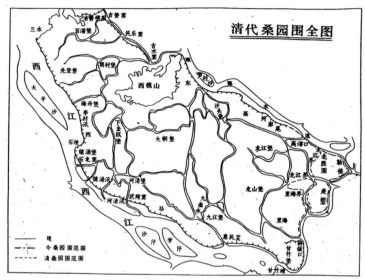

图7-1　清代桑园围全图

资料来源：佛山市水电局、南海县水电局、顺德县水电局：《桑园围的发展过程和重大成就》，载中国水利学会水利史研究会、广东省水利学会、《珠江志》编纂委员会编《桑园围暨珠江三角洲水利史讨论会论文集》，广东科技出版社，1992年，第7—16页。

第二节　桑园围管理制度与集体身份的交互演进

循着从分段专管、南顺各不相派到南顺合作、阖围通修再到基主业户制的三阶段历程，本节将逐一阐述其间管理制度与集体身份的互动和演进，从而揭示桑园围管理制度演变的内在机制。

一、第一阶段：分段专管、南顺各不相派

桑园围自创建以后，在日常管理中逐渐形成一套民间规范，即规范性制度，可以概括为"分段专管、南顺各不相派"。相应地，身份观念也呈现南顺分立的状态。桑园围被认为是南海基围，其成员只有南海十一堡，而不包括顺德三堡。乾隆五十九年（1794）的甲寅通修是一次权宜之举，但为下一阶段的制度转变奠定了基础。

（一）分管制度的形成

桑园围据传始建于北宋徽宗时期，最初沿西江和北江筑东、西两堤，随后又在上游筑吉赞横基，形成一个箕形开口围。[1]洪武二十八年（1395），九江堡人陈博民赴阙奏请筑塞倒流港，桑园围逐步向闭口围转变。[2]至此，桑园围在空间上基本成为一个范围明确的整体，也形成了一套初步的管理制度。

自宋代东、西两基筑成后，为进行日常的修葺维护，初步的管理制度应运而生。"分别堡界，各堡各甲随时葺理"[3]，即由各堡

---

① 参见佛山市水电局、南海县水电局、顺德县水电局：《桑园围的发展过程和重大成就》，载中国水利学会水利史研究会、广东省水利学会、《珠江志》编纂委员会编《桑园围暨珠江三角洲水利史讨论会论文集》，广东科技出版社，1992年，第7—16页。

② 参见吴建新：《明初黎贞撰〈陈博民谷食祠记〉与桑园围的水利环境》，《古今农业》2008年第2期。

③ 〔清〕明之纲、卢维球纂修：《桑围园总志》，载中国水利史典编委会编《中国水利史典·珠江卷一》，中国水利水电出版社，2015年，第155页。

分段管理,随时修葺。到明初筑塞倒流港之后,各堡分段管理的原则被沿袭下来,一般岁修及小范围冲决后的修复,都由附堤各堡负责,只有吉赞横基由各堡共修;如遇基段冲决过甚,需大规模维修,一堡难以负担,则各堡助修,均摊所费。①这其实已显现基主业户制的雏形。

然而,它未能继续发展完善。桑园围自创建时起隶属于南海县行政范围内,而明景泰年间增设顺德县,将下游的龙山、龙江、甘竹三堡划归顺德县管辖。②从此,桑园围在地理上便分属南海、顺德两县,继而又衍生出"县分,则堤为南堤矣"③的观念和"南顺各不相派"④的民间规范,相沿数百年。

(二)权宜之举的通修

乾隆五十九年(1794)甲寅通修,南海、顺德的畛域之见开始被打破,桑园围重新走向联合,其管理制度的转变亦以此为基础。乾隆四十四年(1779)、乾隆四十九年(1784)、乾隆五十九年(1794),桑园围接连三次溃决。⑤前两次仍是按旧规修复,"各堡段段谨守,尺寸不逾";第三次海舟堡李村基被冲毁数百丈,李

① 参见〔清〕明之纲、卢维球纂修:《桑园围总志》,载中国水利史典编委会编《中国水利史典·珠江卷一》,中国水利水电出版社,2015年,第13页。

② 同上,第31页。

③ 嘉庆《龙山乡志》卷十三《杂志》,《中国地方志集成·乡镇志专辑》第31册,江苏古籍出版社,1992年,第204页。

④ 〔清〕明之纲、卢维球纂修:《桑园围总志》,载中国水利史典编委会编《中国水利史典·珠江卷一》,中国水利水电出版社,2015年,第13页。

⑤ 光绪《广州府志》卷六十九《江防·南海县》。

村经管业户无力修复，相继求援。① 在此情形下，围内一些士绅考虑到全围安危，积极推动阖围通修。两县围绅士议定以南七顺三的比例摊派此次通修经费，南海县十一堡派额三万五千两，顺德县三堡派额一万五千两，共筹资金五万两。② 与此同时，按照章程在李村设桑园围总局，公选士绅四人为总理，另于每堡再选首事三四人协理，组成一个正式的管理机构，按工程缓急逐段修复围基。③

然而，甲寅通修仅是在"旧章无改"④的情况下所实行的一次变通之举，桑园围士绅尚无改变既有制度的意图。在南海方面，顺德三堡（龙山、龙江、甘竹）之所以被纳入这个临时的合作体系中，是因为它们地处桑园围下游箕口，同受水患。⑤ 在顺德方面，温汝适在筹议通修时就坚持"工竣后，乃申明旧例，以专责成"⑥，仍然认为桑园围修护是南海县专责。事后，顺德三堡士绅以桑园围基修筑与顺德无涉为由，联名上书广东布政使请求勿以通修为此后"成例"；而布政使陈大文亦在批文中认可"分段专管、南顺各不相派"的民间规范，并允准三堡士绅的请求。⑦ 另外，围

---

① 参见〔清〕明之纲、卢维球纂修：《桑园围总志》，载中国水利史典编委会编《中国水利史典·珠江卷一》，中国水利水电出版社，2015年，第13页。

② 同上，第14页。

③ 同上，第18页。

④ 同上，第12页。

⑤ 同上，第16页。

⑥ 同上，第13页。

⑦ 参见同治《顺德龙江乡志》卷五《杂著》，成文出版社，1967年，第449—452页。

内士绅制订的善后章程也只是提出以邻堡互为保结的方式加强对各堡岁修的监督，没有涉及通围合作的内容。①

（三）南海十一堡的桑园围

与之相表里的是无论是地方官员，还是围内士绅，大多将桑园围视为南海基围。提及桑园围时，他们称之为"南海县属桑园围""南海县桑园围"等；追溯创围历史时，也称桑园围"全址俱隶南海"。顺德三堡则被与桑园围、南海十一堡区别开来。在动员各堡助修的公告中，围内士绅说："某等桑园围乃阖邑最大之区，接连顺德两龙、甘竹。……而顺邑诸老先生乡邻谊切，倡率伙助协办……"在其后的一份感谢官府的呈文中，众士绅述及此次通修，表示"围内十一堡以及顺德两龙、甘竹三乡共乐捐银五万两"。②显然，顺德三堡并未被视为桑园围成员。南海方面以乡谊之名感谢顺德三堡的参与，而顺德方面也认为己方是仗义帮修，布政使陈大文则解释称，由于南顺二邑基围毗连，才有顺德业户帮捐的从权之计。③此外，善后章程也是由十一堡绅耆商议制订，顺德三堡没有参与。④可见，"桑园围"这

---

① 参见〔清〕明之纲、卢维球纂修：《桑园围总志》，载中国水利史典编委会编《中国水利史典·珠江卷一》，中国水利水电出版社，2015年，第43—44页。

② 同上，第17、22、28—29、33页。

③ 参见同治《顺德龙江乡志》卷五《杂著》，《中国方志丛书》第51号，成文出版社有限公司，第449—452页。

④ 参见〔清〕明之纲、卢维球纂修：《桑园围总志》，载中国水利史典编委会编《中国水利史典·珠江卷一》，中国水利水电出版社，2015年，第43页。

一标签此时通常所指的只是围内的南海县十一堡，南顺十四堡尚未形成共享的集体身份。

二、第二阶段：南顺合作、阖围通修

桑园围管理制度在本阶段发生关键性转变，从分管走向合作，可以概括为"南顺合作、阖围通修"。在此期间，通过桑园围士绅的制度建设行动和身份建构行动，桑园围管理制度从规范性制度向兼具规制性、规范性、文化-认知性三重支柱的综合制度系统发展，南顺十四堡也初步形成集体身份认同。

（一）通修制度的建立

桑园围管理制度的真正转变始于嘉庆二十二年（1817）。这一年桑园围海舟堡三丫基冲决，牵连围内数乡堡。[①]在围绅温汝适的推动下，桑园围十四堡再度合作开展阖围通修，且由两广总督向朝廷奏请，借帑银八万两发南顺当商生息，作为岁修桑园围的工费。[②]

嘉庆二十二年的通修（丁丑续修），延续了甲寅通修的组织模式，并使之成为正式制度。此次修筑不仅依照甲寅通修中的方式组建管理机构，重启桑园围总局，而且明确提出照甲寅通修

---

① 参见〔清〕明之纲、卢维球纂修：《桑园围总志》，载中国水利史典编委会编《中国水利史典·珠江卷一》，中国水利水电出版社，2015年，第65页。

② 参见民国《龙山乡志》卷二《舆地略二》，民国十九年（1930）刻本，北京大学图书馆藏，第226—236页。

之例，按其五成的金额向围内十四堡摊派修围工费。① 更为重要的是，由于有借帑生息政策，桑园围每年可获得四千六百两的岁修专款（本金八万两，月息一分，年息九千六百两，以五千两还本、四千六百两用于岁修②），围内士绅在嘉庆二十三年（1818）的善后章程中为此制订了相应方案。③ 针对岁修款的使用范围，规定此项银两主要用于修筑和加固围基险要处；每年冬季修复大堤，工费通围摊派，如有短缺，也可酌情用岁修息银帮补。针对岁修款的领取和分配，规定十四堡共同推选四名总理，每年冬季到县请领岁修帑息，并同各堡士绅勘估各基段，确定修筑的先后次序以及息银的分配；各堡推选首事，三年一换，首事从总理处领取修费，并将明细贴出公示。这些规定将阖围通修作为一种常规化制度予以确定，还为桑园围总局的持续运行提供了依据。

善后章程连同甲寅通修志一起禀呈广州府，再经布政司核定，④ 具有官方规章的性质，必要时可借助政府力量确保其执行。此外，原本大概只是桑园围士绅为记录一次盛举而编纂的甲寅通修志，在此次通修中被当作制度范本而重新运用。众士绅决定照甲寅之例五成摊派工费，并强调阖围摊派的做法"详载志书，历

---

① 参见〔清〕明之纲、卢维球纂修：《桑园围总志》，载中国水利史典编委会编《中国水利史典·珠江卷一》，中国水利水电出版社，2015年，第66—67页。

② 同上，第310—311页。

③ 同上，第77—78页。

④ 同上，第76页。

历可考"①。当年不愿甲寅通修被后世沿袭的两邑士绅,此时则用围志来证明阖围通修是早有先例的传统。于是,桑园围管理制度开始从规范性制度向兼具规制性、规范性、文化-认知性三重支柱的综合制度系统发展。

(二)集体认同初步形成

与此同时,桑园围士绅的身份意识也在发生变化。由于桑园围大部分归属于南海县行政区域,官府文书通常仍然采用"南海县桑园围"的称谓,但围内士绅在文书中则只称"桑园围"。并且,此次通修中上禀官府的呈文,都是由南顺两邑士绅联合署名,修筑章程和善后章程也是由两邑十四堡士绅共同商议制订。②可见,顺德三堡不再以帮修名义参与,而是开始被视为与南海十一堡相同的桑园围成员。

当然,南顺各不相派的旧制度仍不乏拥护者,为推进阖围通修的新制度,围内士绅积极构建着集体身份叙事,促进十四堡的集体认同。一种常见的叙事是利害分析,以地理环境为基础论述利害与共,从空间上唤起围内各堡对桑园围的集体认同。隶属顺德县境的龙江、甘竹两堡不愿缴纳派捐款项,③温汝适便以"顺民故在围中"④的理由,从利害角度劝说他们缴款。甲寅通修时,针对"南围南修,向不派及邻封"的言论,供职于布政司衙门的

①　〔清〕明之纲、卢维球纂修:《桑园围总志》,载中国水利史典编委会编《中国水利史典·珠江卷一》,中国水利水电出版社,2015年,第66页。

②　同上,第66—68、73—78、80页。

③　同上,第75页。

④　咸丰《顺德县志》卷二十七《列传七·温汝适》。

书办梁玉成（桑园围居民）曾指出各堡因建置沿革而分属不同辖区，但总体都属于桑园围，顺德三堡亦以上游围基为御洪屏障，"名分两邑，地是同围"①。梁玉成的这番言论与20年后温汝适之说异曲同工，可见围内士绅对桑园围集体身份的建构其实从甲寅通修时业已开始。另一种常见叙事是历史追溯，以时间为线索讲述过往实践，从而在记忆上唤起围内各堡对桑园围的集体认同。在丁丑续修志中，围内士绅还通过《桑园围考》对桑园围创围故事进行更加详细的述说，开篇便指出桑园围中有十四堡，并记录此后历次修筑之事，虽详略不同，但整体上体现出各堡助修是自明代以来的惯例和传统。②十四堡对桑园围的集体认同，促进了他们对阖围通修模式的接纳，为其制度化提供基础。

（三）通修的强化

丁丑续修制订的善后章程使阖围通修模式制度化，而后又继以嘉庆二十四年（1819）岁修、二十五年（1820）捐修两次实践，阖围通修制度得到进一步强化。嘉庆二十四年，桑园围领到第一笔岁修息银，在阖围通修制度下开展岁修。岁修开始之际，南海知县给当选为总理主持其事的何毓龄、潘澄江（举人）颁发了戳记，并颁布告示令全围业户听从他们的指

① 〔清〕明之纲、卢维球纂修：《桑园围总志》，载中国水利史典编委会编《中国水利史典·珠江卷一》，中国水利水电出版社，2015年，第31—32页。

② 同上，第61—66页。

挥。^①这些举措向围内业户宣示了阖围通修制度的规制性力量。于是，公款修围的"利诱"和官权的"威逼"，使众业户开始接受新的制度安排。

在嘉庆二十五年（1820）捐修中卢文锦、伍元兰、伍元芝三位行商以绅员的身份捐银十万两，南顺十四堡合力将围基险要处改筑为石堤。工程实际上于嘉庆二十四年（1819）岁修完工后便开始，至嘉庆二十五年（1820）竣工。何毓龄、潘澄江仍旧担任总理主持其事。南顺十四堡中除龙山堡、金瓯堡、大桐堡三堡无基段，其他各堡基段被统一划分为七大段，每段设一公所，由两名首事管理其修筑事宜。^②此次捐修虽然只有南海十一堡推选首事参与管理，但顺德基段与南海基段一体划分，统一组织修筑，并无畛域之分。南顺一体的修围实践，不仅通过重复行动直接强化了阖围通修制度，还经由共同经验提升了十四堡对桑园围的集体认同感，从而促进阖围通修制度的稳固。

三、第三阶段：基主业户制

桑园围管理制度在本阶段发生调整，第一阶段的分管与第二阶段的通修被结合起来，形成可称为"基主业户制"的新制度。基主业户制是明清桑园围管理制度的完善形态，直至民国时期仍运转不废。在此期间，桑园围士绅继续开展制度建设行动，构建

---

① 参见〔清〕明之纲、卢维球纂修：《桑园围总志》，载中国水利史典编委会编《中国水利史典·珠江卷一》，中国水利水电出版社，2015年，第84页。

② 同上，第100页，第104—107页。

基主业户制的多重制度支柱，并强化集体身份叙事，进一步促进制度与集体身份的交互。基主业户制发展成为规制性、规范性、文化-认知性三重支柱相互配合的稳定的综合性制度系统，桑园围十四堡的集体身份也终于在此阶段形成。

（一）分管与通修的结合

基主业户是桑园围水利系统的基础，是其管理制度的直接践行者。但"基主业户"这一称呼明确出现却是在道光十三年（1833）癸巳岁修志中。道光十三年岁修后，桑园围士绅制订善后章程，重申"分段专管"的原则，有基分者即基主业户。[1]桑园围管理制度从此进入分管与通修结合的基主业户制阶段。

道光十三年夏，大水冲垮海舟堡三丫基，继而波及其他数堡，造成多处基段坍塌。先是三丫基业户自借官款四千八百两抢修，而后围众商议阖围通修。[2]然而，嘉庆二十五年（1820）捐修后，桑园围基已改建成石堤，较此前土基稳固，无须动用岁修息银，此款项便被归入省库筹备堤岸项内，供其他基围借用。于是，众士绅上书官府，又先后从省库借到白银四万五千两用作通修工费。合三丫基所借之数，桑园围共借用官款四万九千八百余两。竣工后，经两广总督卢坤上奏，朝廷允准其中两万三千两以岁修息银拨抵，分五年归还；剩余之数，照

---

① 参见〔清〕明之纲、卢维球纂修：《桑园围总志》，载中国水利史典编委会编《中国水利史典·珠江卷一》，中国水利水电出版社，2015年，第187页。

② 同上，第162页。

甲寅通修，四分之一向南顺十四堡摊派，分五年征还。①

然而，三丫基业户的这笔借款是否应由十四堡偿还却引发了分歧，也使得明确分管与通修的适用范围成为必要之举。道光十四年（1834）卢坤在奏折中将三丫基业户所借的四千八百两也计入十四堡摊派之数。随后，十四堡业户、众士绅和业户数次上书官府，称这笔借款并非通修之费，而是经管三丫基的业户自借兴筑水基的经费，应向该基主业户征还。但三丫基士绅和业户则认为应归入通修之项，阖围摊派。为此，三丫基士绅与桑园围总局首事互控数年。最终，三丫基业户在道光十七年（1837）交出欠款，用于抢筑险基。②

在此背景下，道光十四年（1834）所制订的善后章程，第一条便规定"各堡基段宜照旧章，分管保修，以专责成也"③。该条款首先指出"分段专管"是自北宋创围以来便形成的传统和惯例，塑造其文化-认知性和规范性的制度要素；接着又述及乾隆十年（1745）官府曾针对三丫基业户李文盛等推诿修堤责任做出"照旧例分修"的裁定，突出其规制性的制度要素。然后，又声明道光十三年（1833）借通围大修帮筑三丫基决口乃权宜之举，不可作为常例，以后仍照旧章，除吉赞横基公修，

① 参见〔清〕明之纲、卢维球纂修：《桑园围总志》，载中国水利史典编委会编《中国水利史典·珠江卷一》，中国水利水电出版社，2015年，第137页。
② 同上，第193—203页。
③ 同上，第186—192页。

各基段遇有冲决均由基主业户自行修筑；如工程过大，基主业户难以自办，亦应先赶筑水基保晚禾，等到冬季修复大基时，再由通围士绅勘估，酌情帮筑。而当围内各基都有损毁需大修时，则由众士绅一同禀告官府，勘估围内应修各窦情形后，依照甲寅通修之例，按南七顺三的比例摊派工费，推选首事，启动阖围通修之制。若大修与修复决口同时进行，应将两项工程勘估划清，基主业户在缴纳摊派工费外仍需酌情交出修复决口的费用，不敷再由全围帮筑，不得借大修工费修复决口。事实上，丁丑续修后的善后章程第一条在强调岁修的作用时也要求各堡随时自行修补，不得依赖岁修专款而推卸责任。只是其后或领岁修帑息，或借助捐款，密集开展了数次阖围通修，各堡业户自修遂有中断。而道光十三年（1833）三丫基业户自借官款带来的纷争，则提醒了围内士绅阖围通修已有过度化倾向。因此，这份新的善后章程便在坚定地重申"分段专管"原则的同时，对阖围通修的适用情形和启动程序作出规定，使分管与通修相结合，这便是"基主业户制"。

（二）综合性的制度系统

桑园围士绅延续此前的制度建设行动，将基主业户制塑造成兼具三重制度要素的综合体。道光十四年（1834）的善后章程被呈交各级地方政府，经官方核定批行，若不遵从，可由总局士绅禀官纠办。于是，基主业户制成为一项规制性制度。如上文所述，善后章程在申明基主业户制的核心主张时，用创围故事和官府判例详细论证分段专管的合法性，以甲寅通修事例作为阖围通修的依据。并且，善后章程还规定各堡分管基段需在此前围志记载的基础上，再竖石板标明界限。最后，还就围志的编纂、印刷、保存等事宜作了规定，力图使桑园围管理制度传之后世。而此前未被提起的乾隆十年（1745）李文盛一案，自此以后被作为章程文本收录于围志中。可见，桑园围士绅正有意识地运用话语策略和文本工具去推进基主业户制，而且这种意识较上一阶段更为明显。这些行动为基主业户制注入规范性和文化-认知性的制度要素，与规制性要素相配合，使基主业户制成为稳固的制度系统。

此后，秉承基主业户制，一般年份由业户自行修补各自基段；通围基窦损毁严重时，则由围内士绅、耆民联名上书官府，再经督抚向朝廷奏准后领取岁修款，阖围通修。

（三）集体身份形成

当然，为维持基主业户制，士绅还需要继续强化十四堡对集体身份的认同。道光二十四年（1844）甲辰大修，先登堡李畅然等四户以其居住地太平沙孤悬海外为由，希图免去摊派，与总局士绅争讼。双方都援引乾隆甲寅通修、嘉庆丁丑续修的事例来支持各自的主张，记录其事的围志、碑刻则成为关键证据，竖立于总局办事场所河神庙外的一块记录派捐额的石碑甚至还遭到李畅然一方私自刻凿篡改。围志针对顺德业户重提南围南修之说、拖欠派捐款的现象，特意附上甲寅通修时期书办梁玉成呈交布政使陈大文的禀文。① 该文对"南围南修，向不派及邻封"的言论做了有力的驳斥，指出"名分两邑，地是同围"是桑园围集体身份叙事的重要文本。陈大文曾将其下发到广州府，知府朱栋将其下发给南海、顺德两县。围志此时将其再次收录，并与太平沙案编排在一起，应是意图强化南顺十四堡对桑园围集体身份的认同，告诫各基主业户应共同遵守章程，承担修围责任。

伴随一次又一次阖围通修的制度实践，桑园围终于成为南顺十四堡的集体身份标签，一个重要的标志是两广总督奏折中对桑园围称谓的变化。同治八年（1869），两广总督瑞麟奏报同治六年（1867）领取岁修息银修筑桑园围完工之事，称"南海、顺德二县属桑园围"，而不是官方此前常用的"南海县桑园围"。② 并且，其后各任督抚在请求拨给桑园围岁修息银的奏折中也都沿用此称谓。可见，南顺各堡已经被地方官员视为同等地位的桑园围成员。光绪六年（1880）庚辰大修，龙山堡一些士绅拒绝缴纳派捐银，总局理事遂向官府呈控。时任总督张之洞在批示中表示："桑园围大修之年，按条起科通修，载在围志，事有成例。盖合围十四堡，安乐与同，亦患难与共，此良

---

① 参见〔清〕明之纲、卢维球纂修：《桑园围总志》，载中国水利史典编委会编《中国水利史典·珠江卷一》，中国水利水电出版社，2015年，第223—232页。

② 〔清〕何如铨纂修：《重辑桑园围志》，载中国水利史典编委会编《中国水利史典·珠江卷一》，中国水利水电出版社，2015年，第319—320页。

法美意也！"①这更是对桑园围的管理制度和十四堡集体身份的双重认可。此外，对比嘉庆十年（1805）和民国十九年（1930）先后刊印的两版《龙山乡志》，也可以发现桑园围身份内涵的变化。前者有关桑园围的内容较少，还声称分置顺德后，桑园围便成为南海堤围，只是龙山堡同享其利，故而为陈博民设牌位祭祀。②后者则另辟有"堤围"一门，述桑园围及各埠子围之事，称桑园围"隶南海顺德两县"；此外，在"灾祥"一门中对桑园围历次溃决皆有记载，在"列传"一门述温汝适行迹时，不吝指责南围南修之说的危害，称颂温汝适促成的通围捐修模式和借帑生息政策。③可见，到民国时期龙山堡早已认同其桑园围的集体身份，桑园围包含南海、顺德十四堡已成为常识。

小　结

本章以制度与集体身份的交互作用为理论视角，重构明清桑园围管理制度的演变过程，从而为关于桑园围管理制度的演变提

① 〔清〕何如铨纂修：《重辑桑园围志》，载中国水利史典编委会编《中国水利史典·起科卷八》，中国水利水电出版社，2015年，第403—404页。
② 参见嘉庆《龙山乡志》卷十三《杂志》，载《中国地方志集成·乡镇志专辑》第31册，江苏古籍出版社，1992年，第204页。
③ 参见民国《龙山乡志》卷二《舆地略二·灾祥》，第14—27页；卷五《堤围》，第54页；卷十二《列传·温汝适》第23页。民国十九年（1930）刻本，北京大学图书馆藏。

供一种理论化的新解释。桑园围管理制度先后经历三个阶段的发展，最终形成一套融合官方规章、民间规范、文化传统，兼具规制性、规范性、文化-认知性制度支柱的稳定制度系统，即分管与通修结合的基主业户制。桑园围管理制度的演变与围内十四堡集体身份的形成交互演进，作为制度创业者的围内士绅在其中起了重要作用。他们利用自身与官僚体系的特殊关联，以及在文化与精神领域的领袖角色，采取政治、文化、身份等多种行动策略，创造制度的三重支柱。通过构建集体身份叙事，他们塑造了十四堡的集体认同，破除畛域之见，从而为基主业户制分工与协作相统一的行动模式提供合法性基础。而十四堡经过持续的合作通修实践，集体认同得到进一步强化，反过来又提高基主业户制的稳定性。

进一步而言，本研究在组织与管理理论层面揭示了制度与集体身份交互的一种模式。综合上文的分析框架及桑园围制度演变的理论叙事，可将其概括为：制度系统的发展和稳定以相关群体的集体身份为基础，集体身份促进制度系统的稳定；而集体身份的形成也以制度系统为基础，在制度践行过程中得到强化；制度和集体身份二者互为基础，互相促进。制度创业者是关键行动者，他们发挥自身的地位优势，采取多种行动策略（政治、文化、身份等），一方面创造多重制度支柱（规制、规范、文化-认知），另一方面构建集体身份（归属感、共同命运意识），推动二者交互并进（见图7-2）。

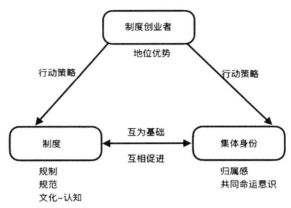

图7-2　制度与集体身份的交互模式

　　桑园围制度的演变过程及其中的制度与集体身份交互模式，不仅有助于深化对传统中国社会运行及地方公共管理的理解，也为现代基层社会的公共管理提供借鉴。明清时期，以士绅为主的社会精英及民间组织广泛参与到地方公共事务的管理中，为地方社会提供政府能力之外的公共产品和服务。[①]明清桑园围正是士绅参与地方公共管理的典型，凝聚着传统公共管理的优秀经验。科大卫等历史人类学研究者业已将桑园围管理制度的演变置于地方公共管理、基层社会运行的历史社会情境中进行了研

① 参见Mary Backus Rankin, "The Origins of a Chinese Public Sphere: Local Elites and Community Affairs in the Late Imperial Period," *Études chinoises*, 1990, 9(2), pp. 13-60；崔晶：《从"地方公务委让"到"地方合作治理"——中国地方政府公共事务治理的逻辑演变》，《华中师范大学学报（人文社会科学版）》2015年第4期。

究。本章借助桑园围的历史发展深化了对其所处的传统地方公共管理领域的理解。以士绅为代表的地方精英并不只是实施地方公共管理的主体，他们还是推动制度发展演变的制度创业者。稳固的制度系统通常具备规制、规范、文化-认知三重制度支柱，士绅在政治和文化生活领域具有独特的地位优势，他们能够通过上书官府、立碑修志、构建叙事等手段，采取政治、文化、身份多种行动策略，促成相关的管理制度向融合官方规章、民间规范、文化传统的多维制度系统转变，并同时构建相应的集体身份，为制度系统提供基础。制度与集体身份相互促进，不仅可提升制度系统的稳固程度，而且能增强地方社会的凝聚力，这也是传统中国得以通过简约化政府维持有效统治的重要原因。

现代地方政府在承担与传统政府职能类似的诸多公共管理职能之外，还需要承担时代性的新任务。当前我国正处于现代化建设的关键阶段，在推动相关制度的建设与改革过程中，政府若能与新时代的社会精英合作，激发民间社会的制度创业能力，将带来极其显著的正效应。已有公共管理学者做出了类似的呼吁。[①] 同时，制度系统的稳定需要集体身份认同的支撑，这一认识在现代社会个体意识觉醒的时代背景下更显重要。

---

① 参见崔晶：《回望传统与现代化转型：社会治理创新中的基层政府与民众协作治理研究》，《中国行政管理》2017年第2期。

第八章 民间公产转型与新式教育体系

新式教育作为清末新政的核心内容之一，历来受到诸多关注。新政期间，大量属于宗族、书院、祠庙的公产被划入新式学堂，引发民间公产转型与基层公共事业变迁。一部分学者通过考察庙产、书院等公产转型的历史事实及相关社会冲突，认为兴建新式学堂冲击了传统乡村秩序，导致公产的流失与破坏，如罗志田将清查公款公产置于"国进民退"的历史背景，梁勇则认为"庙产兴学"推动了地方社会权势的转移，得到政府授权的学董打破了乡村社会原有的平衡，引发大量诉讼。[1]另一部

---

[1] 参见罗志田：《国进民退：清季兴起的一个持续倾向》，《四川大学学报（哲学社会科学版）》2012年第5期；梁勇：《清末"庙产兴学"与乡村权势的转移——以巴县为中心》，《社会学研究》2008年第1期。相关研究亦见徐跃《清末庙产兴学政策的缘起和演变》，《社会科学研究》2007年第4期；王有粮：《庙产兴学及其案件中的国家与法律——以清代南部县档案、民国新繁县档案为佐证》，《法律史评论》2008年第1期；王赫赫：《南汇公产纠纷下的绅权嬗变（1906—1933）》，上海师范大学硕士学位论文，2020年；涉及篇目较多，兹不赘述。

分学者则强调传统官民合作模式的延续，李怀印、樊德雯均认为新式学堂的兴建体现了官员、士绅、村民群体间的合作；张佩国也指出民国时期乡村学校的"村落社区公产"性质并未发生变化，村学公产的控产主体仍为宗族首领与首事，真正的转型是在1949年中华人民共和国成立后。① 此外，蒋宝麟对清末学堂与近代教育财政的形成进行了较为翔实的讨论：伴随着新式学堂的推广，传统"官款"及公款公产共同被纳入教育财政体系，在实践中公款公产的清理则具有多重导向。②

上述研究从不同侧面揭示了清末以来公产转型的复杂面貌，让读者在理解近代国家转型与社会秩序变迁中能够得到较大启发。但由于公产的区域差异，仅依赖个案研究往往不容易把握变迁的全貌。更为重要的是，公产的内涵并不限于特定财产，也有在长期发展过程中业已稳定形成的产权，有学者将其称

---

① 参见［美］李怀印著：《华北村治：晚清和民国时期的国家和乡村》，岁有生、王士皓译，中华书局，2008年，第229页；Elizabeth Vanderven, "Village-State Cooperation: Modern Community Schools and Their Funding, Haicheng County, Fengtian, 1905-1931,"*Modern China*, Vol.31, No.3 (2005), pp. 204-235；张佩国：《公产、福利与国家》，广西师范大学出版社，2015年，第152—158页。

② 参见蒋宝麟：《清末学堂与近代中国教育财政的起源》，社会科学文献出版社，2021年，第293—300页。

为"法人产权"①。近代以来公产转型的核心在于产权制度的变迁，明晰新式学堂的产权属性对理解新式教育体系同样具有重要意义。本章将首先界定清末新式学堂的产权性质，在此基础上定量考察"兴学"进程中民间公产的转型，由此深入认识基层公共事业的历史性变迁，进而形成整体性的解释框架。

新式学堂的产权受到传统"官、公、私"产权体系的深刻影响，癸卯学制（1904）中新式学堂包括"官立""公立""私立"学堂三类，其中，经费来自"义塾善举""赛会演戏"等公产公款的学堂被定名为"公立"学堂，延续了传统民间公产的产权属性。大量民间公产被纳入新式教育体系，在基层教育中的作用尤为显著。有别于传统教育机构，无论何种新式学堂均受到教育管理体系的监督与约束。上述建构新式教育体系的模式反映了清末现代公共事业的发展方向：晚清政府与知识群体在国

---

① 公产指明清时期为满足特定公共需求，由民间组织募集、经营、管理的财产及相应的产权制度，由于"公"的多义性，政府财产有时也被称为"公产"，为与之区分，本章同时采用"民间公产"的表达。笔者倾向于将此界定为"法人产权"，认为其具有整体性、独立性、不可分割等特性，详见本书代结语。科大卫亦认为宗族族产具有"法人"(corporation)性质，参见［英］科大卫著：《近代中国商业的发展》，周琳、李旭佳译，浙江大学出版社，2010年，第192—194页。邱澎生则强调"立案公产"制度源于民间商人保护组织财产的需求，属于"由下而上的演化"，参见邱澎生：《由公产到法人——清代苏州、上海商人团体的制度变迁》，《法制史研究》2006年第10期。严格而论，民间公产"公"的意涵与英文public不能完全等同，本章侧重于对清末"官、公、私"产权概念的界定，其余从略。

家行政能力有限的背景下，试图通过对传统民间公产的整合与重组推行现代公共事业，而非行政机构的直接扩张。理论上讲，这一选择并不直接意味着公产的消亡，自民间公产承继而来的公立学堂在基层教育中占据重要地位；而公产在整合、转型过程中面临的内在困境及由此引发的种种冲突，也为日后公产的虚弱与分化埋下了伏笔。

第一节　清末新式学堂的产权与管理

新式教育体系包含新式学堂与自上而下的教育管理机构。在向近代教育制度转型的历程中，新体制的构建受到传统制度的强烈影响，癸卯学制中的学堂体系较大程度地承继了传统"官、公、私"产权模式，尤其是公立学堂"公"的内涵，脱胎于民间公产的产权模式与治理机制；但有别于独立、分散的旧式教育，各类新式学堂受到政府与各级学务部门的统筹与管理，进而受到国家体系的规范。①

一、新式学堂的产权性质：官立、公立、私立

晚清以来，在洋务派官员与新式知识分子的推动下，各地陆续开始建立新式学堂。1901年8月，清廷颁布上谕："着各省所

---

① 参见魏光奇：《官治与自治——20世纪上半期的中国县制》，商务印书馆，2004年，第108—109页。

有书院，于省城均改设大学堂，各府及直隶州均改设中学堂，各州县均改设小学堂。"①此后，各省陆续将书院改设学堂，但多限于省城。新式学堂真正在全国范围内得到广泛推行，有待癸卯学制（1904）的颁布与推行。癸卯学制包含各阶段学校的设置、教育目的、教育年限等内容，以及对不同学堂产权性质的界定。相较于壬寅学制（1902）"官立""民立""公立""私立"种种名目的混杂，癸卯学制将其统一为"官立""公立""私立"三大类，如表8-1所示。

表8-1 癸卯学制中的学堂产权体系

	官立	公立	私立
初等小学堂	所有府厅州县之各城镇，应令酌筹官费，速设初等小学以为模范……此皆名为初等官小学。	各省府厅州县如向有义塾善举等事经费，皆可量改为初等小学堂经费；如有赛会演戏等一切无益之费积有公款者，皆可酌提充用。此等学堂或一城一镇一乡一村各以公款设立，或各以捐款设立者，及数镇数乡数村联合设立者，均名为初等公小学。	凡有一人出资独力设一小学堂者，或家塾招集邻近儿童附就课读，人数在三十人以外者，及塾师设馆招集儿童在馆授业在三十人以外者，名为初等私小学，均遵官定章程办理。

---

① 《光绪二十七年八月初二日谕于各省、府、直隶州及各州、县分别将书院改设大中小学堂》，载璩鑫圭、唐良炎编《中国近代教育史资料汇编·学制演变》，上海教育出版社，2007年，第7页。

续表

	官立	公立	私立
高等小学堂	城镇乡村均可建设高等小学堂,虽僻小州、县,至少必应由官设立高等小学堂一所以为模范,名为高等官小学堂。	各省、府、厅、州、县,如向有义塾善举等事经费,皆可酌量改为高等小学堂经费;如有赛会演戏等一切无益之费积有公款者,皆可酌提充用。凡一城一镇一乡一村各以公款设立之高等小学堂,及数镇数乡数村联合设立之高等小学堂,均名为高等公小学;其建设停止,均应禀经地方官核准。	凡有一人出资独力设一高等小学堂者,名为高等私小学,其建设时须禀请地方官核准。若遇停止时,应将其停止之缘由报明地方官查考。
中学堂	中学堂定章各府必设一所,如能州、县皆设一所最善。惟此初办不易,须先就府治或直隶州治由官筹费设一中学堂,以为模范,名为官立中学。	地方绅富捐集款项,得按照《中学堂章程》自设中学。集自公款,名为公立中学。	地方绅富捐集款项,得按照《中学堂章程》自设中学。……一人出资,名为私立中学。

资料来源:《奏定初等小学堂章程》《奏定高等小学堂章程》《奏定中学堂章程》,1904年,《学制演变》,第301页、第316页、第327页。

根据章程可知,官立学堂(或官学堂)由府、厅、州、县官府所创建,并且"酌筹官费"作为办学资金,产权属于政府所有,界定较为清晰。具体而言,政府拨入的教育经费同时来自财政计划内与计划外,如奉天"由官支出"的教育经费包括"由提学司直接支出"与"间接核销"两大类。直接支出的款项"由

（提学司）呈请，饬由度支司随时筹拨"；间接核销的款项则由地方政府自行筹集，如下属府、厅、州、县官立学堂的经费，"各就地方筹款，由拨车牌捐者，有就杂捐补助者，有派收各项捐款者，有罚款有提款生息者，均系随时筹画，并未指定的款"①。官立学堂作为新式学堂的模范，得到政府支持，学校层次与办学水平相对较高，张之洞在新政推行初期即有所说明，"各道府、直隶州治所各设模范中学堂一所，各州、县治所各设模范小学堂一所，以示程式而资倡率。官筹经费，其余听绅民自行劝捐举办"②。需要注意的是，尽管官立学堂由政府组织创建，但其经费并非全部来自政府财政，政府往往通过征收地方捐税、提拨民间公产等方式筹集资金。③浙江在调查官立学堂经费时指出："各府厅州县官立小学堂随处皆有，其经费或筹之于串票捐，或筹之于原有之各书院经费，或截留考试经费，均属地方税，全由官款设立者绝无仅有，且向不报告来局，无从详叙。"④时人则点明"官决不能自备资产，其仍以地方公款办地方学务而已"⑤。

---

① 辽宁省教育志编纂委员会编《辽宁教育史志资料》（第一辑），辽宁大学出版社，1990年，第286页。

② 《湖广总督张之洞：筹定学堂规模次第兴办折》，光绪二十八年十月初一日，《中国近代教育史资料汇编·学制演变》，第107页。

③ 杂捐的性质较为复杂，不能等同于正式税收，可参考王燕：《晚清杂税与杂捐之别刍论——兼论杂捐与地方财政的形成》，《清华大学学报（哲学社会科学版）》2018年第3期。

④ 引文中"该局"指清理财政局。参见陈锋主编《晚清财政说明书》（第5卷），湖北人民出版社，2015年，第744页。

⑤ 庄俞：《论地方学务公款》，《教育杂志》1909年第7期，第88页。

有别于官立学堂，公立学堂由政府之外的地方力量创建，其产权与制度安排延续了民间公产的传统。细读章程可知，癸卯学制中并没有对公立学堂的产权归属作出严格的界定，也没有将某一学堂称为公立学堂的依据，内容主要是创办学堂的财源，如"义塾善举""赛会演戏等一切无益之费积有公款者"等。由于公立学堂为满足本地教育需求而设，因此往往被视为由整体、抽象的地方民众所有，其财产属于学校，而不属于特定的个人、家庭以及政府。相应地，公立学堂的日常管理通常由政府官员以外的士绅负责，"至公立、私立各学堂，尤足以辅官立学堂之不足。方今财政困难，官立学堂有限，正赖绅富热心，共担义务"①。以山西闻喜县为例，"光绪三十三年，前署县邓令创办各乡初等小学堂，酌筹经费，按各村情形办理，有酌提村中公款者，亦有各学生缴纳学费者，每处常年经费三四十两不等，由各村选举村董经理"②。

公立学堂的经费，除来自义学、书院、善举等民间公产，还包括地方杂捐与附加费。③区别于需要报部审批、统一征收的杂税，"捐"对应特定的地方公共事务，其征收通常不经过官府，

---

① 《学部通行京外学务酌定方法并改良私塾章程文》，宣统二年（1910）六月二十二日，载李桂林等编《中国近代教育史资料汇编·普通教育》，上海教育出版社，2007年，第59页。

② 陈锋主编：《晚清财政说明书》（第3卷），湖北人民出版社，2015年，第464页。

③ 如庄俞认为，学务经费应包括"旧日书院产业、宾兴公车费、忙银串捐积谷带征、冬漕捐、商业间接捐、公共营业之余利"等内容，分属民间公产和地方杂捐、附加费两大类，后者有时也被称为"公款"。庄俞：《论地方学务公款》，《教育杂志》1909年第7期。

而是绅董自行管理，清末一些地区兴办学堂所需捐费由学堂绅董直接征收。[①]捐费负担由地方社会共同承担，相比于由自愿捐资筹集的公产，强制性有所增强，所筹集款项被称为"公款"，与民间公产性质相似，二者常常合称为"公款公产"。[②]因此，是否有公产或公款拨入，成为时人判断学堂产权属性的重要指标。江苏宝山县潘桥初等小学堂原为私立学堂，光绪三十四年（1908）"拟抽所开花行之花捐，提充学费，因改为公立"，地方捐费的进入使学堂性质发生改变，原本性质属于私立的学堂转为公立。而学堂创办者称并未收到花捐，于是向劝学所申请停办，"不愿以血汗之钱财称公立云云"，劝学所总董吴邦珍因此将学堂名称改回私立，"余谓学堂公立、私立之名称，以经费公私之为断，既无公款，改正名称可也"[③]。

在某些情况下，由本地士绅强制征收的"捐"与政府所征的"税"会混同，有时评认为："今日官立学堂，几无不靡费巨万者，究其费之所由出，则莫不出于杂捐，其实此项杂捐皆外国所

[①] 如山西榆次县的戏捐："由社约等按照戏约注价，亲赴学堂缴纳，年约收捐钱一千余吊，向由学董经理，充做学堂经费，不假官手。"参见载陈锋主编《晚清财政说明书》（第3卷），湖北人民出版社，2015年，第244页。类似的情况在山西、河南等地较为常见。

[②] 蒋宝麟则认为"公款公产"概念的形成与其作为新式教育经费来源互为表里，公产之"公"的意涵为其转入新式学堂提供了正当性。蒋宝麟：《清末学堂与近代中国教育财政的起源》，社会科学文献出版社，2021年，第196—197页。

[③] 《辛亥视学日记》，转引自高俊《清末劝学所研究：以宝山县为中心》，上海辞书出版社，2013年，第230页。

谓附加税，正地方所取以为公立学校经费者。是名为官立，实公立也。"①"捐"与"税"的模糊边界，是引发学堂产权争议的重要原因，如浙江松阳的震东小学堂，其经费来自周边寺庙庙产、祠产与个人捐赠，庙产、祠产属于民间公产，学堂因此被视为公立而非官立学堂，"惟该堂常年经费，系由各村乐捐，故名公立震东小学。本庙所颁戳记，除去'震东'二字，改称官立，名实未免不符"②。光绪三十二年（1906），贵阳知府将建于雪涯洞的中学堂定名为"贵州官立通省中学堂"，由于学堂经费除政府拨款，也集自公款与私人捐助，学堂管理士绅认为"官立"之名并不妥当，因而上奏提学司，要求将学堂更名为"贵州通省公立中学堂"。③

由于公立学堂不依赖官府资金，而是依托传统民间公产与民间力量兴办，其在基层社会的分布相比于官立学堂更加广泛，且以层次较低的小学堂为主。根据晚清学部在全国范围内的统计，④

---

① 《论设学部办法》，《东方杂志》1905年第12期，第315页。

② 李桂林等编：《中国控教育史资料汇编·普通教育》，上海教育出版社，2007年，第123页。关于震东学堂的产权纠纷可参考张佩国《公产、福利与国家》，文本师范大学出版社，2015年，第138—139页。

③ 邓永璋：《贵州通省公立中学堂述略》，载贵阳市文史资料研究委员会编《贵阳文史资料选辑》（第7辑），1983年，第32页。

④ 晚清学部三次统计的范围包括学堂数量、学生数量、教育经费收支等，较为系统地反映了清末全国推行新式学堂的状况。其中第三次统计收集了1909年的数据，于1911年8月公布，与学部第一次、第二次的情况相比，这次的统计质量相对较好。关于学部三次统计的具体介绍及其存在的问题，见张海荣：《清末三次教育统计图表与"学部三折"》，《近代史研究》2018年第2期；张海荣：《宣统年间学部有关教育统计奏折辑述》，《历史档案》2019年第4期。

各省初等小学堂与两等小学堂中，公立学堂占比普遍超过60%，数量上远超官立学堂，而层次较高的中学堂与高等小学堂，官立学堂则占据主导性地位。这与公立学堂所依赖的民间公产资金较为分散，且办学者往往为本地士绅，所接受新式教育程度有限的情况密切相关。

官立、公立学堂之外，私立学堂同样是新式学堂体系的重要组成部分。癸卯学制中规定，私立学堂由"一人独力创办"，与传统的"私产"相对应。私立学堂由个体创办，规模相对较小，由传统私塾改造的新式学堂即为典型。除了私塾，一部分由宗族创办，主要满足族内子弟教育需求的学堂也被视为私立，如婺源由董氏合族开办的私立初等小学堂，其经费来自"以本祠宾兴款及各支祠捐助为常年经费"，合肥周氏宗族开办的私立小学堂开设于原先的周氏义塾内，经费则来自周氏义庄生息。①

总体而言，清末新式学堂的产权性质延续了传统"官、公、私"的架构，尽管仍有一定模糊之处，实际执行中也存在与章程界定不符的情况，②但官立、公立、私立学堂的产权边界大体

---

① 参见〔清〕冯煦主修、陈师礼总纂：《皖政辑要》，黄山书社，2005年，第515页、第520页。传统上，宗族族产也被称为"公产"，但有别于"地方公产"，宗族所创办的学堂被视为公立与私立的情况皆有，根据《皖政辑要》中的统计，1908年安徽由宗族创办的公立学堂6所，私立学堂13所，对其性质的判断需要更加仔细的探讨。

② 如徽州知府刘汝骥将黟县附生汪炳桥独力开办的私立学堂改为公立学堂，理由是汪炳桥所开办学堂的学生基本为汪氏同族之人，以宗族公产的性质称其为公立学堂。《黟县罗令贺瀛详送附生汪炳桥〈私立崇实小学堂规章〉批》，载〔清〕刘汝骥编撰、梁仁志校注《陶甓公牍》，安徽师范大学出版社，2018年，第79页。

确立，作为外来事物的新式学堂，实际的推行也与本土传统相结合。清末学者对日本学制的理解，也正是基于中国传统"官、公、私"概念，与日本的情况并不完全相符，如姚锡光总结："日本学校，凡分三种，曰官立、曰公立、曰私立。官立者，国家所出经费也；公立者，其邑里所筹经费也；私立者，乃一人所出经费或数人所出经费也。"①

二、新式教育管理体系的整合

尽管清末学堂延续了传统"官、公、私"产权模式，但新式教育体制下的公立学堂，与书院、义学等以民间公产为基础的传统教育机构存在本质区别。除教学内容的差别，书院、义学自生于基层社会，或服务于科举，或进行学术研究，中央政府并不直接干涉；新式学堂则借国家意志推行，无论官立、公立、私立学堂，日常教学管理均受到国家章程与教育管理机构的制约。光绪三十一年（1905），清政府在中央创设学部，光绪三十二年（1906）各省设提学使司，并在各州县推广劝学所，逐渐形成了由中央至州县的科层化教育管理体系。这在一定程度上意味着公产制度本身的演化：多元化、多中心的民间公产，在保持其介于"官产""私产"独立性的基础上向单一中心整合，承接国家自上

---

① 姚锡光：《东瀛学校举概》，《中国近代教育史资料汇编·学制演变》，第119页。近代日本小学分为市、町村立和私立，其中市、町村为自治性质的地方政府，与由士绅兴办的公立学堂并不完全相同，近代日本学制可见奉天学务公所译《新译日本教育法规》（第4编），奉天图书局宣统二年（1910）版，第1—2页。

而下推行的现代公共事业。新式教育管理体系末端的劝学所，即成为民间公产整合的中心。

与咸丰同治以来被称为"局""所"的机关类似，劝学所最初由士绅自发创设。新政之初，一些地区已陆续创设统筹管理本地新式教育的学务公会。①1906年5月学部颁布《奏定劝学所章程》，在全国各府厅州县建立劝学所，以此为核心推动新式教育发展。尽管劝学所由中央政府推行，但其经费来自公产和地方捐税，②职员由本地士绅担任，依托基层而非政府力量开展工作，③因而不能简单地将其视为"教育行政机构"。④此时的劝学所在延续

----

① 如江苏嘉定1905年已仿造"上海县、南通州成案"创设学务公会，川沙学务公会于1906年春成立，见《民国嘉定县续志》（卷七），载上海市嘉定区地方志办公室《上海府县旧志丛书》（嘉定县卷），上海古籍出版社，2012年，第2916页。

② 如山西洪洞县劝学所的经费来自宾兴社、义学房地各租、簧官斋房地各租。参见陈锋主编《晚清财政说明书》（第3卷），湖北人民出版社，2015年，第414页。不同区域劝学所的经费来并不完全一致。

③ "（劝学所）总董由县视学兼充，劝学员由总董选择本区土著之绅衿品行端正、夙能留心学务者，禀请地方官札派……劝学所于本管区内调查筹款兴学事项，商承总董拟定办法，劝令各村董事切实举办。此项学堂经费，皆责成村董就地筹款，官不经手。"参见《学部奏定劝学所章程》，1906年，载朱有瓛、戚名琇、钱曼倩、霍益萍编《中国近代教育史资料汇编·教育行政机构及教育团体》，上海教育出版社，2007年，第62—63页。

④ 参见刘伟：《清季州县改制与地方社会》，北京师范大学出版社，2019年，第93页。劝学所自身职能也处在变动之中，1911年《改订劝学所章程》规定劝学所承担官办学务为主，自治学务则由地方议会办理，对此从略。

"以地方之人办地方之事"模式的同时，也获得政府授权，劝学人员因而可以"兴学"之名义整合、支配民间公产，国家章程规定，劝学所拥有"查明某地不在祀典之庙宇、乡社，可租赁为学堂之用……考察迎神赛会演戏之存款"①的权力；河南亦规定"境内所有书院宾兴各款，并筹办车马呈契庙产斗粮各捐，凡向充学费之项，归劝学所办者，应受地方官之查核；不归劝学所办者，应受劝学所之查核"②，由此，大量民间公产经劝学所统筹、整合后拨入新式学堂，劝学所成为了新旧"公产"交汇的节点。

面临发展新式教育的需求，清政府试图在传统"官、公、私"产权体系的基础上整合传统民间公产并将其导入新式教育体系，通过民间自我循环完成推行新式教育的国家目标，这在政府行政能力有限的背景下能最大限度地减轻财政负担。为此，在国家力量的推动下，分散、独立的民间公产开始围绕单一中心进行整合。清末地方自治的发展更为明确地体现了这一趋势，宣统元年（1909）颁布的《城镇乡地方自治章程》将地方自治定位为"专办地方公益事宜，辅佐官治为主"，学务、卫生、道路工程、农工商务、善举、公共营业等"向归绅董办理"的事务均被纳入

①　朱有瓛、戚名琇、钱曼倩、霍益萍编：《中国近代教育史资料汇编·教育行政机构及教育团体》，上海教育出版社，2007年，第63—64页。

②　《河南通行各属拟定劝学所总董权限转章文》，载朱有瓛、戚名琇、钱曼倩、霍益萍编《中国近代教育史料汇编·教育行政机构及教育团体》，上海教育出版社，2007年，第78页。

其中（详见本章第四节）。① 尽管自治尚未施行清廷便已覆灭，但在1911年的时间点可以发现，清末新政时期现代公共事业的发展并没有直接导致公产的衰亡或与官产的融合。

第二节　民间公产的转型与分布

新式教育体系的发展推动了传统民间公产转型，各类公产围绕新式教育体系逐渐进行整合，除书院、宾兴、义学等传统教育公产，还包括祠庙、善举、义仓、会馆、族产等多种类别。② 清末湖南的民事调查称："湘省学堂创办之初，校舍多就旧有之书院、义塾改设。乡间无书院者，则借用宗祠、庙宇或租用民房。"③ 徽州黟县士绅也曾感慨："黟无大宗公款，自书院改为学

---

① 参见《宪政编查馆奏核议城镇乡地方自治章程并另拟选举章程折》，光绪三十四年（1908）十二月二十七日，载故宫博物院明清档案部编《清末筹备立宪档案史料》，中华书局，1979年，第728—729页。

② 如上海县积谷仓原有地产、房产若干，1906年后大部分转入新式教育，上海城隍庙后原属各行会馆的公产也在同年被收回作为新式学堂经费。《民国上海县续志》，载上海市地方志办公室、上海市闵行区地方志办公室编《上海府县旧志丛书》（上海县卷），上海古籍出版社，2015年，第2423页、第2489页。在徽州等宗族发达的地区，地方官亦鼓励以宗族祠产、文会财产兴办族学，见《黟县罗会贺详批》，载刘汝骥编撰、梁仁志校注《陶甓公牍》，安徽师范大学出版社，2018年，第92页。

③ 清末民初湖南调查局编：《湖南商事习惯报告书·湖南民情风俗报告书》，湖南教育出版社，2010年，第30页。

堂，所有公款一网打尽。"[①]本节将结合晚清学部教育统计与安徽《皖政辑要》相关数据，定量分析民间公产占新式教育经费的比重，并考察其在新式教育体系中的分布结构，进而对清末民间公产转型进行更为细致的考察。

一、占新式教育经费的比重

晚清学部关于京师与各省学务岁入的统计，包含"产业租入、存款利息、官款发给、公款提充、学生缴纳、派捐、乐捐、杂入"[②]八大类，其中"公款提充"即为转入新式教育经费的民间公产。根据统计，"公款提充"的数额至清末基本稳定在300万两白银以上，占教育总经费的比例超过10%，在10%—15%之间。[③]就经费结构而言，"公款提充"是八大统计类别中仅次于"官款拨给"的第二大来源。尽管相对于"官款拨给"占教育总经

---

① 《黟县绅士办事之习惯》，载刘汝骥编撰、梁仁志校注《陶甄公牍》，安徽师范大学出版社，2018年，第268页；类似情况也发生在山西，如山西忻州光绪二十八年创办中学堂时，"将旧有秀容书院乡会、宾兴、新旧字纸会、书社、考场各项息本"等多种来源公产，"凑合共钱六万七千吊，发商生息，归中学堂经管"。参见陈锋主编《晚清财政说明书》（第3卷），湖北人民出版社，2015年，第388页。

② "产业租入"为田地、房产租金收入，"存款利息"为本金发典生息获得利息的收入，"派捐"即为具有一定强制性的地方捐税，"乐捐"则为个人自愿捐款。

③ 根据土改前夕的普查，华东六省公田占总土地面积的10.32%，湖北、湖南、江西等中南地区省份占比15%—20%，福建、广东等省省份占比30%以上，参见龙登高、何国卿：《土改前夕地权分配的检验与解释》，《东南学术》2018年第4期。由此反观清末教育经费中提充公款数额，可知全国范围内10%—15%的比重大体准确。

费40%—50%的比重，"公款提充"的绝对数额并不算高，但是考虑到民间公产本身的小规模与分散性，300余万两白银规模的提充对原有民间公产的影响仍相当巨大。

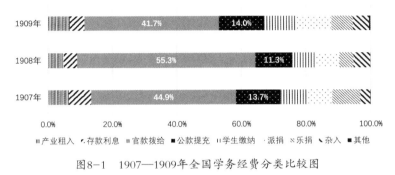

图8-1　1907—1909年全国学务经费分类比较图

资料来源：统计范围包括各省与京师，不包含学部经费。参见《京师高等以上各学堂岁入统计表》《京师中学以下各学堂岁入统计表》《各省学务岁入统计表》《第一次教育统计图表》，载王燕来、谷韶军辑《民国教育统计资料汇编》（第1册），国家图书馆出版社，2010年，第59—63页、第78—80页；《京师高等以上各学堂岁入统计表》《京师督学局所属学务岁入类别统计表》《各省学务岁入类别统计表》《第二次教育统计图表》，载《民国教育统计资料续编》（第1册），国家图书馆出版社，2010年，第60页、第67页、第89—91页；《第三次教育统计图表》，载《民国教育统计资料续编》（第3册），国家图书馆出版社，2010年，第66页、第74—75页、第97—99页。

需注意，新式学堂所吸收的民间公产，并不只限于统计中的"公款提充"，这在已有研究中往往被忽视。学务岁入分类统计中的"产业租入"与"存款生息"为田产、房屋租金与资金利息，但并未明确说明田产、房屋、本金来源，相关产业与存款既可以是官府拨入，也可能来自书院、义学、宾兴等公产。不妨以晚清山西清理财政中对"地方经理款项"的统计作为佐证：根据第三次教育统计，山西太谷县教育经费有产业租金200两与存款利息1500两，对照《山西府厅州县地方经理款项说明书》，200两租金为"官立高等小学堂息租"，原为凤山书院房产，后被拨入学堂；存款利息1500两实则是"官立高等小学堂生息"1400两与"两等小学堂生息"100两之和，其中"官立高等小学堂生息"本金原为凤山书院所存本金，"两等小学堂生息"的本金则来自该县乔氏私立两等小学堂自行筹集募捐。[1]尽管由于时间、统计口径的原因二者不能完全对应，但是不难得知，根据当时的统计习惯，时人对"产业租入"与"存款生息"的统计，并未明确区分产业与租金的来源，教育统计中的"公款提充"，应专指因兴学所提拨的寺庙、会社、宗族等公产。新式教育体系所吸收的民间公产，实际上应高于"公款提充"统计的数额。

---

[1] 参见《山西省学务岁入类别统计表》，载王燕来、谷韶军辑《民国教育统计资料续编》（第3册），国字图书馆出版社，2010年，第380页；陈锋主编：《晚清财政说明书》（第3卷），湖北人民出版社，2015年，第248页。各省于宣统元年（1909）陆续设立清理财政局并编纂《财政说明书》，于1909—1910年陆续完成，与学部所推行的第三次教育统计在时间上有所重合，统计原则与分类可在一定程度上互相参考。参见陈锋主编：《中国经济与社会史评论》，中国社会科学出版社，2015年。各省清理财政时的统计存在差异，并非所有省份都对公款公产有所统计。

表8-2 1909年各省教育经费官款、公款统计表 （单位：两）

地区	官款发给	官款占比	公款提充	公款占比	经费总额
直隶	1053306	41.9%	221498	8.8%	2515798
奉天	528755	32.6%	179106	11.0%	1623047
吉林	338400	57.5%	34626	5.9%	589012
黑龙江	144947	39.8%	—	—	364645
山东	466170	48.9%	46141	4.8%	952933
山西	307963	41.4%	104134	14.0%	743167
陕西	252640	39.0%	52428	8.1%	648142
河南	348810	39.8%	89120	10.2%	875918
江宁	718744	58.7%	78900	6.4%	1224182
江苏	297953	31.1%	120652	12.6%	958783
安徽	266540	40.1%	60786	9.2%	664120
浙江	255179	21.8%	218873	18.7%	1172295
江西	234156	34.9%	84560	12.6%	671168
湖北	1170730	62.2%	69579	3.7%	1882769
湖南	591550	41.1%	207848	14.4%	1440240
四川	940501	36.5%	756976	29.4%	2578331
广东	577700	29.7%	443682	22.8%	1943729
广西	274987	38.5%	235413	32.9%	714501
云南	213314	41.6%	128171	25.0%	513053
贵州	149737	39.2%	67240	17.6%	381687
福建	209710	44.3%	41289	8.7%	473255
甘肃	4739	3.0%	89413	57.4%	155734
新疆	124543	50.9%	23096	9.4%	244662
京师	682104	67.8%	47315	4.7%	1006438
总计	10153178	41.7%	3400846	14.0%	24337609

资料来源：同图8-1。

不同省份民间公产占教育经费的比重存在一定差异，这通常与各地民间公产的存量、地方推行新式教育的政策等多种因素相关。一般而言，北方各省学务经费中公款提充比重相对南方较低，表8-2显示，四川、广东、广西等民间公产较为发达的省份，公款提充占比均在20%—30%之间，直隶、山东、河南等省份则在10%以下。

二、在新式教育体系中的分布

民间公产在新式教育体系中的分布并不均衡，忽视民间公产在不同层次、不同类型学堂之间分布的差异，不利于全面理解民间公产对新式教育的影响。安徽省宗族、祠庙、会馆、书院等各类民间公产较为发达，在清末新政时期积极推广新式学堂，具有一定代表性。接下来我们将以安徽省为例，结合清末学部统计中各省学务经费岁入统计与《皖政辑要》中的相关数据，分析安徽各类学堂吸收民间公产分布的状况。《皖政辑要》成书于清宣统年间，所收录数据截止到1908年，较为系统地说明了全省各中小学堂、师范学堂、半日学堂的开办情况与经费来源，但并无具体经费数额。表8-3显示，1908年安徽中学堂与师范学堂以官立为主，小学堂中公立学堂占据了较大比重，这与全国情况大体一致；就学生数量而言，公立学堂学生数约高于官立学堂25%。

表8-3 1908年安徽各类学堂产权性质统计表

	小学堂	中学堂、师范学堂、师范传习所	半日学堂	总计（单位：所）	学生数量（单位：人）	创办者身份（单位：所）		
						官员	士绅	其他
官立	127	25	11	163	6098	127	29	7
公立	250	10	0	260	7604	79	166	15
私立	61	1	0	62	1855	0	49	13
合计	438	36	11	485	15557	206	244	35

资料来源：〔清〕冯煦主修、陈师礼总纂：《皖政辑要》，黄山书社，2005年，第466—539页。

表8-4 1909年安徽各级教育经费金额统计表 （单位：两 ）

	官款拨给	公款提充	经费总额
各县教育经费	44355	49192	334570
各府公共学堂教育经费	23537	10094	72632
各府县教育经费合计	67892	59286	407202
省级教育机构	198648	1500	256918
全省合计	266540	60786	664120

资料来源：《安徽省学务岁入类别统计表》，载《民国教育统计资料续编》（第4册），国家图书馆出版社，2010年，第14页。省级教育机构包括学务公所、劝学所、教育会、宣讲所、图书馆以及由全省创办的公共学堂、客籍学堂等。

表8-5 1908年安徽各学堂经费来源类别统计表

	官款与上级学堂	书院、宾兴等教育公产	本地庙产与善堂等公产	地方附加与杂捐	宗族、祠堂	个人捐助	学费与其他
官立	30.1%	40.5%	20.9%	44.8%	0	8.6%	27.6%
公立	14.6%	22.7%	38.5%	36.9%	5.0%	16.2%	26.2%
私立	4.8%	6.5%	11.3%	3.2%	33.9%	37.1%	38.7%

资料来源：同表8-3。百分比=拥有某项经费的学堂数/该类产权学堂总数，

由于不同学堂经费来源往往不止一种，因此各行百分比相加超过100%。
官款与上级学堂项包括官拨款、官田、劝学所、学务公所拨款等项。

　　从结构上而言，民间公产在不同层级间的分布并不均匀。以
安徽为例，根据学部第三次统计（表8-4），来自公款提充的教育
经费60786两，仅占全省总教育经费的9.2%，远低于总数为266540
两、占比40.1%的官款拨给。公款提充的经费大多进入基层教育
体系，各县教育经费中的公款占全省公款81%；官款拨给经费则
集中于省级学堂与教育管理机关，拨入府州县的官款仅占总数的
25%。由此可见，传统的民间公产转型后仍大多存留于各府县。

　　从学堂层面而言，无论官立学堂还是公立学堂，都大量吸收
书院、庙产等各类民间公产，同时，二者往往也吸收地方附加
与杂捐、杂税，以满足其资金需求。尽管二者在经费结构上存
在一定相似之处，但相较官立学堂，公立学堂的经费更加深刻
地依赖民间公产，拥有庙产、庙捐、迎神赛会戏款等公产的公
立学堂多达100所，占公立学堂总数的38.5%，而拥有此项资
金来源的官立学堂共计34所，仅占官立学堂总数的20.9%。对
于基层教育而言，民间公产无论是在绝对数额还是在覆盖面
上，都超过官府拨款，这与癸卯学制在各府州县推广新式小学
堂，且新式小学堂多由本地士绅创办，或由书院、义学等公产
整体改设而来的事实密切相关。[1]表8-3显示，安徽260所公立

---

[1]　如河南"汴省各府州县所办学堂，大半将书院义学变易名目而已"。参
见《各省教育汇志》，《东方杂志》1904年第6期，第144页。

学堂中，166所由士绅创办。转入私立学堂的民间公产数量相对较少。私立学堂由个人兴建，经费由建设者与直接受益者承担，而非基层社会整体负担，表8-5显示，私立学堂经费主要来自举办者捐资，包括宗族、祠庙财产，或学生学费。

　　清末兴学潮流推动了民间公产的转型。进入新式教育体系的公产尽管在绝对数额上低于政府拨入的官款，却成为府厅州县以下新式教育的主要经费来源。在"以地方之公产、兴地方之要政"①的主张下，大量原先互不相关的公产围绕新式学堂进行整合，推动了公共事业的现代转型。从产权视角出发，以新式教育为代表的现代公共事业推动了民间公产的整合与重构，这一进程中对传统制度的承继、改造及其引发的系列问题，共同体现了清末以来中国向近代国家转型的复杂面向。

第三节　产权制度与公共事业变迁

　　清末新式教育体系推行的意义不仅限于教育体系本身，更在于推动了基层公共事业的变迁。从国家转型的视角出发，在行政能力有限的背景下，清政府通过整合、规范已有民间资源，将现代公共事业纳入国家整体框架之中。理论上，这一基于"官、公、私"产权的演化路径并不直接意味着公产的衰亡，但

---

① 尹廉能：《筹定地方教育经费策》，《教育杂志》1910年第5期，第3页。

转型进程中士绅的失灵及产生的种种纠纷，却在无形中削弱了公产的力量。

以新式教育为例，相比于传统教育，新式教育所需资金往往规模更大，推广之初即受到经费不足的困扰，[①]需要在国家财政之外筹集经费。袁世凯在奏疏中建议："大抵高等教育之责，国家任之，普通教育之责，士民任之，惟其众擎，是以易举。"[②]梁启超也主张小学经费"皆由本校、本镇、本区自筹，其有公产者，则以公产所入支办之。其无公产或公产不足者，则征学校税"[③]。1904年清政府在《奏定学务纲要》中明确指出，由于"各省经费支绌，在官势不能多设；一俟师范生传习日多，即当督饬地方官，剀切劝谕绅富，集资广设"[④]；清末州县层级的教育经费往往依赖"就地筹款"，而非政府直接拨款。[⑤]这一调动基层社会力量、整合民间公产推广现代公共事业的路径，在地方自治运动中体现得更为清晰。由"官、绅、民"共同参与公益事业的传统，被清末知识群体视为推行地方自治乃至立宪的合法性来源，

---

① "学堂较书院规制不同，需款增巨"，参见《两江总督刘坤一：奏办江南省各学堂大略情形折》，光绪二十八年，《中国近代教育史资料汇编·学制演变》，第76页。

② 《袁世凯、张之洞：奏请递减科举折》，光绪二十九年二月，《中国近代教育史资料汇编·学制演变》，第532页。

③ 《梁启超：教育政策私议》，光绪二十八年，《中国近代教育史资料汇编·学制演变》，第173页。

④ 《奏定学务纲要》，光绪二十九年十一月二十六日，《中国近代教育史资料汇编·学制演变》，第497页。

⑤ 蒋宝麟：《近代学堂与近代中国教育财政的起源》，社会科学文献出版社，2021年，第128页。

如康有为将推行自治视为激发百姓"公民"意识与政治参与的首要途径，由此可"陶融铸冶数千万人而为一体"，以致国之富强。[①]政府尽管对地方自治可能造成的权力分散心怀戒备，但同样重视其辅佐政府、兴办现代公益事业的实际功能，"即今京外各处水会、善堂、积谷、保甲诸事，以及新设之教育会、商会等，皆无非使人民各就地方聚谋公益，遇事受成于官，以上辅政治而下图揖和，故言其实，则自治者，所以助官治之不足也"[②]。由此，地方自治在理论上成为民间公产与公共事业的唯一中心，"城镇乡自治职设置后，各地方向归绅董办理之公益事宜，在自治范围以内者，概由该自治职接续办理，其旧有之董事名目，即行废止"[③]。

国家对民间公产的改造与整合，并不直接意味着公产的衰亡。承继民间公产制度的公立学堂在清末基层教育中占据重要地位，表8-6显示，1909年全国共有公立初等小学堂28941所，占初等小学堂总数的65%。有别于"国有""私有"的"公有"观念被视为地方自治与公益事业的基础，在民国时期一度延续。[④]但仅通过数

---

① 参见康有为：《公民自治篇》，载张枬、王忍之编《辛亥革命前十年间时论选集》（第一卷），生活·读书·新知三联书店，1960年，第174页。

② 《宪政编查馆奏核议城镇乡地方自治章程并另拟选举章程折》，载故宫博物院明清档案部编《清木筹备立宪档案史料》，中华书局，1979年，第725页。

③ 汪林茂主编：《浙江辛亥革命史料集》（第四卷），浙江古籍出版社，2014年，第440页。

④ 关于民国初期的"公有"观念，详见陈月圆、龙登高：《天下为"公"：民国时期县级公产管理制度与产权变迁》，《社会》2023年第2期。

据，往往无法窥见公产转型的全貌。由于传统民间公产自身存在稳定的产权边界，并不与行政区划完全匹配，对其整合、改造势必引发产权边界变动，因此，新产权的建构能否得到各方认可，或是否存在能够有力解决产权纠纷的机制，成为公产顺利转型的关键。在政府能力有限的背景下，士绅往往成为推行新式学堂的主体力量。新政之初，张之洞、刘坤一即在奏疏中提议，蒙学、小学等基础教育"由绅董自办，官劝导而稽其数"或"绅董司之，官考察之"。[①]劝学所的日常事务，同样由本地绅董负责。在士绅或本地精英能够与政府较好配合、充分发挥作用的情况下，现代公共事业发展往往较为顺利，即使存在一定纠纷，也能够通过政府的协调加以解决，如辽宁海城县各村，村长、会首组建学堂董事会，利用公产、个人捐款等资金兴建学堂，至1907年底已成功开办300余所。[②]但倘若以士绅为代表的基层力量无法正常发挥作用，或各方矛盾无法协调，那么产权转型进程中的矛盾则可能被激化，引发社会冲突。

① 《湖广总督张之洞、两江总督刘坤一：会奏变法自强第一疏（节录）》，光绪二十七年五月二十七日，《中国近代教育史资料汇编·学制演变》，第14页。

② 参见Elizabeth Vanderven, "Village-State Cooperation: Modern Community Schools and Their Funding, Haicheng County, Fengtian, 1905-1931," *Modern China*, Vol.31, No.3 (2005), pp. 204-235。需注意，商人群体在近代城市公共事业与地方自治中同样发挥重要的作用，但往往成为与士绅结合的绅商，相关研究可见马敏：《官商之间：社会剧变中的近代绅商》，华中师范大学出版社，2003年，第281—287页。

表8-6　1907—1909年全国官公私立学堂统计表　（单位：所）

		光绪三十三年 （1907）	光绪三十四年 （1908）	宣统元年 （1909）
初等 小学堂	官立	8385	9231	10338
	公立	18051	22611	28941
	私立	3417	3932	5293
两等 小学堂	官立	517	717	694
	公立	1505	1875	2370
	私立	393	376	405
高等 小学堂	官立	1405	1432	1444
	公立	394	465	527
	私立	101	72	68
中学堂	官立	291	320	335
	公立	89	99	105
	私立	20	15	18

资料来源：本表数据由各省与京师《学堂处所数历年比较表》加总而得，包含京师督学局与直隶等23省。《第三次教育统计图（表）》，载王燕来、谷韶军辑《民国教育统计资料续编》（第3册），国家图书馆出版社，2010年，第72页、第143页、第220页、第257页、第284页、第313页、第377页、第433页、第485页、第547页、第594页；《民国教育统计资料续编》（第4册）国字图书馆出版社，2010年，第12页、第53页、第102页、第151页、第195页、第247页、第315页、第370页、第435页、第488页、第529页、第580页、第628页。

表8-7　1909年全国各省各级学堂统计表　（单位：所）

	初等小学堂			两等小学堂			高等小学堂			中学堂		
	官立	公立	私立	官立	公立	私立	官立	公立	私立	官立	公立	私立
直隶	1767	7783	582	80	53	13	147	10	4	26	4	2
奉天	86	2320	54	69	70	1	5	2	—	4	1	—
吉林	137	72	4	21	4	—	8	2	—	5	—	—
黑龙江	116	—	—	24	—	—	4	—	—	1	—	—
山东	989	1944	603	15	98	19	117	17	4	18	3	—
山西	431	1166	53	30	10	3	89	4	—	22	2	1
陕西	780	1361	183	7	12	6	93	5	—	13	1	—
河南	705	1990	302	19	101	21	118	35	13	20	3	—
江宁	197	402	133	12	63	18	35	15	6	12	7	1
江苏	77	569	183	8	98	32	19	16	3	4	4	2
安徽	111	244	54	21	106	22	49	21	4	18	7	—
浙江	96	1042	150	24	342	52	52	59	5	15	5	3
江西	123	304	128	20	121	50	77	94	7	20	10	3
湖北	1116	738	583	19	18	12	94	16	4	14	6	1
湖南	220	463	150	16	106	44	87	43	11	26	17	4
四川	1975	6055	974	60	268	35	164	70	1	41	4	1
广东	83	761	18	38	564	14	75	75	—	24	5	—
广西	141	497	181	69	124	35	18	11	4	14	2	—
云南	358	901	87	26	26	—	66	18	—	6	1	—
贵州	256	90	90	35	19	5	34	2	1	3	1	—
福建	63	160	52	9	154	18	27	11	—	14	1	—
甘肃	428	68	544	15	—	—	66	—	—	11	—	—
新疆	74	5	—	2	—	—	1	—	—	1	—	—
京师	9	6	176	10	13	3	—	1	—	3	19	—
总计	10338	28941	5293	694	2370	405	1444	527	68	335	105	18

资料来源：同表8-6。

在改革的具体进程中，为扫除推行新式教育的障碍，清廷于1905年骤然废除科举。[①]废除科举使传统士绅阶层难以承担推行现代公共事业、维系基层秩序的职能，逐渐分化、衰落，可谓"牵一发而动全身"。一部分失去国家监督与阶层流动前景的士绅逐渐"劣化"，杜赞奇将其视为由"保护型经纪"到"赢利型经纪"的转变。[②]由于各地公产情况各异，国家并未出台具体规则，具体安排往往有赖本地士绅与官员协调。[③]在士绅内部分化、争议难以协调的情况下，新秩序的形成往往充满波折，苏州长元吴学务汇总处与当地士绅就曾围绕教育经费在城乡学堂间的分配展开了激烈争论；[④]歙县士绅围绕珠兰花捐在两等学堂与劝学所间的分配方案争议不休，互相指责对方"挟嫌报复"，最终在地方官的协调下双方才得以妥协。[⑤]类似的情况并不鲜见。《城镇乡地方

---

① 参见《袁世凯、赵尔巽、张之洞等：会奏立停科举推广学校折暨上谕立停科举推广学校》，《中国近代教育史资料汇编·学制演变》，第537页。

② 参见Yu Hao, Zheng-Cheng Liu, Xi Weng, and Li-an Zhou, "The Making of Bad Gentry: The Abolition of Keju, Local Governance and Anti-elite Protests, 1902–1911", *The Journal of Economic History*, 82.3(2022): 625-661。
　[美]杜赞奇著：《文化、权力与国家——1900—1942年的华北农村》，王福明译，江苏人民出版社，1996年，第47—49页。

③ "学务者，公共事业之一端，耳此一端之公共事业，究当发用何种公款，自兴学以来未有定程。"庄俞：《论地方学务公款》，《教育杂志》1909年第7期，第84页

④ 参见张小坡：《均或不均：清末江南新式教育经费的城乡配置及其论争》，《史林》2011年第3期。

⑤ 参见《歙县生员张廷楷等禀批》，载刘汝骥编撰、梁仁志校注《陶甓公牍》，安徽师范大学出版社，2018年，第75页。

自治章程》颁布后，各地陆续组织士绅清理公产，将其作为地方自治的基本财产。①清查的实际进展则十分缓慢，如浙江原计划于宣统二年（1910）6月前清理完毕，但在省地方自治筹办处的屡次催促下，至当年10月份仍只有三县"造册呈报"且"并未全县查齐"②，原因在于掌握公款公产的士绅与清理公款的士绅互不信任，必须"婉为开导，免起冲突"③。部分士绅也趁机以"兴学"的名义争夺公产，时人评论："邑之大患莫甚于险陂贪狡之夫假义务为名，以行其争权攘利之术。办学堂目的只在争公费，办邮政目的只在拆私函……大言以欺众曰：'吾事事能尽义务。'"④

相比于传统公共事业，现代公共事业的资金需求更为突出，单纯依赖公产往往不足以应对，为此，各地通常征收捐税筹集资金。在士绅"劣化"的背景下，士绅参与公共事业的动机逐渐引人怀疑："至近日财政困难，罗掘四出，不肖士绅往往借办学题目以自私自利，又何怪纳捐者之啧有烦言乎！"⑤1901—1911年有原因可考的768起民变中，由捐税负担引起的有262起，几乎占

① 参见《清查公款公产规则》，载汪林茂主编《浙江辛亥革命史料集》（第四卷），浙江古籍出版社，2014年，第198—199页。

② 汪林茂主编：《浙江辛亥革命史料集》（第五卷），浙江古籍出版社，2014年，第141页。

③ 《地方自治筹办处批奉化县禀调查公款公产困难情形请准展限时日由》，《浙江官报》1910年第2卷第35期，第55页。

④ 《婺源民情之习惯》，载刘汝骥编撰、梁仁志校注《陶甓公牍》，安徽师范大学出版社，2018年，第239页。

⑤ 《歙县蔡令世信禀批》，载刘汝骥编撰、梁仁志校注《陶甓公牍》，安徽师范大学出版社，2018年，第76页。

据1/3，[1]尽管并非所有因捐税而起的民变都与士绅腐败相关，但也在一定程度上反映了士绅在基层治理中的失灵。对于百姓而言，民间公产的提拨往往意味着自身利益受损。以"庙产兴学"为例，庙产除具有宗教功能，还满足了百姓多方面的需求：寺庙所提供的小额贷款，能够使乡间百姓免于奔波，[2]以庙产为基础的迎神赛会，是乡民市场交易的重要途径。[3]政府官员与兴学士绅将"不在祀典"的民间祠庙视为"淫祀"，将迎神赛会斥为"聚众生事"，提拨庙产作为学堂经费，引发百姓不满。宣统年间，江苏、浙江、安徽等地均出现大量因庙产兴学引发的毁学事件，调查户口、兴办地方自治的士绅也受到百姓攻击，[4]承担国家任务的士绅与百姓的关系呈现出制度性紧张。

清政府在面临生存危机、行政能力有限的情况下，通过整

---

[1] 参见杜涛：《清末十年民变研究述评》，《福建论坛（人文社会科学版）》2004年第7期。

[2] 如民国元年（1912）浙江龙泉县一起由庙产兴学引发的冲突中，当地百姓指出，该村居民借贷"递年全赖本村崇信寺僧人冬收存谷，济粜来年春夏农耕之不足……民等亦可免赴远处向籴，省得旷工"。参见《民国元年十月三日李承芝等控范邦增为擅收烹卖济粜无资民事状》，载包伟民、傅俊主编《龙泉司法档案选编（第二辑1912—1927）》，中华书局，2014年，第124页。

[3] "川省买卖牲畜，向由经纪说合，于成交后双方应各纳税钱。以前此项收入，多交由经纪转缴各市绅首，以作本地庙会之用。近年各州县多禀准提归学堂备充经费，惟规则各殊，不能一律。"参见陈锋主编：《晚清财政说明书》（第4卷），湖北人民出版社，2015年，第820页。

[4] 参见《教育杂志》1910年第4期，第32页。调查户口引发毁学冲突的案例，参见璩鑫圭、唐良炎编：《中国近代教育史资料汇编·学制演变》，上海教育出版社，2007年，第231页。

合、规范民间资源、借助地方力量推行现代公共事业，经过近十年的努力，取得了一定成效。但是整合民间力量的实践面临内在困境：清政府为扫清推行新式教育的制度障碍而废除科举，无意中导致士绅阶层整体性衰落与分化，进而难以承担国家赋予的职能；[①]现代公共事业的推行强化了国家对资源的汲取，绅民之间关系也逐渐紧张，种种因公产转型而起的冲突削弱了传统基层公共事业赖以运行的社会基础。

小　结

私有产权制度通常被视为西欧现代经济发展与国家建设的核心要素；[②]对于中国而言，明清时期已存在较为发达的土地私有制，并在此基础上形成了"官、公、私"三元产权体系，近代中国产权制度最为核心的变迁当属介于官产、私产间的"公产"的转型。对清末新式学堂产权与公产转型的分析，为理解近代产权制度演化提供了新的视角。有别于由民间自行经营管理的传统教育，各类新式学堂均被纳入自上而下的教育管理体系，教育不再

---

① 王先明则认为新政时期国家"将地方事务管理权与征税权以体制形式授予绅士，致使官绅权力制衡开始被打破"，缺乏制度约束的士绅逐渐劣化。参见王先明《乡路漫漫：20世纪之中国乡村（1901—1949）》，社会科学文献出版社，2017年，第80页。

② 参见［美］道格拉斯·C.诺思著：《经济史上的结构和变革》，厉以平译，商务印书馆，1992年，第177—179页。

仅仅是百姓自发的选择，而逐渐成为履行国民义务的途径。

教育体系的变动折射了近代公共事业的变迁，为理解近代国家转型或"国家政权建构"提供了重要视角。和文凯认为，救济、水利等公共事业在英国、日本等现代国家的发展中起到了重要作用，"这些政策明确了国家有保护社会的义务，为国家从社会汲取费用提供了道德合理性，从而在政府财政中注入了'公共性'的要素"①。明清时期，教育、慈善等基层公共事业由官、绅、民共同参与，沟口雄三称之为"以公益为目的的自治"②。晚清以来，知识群体将脱胎于传统公益事业的地方自治作为政治参与的突破口，整合国家和地方利益的路径因而意味着中国现代国家建构的可能方向，③仅仅将其视为政府在行政能力有限下的"权宜之计"，或国家行政体系扩张的过渡状态，将在某种程度上牺牲历史演化的多种可能。1911年清廷覆灭时，新式教育与现代公共事业的发展均取得一定成就，借助整合民间力量推行现代公共事业，政府能力范围也因而扩大；④但废除科

---

① 和文凯著：《通向现代财政国家的路径：英国、日本和中国》，汪精玲译，香港中文大学出版社，2020年，第11页。

② ［日］沟口雄三著：《辛亥革命新论》，载其著《中国的历史脉动》，乔志航、龚颖等译，生活·读书·新知三联书店，2014年，第315页。

③ ［美］孔飞力著：《中国现代国家的起源》，陈兼、陈之宏译，生活·读书·新知三联书店，2013年，第113—114页，第117页。

④ 亦可参考郁汉友：《晚清"新政"的再思考：以教育改革为中心的讨论》，《北京大学学报（哲学社会科学版）》，2014年第1期。

举使得士绅阶层难以承担在基层公共事业中的职责；出于公共需求向社会汲取资源的努力也引发基层社会反弹，尽管政府试图协调各方利益，但通常力不从心，致使各方矛盾以暴力冲突的形式爆发。这亦能解释民国时期地方自治事业面临的困境。孔飞力认为，执政者与地方精英均难以在传统之外，重新创造连接中央与基层权力的方式。[1]民国成立后，教育部颁布的新学制中，"国立、省立、县立"学校对应癸卯学制中的官立学堂，原先的公立学堂或被视为由"地方官都率办理"的官立学校，或被纳入私立学校的范畴，逐渐不再以独立形态存在，似乎暗示了民间公产与传统公共事业模式的衰落。[2]

---

[1] 参见Philip Kuhn, "Local Self-Government under the Republic", in Frederic Wakeman et al., eds. *Conflict and Control in Late Imperial China*, Berkeley: University of California Press, 1975, pp.280。

[2] 《财政部咨解释处分学校官产分别官私办法由》，《江苏教育行政月报》1915 年第12期，21—23页。

代结语　草根经济与民间秩序

　　本书详细考察了传统中国的基层秩序与各个民间主体，旨在探寻中国传统的渊源流变，从历史遗产中寻求理论启示。个体农户、商人和民间组织三大微观主体在传统经济发展中扮演了重要角色，共同构成传统社会的"草根经济"，本章将在全书的基础上对此进行系统论述，进而提升关于传统中国基层秩序的认知。

　　前文论述的"草根"，具有三个层次的含义：一是与政府相对应，可称之为"民间"。政府可强制乃至合法使用暴力，民间通常不可；二是与特权相对，可称之为"百姓"，汉代以来的"编户齐民"即是；三是与精英相对，可称之为"凡民"。精英可能从凡民当中上升、成长起来，精英可以引领草根、引领凡民。草根经济不是被设计和安排出来的，而是属于哈耶克（Hayek）视野中的自生自发的秩序。"野火烧不尽，春风吹又生"，草根经济如同野草，具有顽强的生命力，但它也是世俗的，甚至是野性的，难以避免愚昧和落后。然而，草根经济体现了普通民众追求自由与创造财富的天性与活力，是市场经济的丰厚土壤与充足养分。

如同肥料一般，闻起来不好，对于农作物的生长却不可或缺。

第一节　个体家庭农庄的生命力

传统中国大部分的农民都拥有自己的家庭农庄。农民通过商品市场、要素市场获得土地等生产要素来交换商品，从而稳定维系家庭农庄的经营。宋代以来，中国传统市场逐渐形成细密的网络，相比于同一时期西欧市场的粗放，中国传统市场深入村村寨寨、街头巷尾，家家户户都卷入市场交易，传统农户和市场的结合越来越密切。伴随着市场的发展，家庭农庄资源利用的效率不断提升，汉代到清代家庭的平均规模长期维持在五口人左右，户均耕地则从汉代的一夫百亩下降到清代人均十亩，倘若缺乏市场的调节，家庭的再生产将难以维系。

家庭农庄的发展以成熟的地权制度为基础。[1]明清时期，中国已形成包含所有权、占有权、使用权在内的多层次地权形态，以及包含活卖、绝卖、租佃、出典、押租、抵押贷款等多样地权形式在内的交易体系。在这一背景下，尽管一般家庭所拥有的土地并不多，但可通过多样化的土地流转形式获得典权、田面权、永佃权等不同层次的土地占有权，上述权利可在不与所有权冲突

---

[1]　参见龙登高：《中国传统地权制度及其变迁》，中国社会科学出版社，2018年。

的前提下自由支配，[1]从而维系个体农庄的独立经营。以往的研究通常将佃农视为贫弱的小农，忽视了佃农通过租佃土地建立家庭农庄的事实。

各类地权的交易以契约为依据，契约就是产权的界定和凭证。契约由民间主体自主签订，得到社会和政府的认可，具有法律效力，跨越朝代稳定延续。契约的广泛流行生动体现了传统中国朴素的契约精神和产权意识：首先，体现了自愿平等的交易原则，契约上一般都会写"双方自愿，两无异言"；第二，交易双方在契约中详细规定各方权利与义务，甚至锱铢必较，作为制度安排的契约在有效维护各方利益的基础上，促进了交易的发生，从而实现资源的流动与互惠互利；第三，体现了守信履约的精神，倘若有人违背契约，就会受到惩罚；第四，强化了交易的信度，使得交易超越具体的情境，如契约通常注明"恐口无凭，立契存照"。

土地产权及其交易体系使个体农庄经营具有门槛低、可分割性、易复制性、易恢复性的特点，这为中国个体农户独立经营具有活力的重要制度保障。例如，清代江西的一个家庭有4个儿子，儿子小时无力耕种土地，因此将土地出租或出典、抵押，儿子长大后，不仅可将土地赎回，还可以从市场上租赁土地，或者从市场上获得更多的资源来壮大家庭农庄。

---

① 参见龙登高、陈月圆、李一苇：《在所有权与使用权之间：土地占有权及其实现》，《经济学》（季刊）2022年第6期。

第二节　商人及其经营创新

作为传统经济中最活跃的经营主体之一，商人鲜明而直观地体现了草根经济的活力。学界长期以来秉持传统中国"重农抑商"的观点，限制了对商人及其经营创新的正确认识。明清时期徽商、晋商等各大商帮纵横大江南北，影响周边日、朝、俄、蒙、印等地，闽商、粤商更是开辟东南亚航路下南洋。明清时期绵延两三百年的传统品牌、家族企业十分普遍，如胡开文墨业从乾隆四十年（1775）创立"胡开文"字号，延续至中华人民共和国成立后。①

商人在经营之中出于便利交易、谋求利润的需要，对丰富多样的制度进行创新，此方面的代表即纸币的发明。北宋时期，四川一地由于铜材供应不足行用铁钱，铁钱较为笨重且不便交易，当地商人因此发明了交子，这是世界上最早的纸币，直到5至6个世纪之后，欧美各国才陆续出现纸币。②又如清代中期在晋商群体中广为流行的"身股"制度，"身股"即为商号管理者所持

---

① 参见周生春、陈倩倩：《家族商号传承与治理制度的演变——以胡开文墨业"分产不分业"为例》，《浙江大学学报（人文社会科学版）》2014第3期。

② 参见管汉晖：《宋元纸币流通及其在世界货币史上的地位：兼论中西方货币史演变路径的差异》，《经济资料译丛》2016年第3期。

有的股份，"身股"的设置对管理者形成有效激励，从而缓解了商业经营中的委托代理问题。[1]为了培养有能力从事商业经营的人才，晋商、徽商积极为青少年提供职业教育，内容涉及商业规范、职业技能、商业常识等多个方面，甚至编写大量教材，近代以来更是积极开设商业学校，系统培养青少年的商业技能。

仔细考察中国历史上关于"重农抑商""商人财产得不到保障"的学术观点，可以发现，相关的论述多源于感性认识，缺乏对事实的仔细审查。20世纪90年代以来，学者已陆续对此进行修正。以广为人知的"重农抑商"为例，张光亚副教授检索《四库全书》等古籍后发现，近代之前"重农抑商"的完整表述在起源于国内的文献里面几乎从未出现过，"重本抑末"四字连用的情况也十分少见，"重本抑末"在《管子》《史记》中时有单独出现。[2]由此可知，"重农抑商"的说法事实上受到了后来学者的夸大。需要说明的是，道德、舆论对商业的认知与政策、制度层面对商业的限制不能直接等同，相较同一时期的西方社会，传统中国在有关商业的政策与制度设计上较为宽松。中国传统社会虽然对草根金融放贷收息进行道德抨击，但并未如同基督教、伊斯兰教那样全面禁止。汉武帝时期向商人征收"算缗""告缗"，很大程度与当时政府无力征收商税相关。宋代以来，随着社会经济与治

---

① 参见胡国栋、王天娇：《"义利并重"：中国古典企业的共同体式身股激励——基于晋商乔家字号的案例研究》，《管理世界》2022年第2期。

② 参见张光亚：《全国统一大市场的历史考察与理论辨析——基于经济和思想史的视角》，《求索》2023年第2期。

理技术的发展，中央政府开始系统性地征收商税，商税由此成为和土地税并列的主要税种。既然商税可以增加财政收入，朝廷在逻辑上就没有打击商人的必要。①

已有关于商人受到掠夺的研究，忽视了相关事件发生的时间与范围。以"报效"为例，商人的捐输报效通常是朝廷面临战争、自然灾害或财政不足之时，鼓励商人捐钱捐物以济时艰的策略，商人亦可由此获得盐引加价等经济回报，以及获得虚职乃至实职官衔等不同程度的政治回报；报效的情况多发生于国有的专卖垄断性行业，如盐商和十三行等。②从发生条件来看，报效和捐输并非常态，而是特定状况之下特定群体的行为现象。至于臭名昭著的抄家，本质上是一种政治性惩罚，几乎与一般商人无关。根据云妍的统计，清代2573例抄家案中，涉及商人的仅有98例，占比3.8%。具体而言，被抄家的商人多与内务府高度相关，即通常所谓的"皇商"，与一般的商人相去甚远。内务府的商人从内务府领出巨额资本经营盐业、铜业或采买木料，在资本不能归还的情况下被查抄家产。③

---

① 参见李埏、龙登高主编：《中国市场通史》（第1卷），东方出版中心，2021年。
② 参见王宏斌：《报效与捐输：清代芦商的急公好义》，《盐业史研究》2012年第3期。
③ 参见云妍：《从数据统计再论清代的抄家》，《清史研究》2017年第3期。

第三节 民间组织主导基层公共品供给

相比屡受误读的农民与商人群体，同为草根经济微观主体的民间组织受到的关注相对不足。民间组织作为非政府、非营利性的微观主体，由民众自发维系，主导基层公共品的供给，并在基层秩序的维护上发挥重要作用，成为草根经济的突出特征。相比于近代英美由私人公司融资投资提供公共品的模式，传统中国由民间组织供给公共品的模式具有鲜明特色。

一、非政府、非营利的民间组织

民间组织类型多样，在基层公共品供给中扮演重要角色，以基础设施为例，其所供给的公共品包括道路、桥梁、渡口、茶亭、水利等多种类型，采用"公益建造、免费使用"的经营模式。政府所提供的基础设施主要包括驿站与官道，用以满足政府对信息传递的需求，民间主体对公共品的供给因满足了民间的需求而得到政府鼓励与认可。以渡口为例，民间组织提供的义渡与官渡、私渡对应。根据统计，官修、民修、主体不明三类渡口之比在湖北为90：288：861，桂东南为62：537：158，可考证的四川义渡323个，嘉庆年间广东大埔义渡47个，湖南醴陵县70个渡口全为义渡；就桥梁而言，湖北三类主体修筑桥梁之比为155：1338：1994，桂东南则为9：122：6，福建龙岩州义田修筑桥梁228座；渡口和桥梁的供给方都是义渡和民修占主导。根据《桃江县志》所载，解放初期全县共有茶亭百余座，终年施茶，1950年土地改革时，亭产得到保留，1949年资江及各支流尚存义渡船72条，据桃江县交通局统计，1965年全县民桥尚存1025座。[①]福州龙江桥始建于宋代，桥梁由民间组织修建，并得到政府的鼓励和支持，距今已近千年。修桥经费浩大，且每隔二三十年即要进行维护，相关事务均由桥会组织，并由桥田提供稳定的资产。也正是因为桥会的定期维修保护，龙江桥一直保存至现在。宋代泉州的洛阳桥，在20世纪80年代仍是当地的交通要道。南方各地的风雨廊桥建造技术十分高超，以至历时一两百年，甚至四五百年都能完好保存。

2012年，以建始县万其珍一家三代人义务摆渡百年不止为原型的电影《我的渡口》上映，在被《恩施日报》等媒体宣传后，万其珍被评为"感动湖北年度人物"、"中国网事·感动2010"年度网络人物、信义渡工和"中国最佳民间公益人物"。中宣部新闻局盛赞"义渡精神"为"山泉般纯净的精神，深山里流出的赞歌"。而在传统认知中，摆渡工被认为由义渡组织者与理事会所雇佣，需受到相关章程的限制，摆渡工之所以可以三代义渡，原因正在于义渡的制度规范与独立财产，可以成为其衣食无忧的保障。由镇江义渡局主持的长江义渡，南北两岸分属镇江府与扬州府，镇江义渡局其实是在跨越行政边界的界限，使相关公共事务得到有效协调。镇

[①] 龙登高、王正华、伊巍：《传统民间组织治理结构与法人产权制度——基于清代公共建设与管理的研究》，《经济研究》2018年第10期。

江义渡局总局设镇江西津坊，分局设瓜洲七濠口与江口，均有局屋、码头，日常运行义渡船10艘，船尾均书白色字样"瓜镇义渡第X号江船"。民国时期采用轮船摆渡，更需要大量的财力、物力与人力。在基础设施之外，民间组织还涉及教育、宗教、慈善救济、文娱体育等多个领域，在民众生活与社会经济中扮演重要角色。

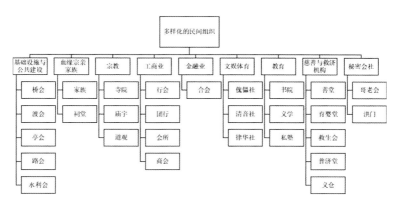

图9-1　传统中国的各类民间组织

一方面，非政府、非营利的民间组织参与基层公共事务在传统中国具有悠久历史，这一模式无论是在当代还是在历史上的西方社会并不多见，因此被人忽视，好在源于传统中国的制度实践对此提供了独到的观察视角。①民间组织的非营利性指不以增殖为目的，而不妨碍其从事商业经营谋求资产增殖，非营利组织通

---

① 参见龙登高、王明、黄玉玺：《公共品供给的微观主体及其比较——基于中国水运的长时段考察》，《管理世界》2020年第4期。

过经营获得的收入不能用来分红，所以借由增殖所获收益只能用于民间组织和公共事业之中。民间组织的管理者多为士绅，他们通过民间组织提供免费公共品和公共服务来获得声望，累积功名，而不直接由此牟利。事实上，民间组织的治理机制符合朴素民主的特点，民间组织的具体管理事务由理事会承担，管理者既要有自我担当，也需经民主推选，获得大家认可，组织的财务也需公开透明，因而能够有力地减少相关公共事务中的寻租腐败。

非政府性是指民间组织尽管并非政府机构，但能得到政府的授权和支持。明清时期的朝廷一方面允许民众自由结社，另一方面允许民众自由信仰宗教，使得西方传教士大为惊讶。政府还通过拨入田产、资金等方式直接支持书院、救济、慈善等公益机构，如将罪犯罚没入官的田产拨入书院等机构。政府甚至支持民众维护社会治安。太平天国时期，社会秩序混乱，正规军队不足以抵抗太平天国武装，清政府主要依靠各地士绅兴办团练维持秩序。类似"官督民办"的形式在不同领域均有所见，国家也因此能够在"官不下县"的背景下借助民间组织实现对基层社会的间接治理。

综合以上分析，我们可以看到，以民间组织为主导的公共品供给与政府和市场存在紧密关联。由于公共品的供给涉及公共资源的使用，民间组织需要得到政府的许可和授权；由于公共品能够长期、稳定地供给资金，所以民间组织也离不开市场赋能：通过市场去获得公共资源和融资。清代武训兴办义学就是政府与市场相结合提供公共服务的典型案例。武训尽管是乞丐，但具有较高的经营与会计技能，利用民间金融工具、地权市场和成熟的法人产权制度整合市场及社会资源兴办了三所义学，义学的产权得到政府的明确认可。[①] 即使是出现沦为乞丐这样极端的情况，也有可能向社会稳定供给公共品。对于政府官员而言，鼓励民间组织兴办公共事业可借此获得政绩。上述模式因而能够对各方形成有效激励，从而促进公共品的供给。

另一方面，传统中国民间组织在公共品供给中占有重要地位，挤压了企业等营利性主体的成长空间。以渡口为例，相较于收费的私渡，免费的义渡对于百姓无疑具有更大的吸引力，私渡因此难以与义渡竞争，这可能是资本主义萌芽在中国没有顺利成长的一个原因。

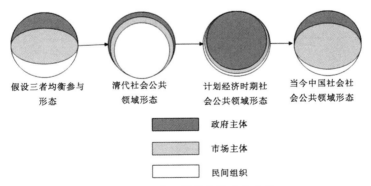

图9-2　公共品供给主体及其比较

资料来源：丁春燕：《清代基层社会公共品供给——基于民间组织的视角》，清华大学博士学位论文，2021年。

---

① 龙登高、王苗：《武训的理财兴学之道》，《中国经济史研究》2018年第3期。

二、公产：民间组织的独立财产

民间组织拥有属于自己的独立财产——"公产"，经历长期发展形成的稳定的产权制度，是其自主承担基层公共事务的制度基石。民间组织的产权类似于当代"法人产权"，具有独立性和排他性，民间组织之外的任何个人、群体或机构不得主张其权利，即使政府官员也不得强占公产，民间组织因而可以通过市场化的方式经营财产，获得稳定收益。民间组织拥有独立财产，相应的产权制度也保障了民间组织经营的独立性与自主性，倘若没有自己的财产，必须依赖某一个主体，就不可能有自主性和独立性。就像家庭农庄一样，不能占有和使用土地、生产资料和自主经营，也不可能有独立性。

表9-1 《寻乌调查》中提及的全县各阶层土地占有状况

阶层	公田	地主	农民
该阶层占有土地	40%	30%	30%

就公产的分布状况而言，根据毛泽东20世纪30年代所作《寻乌调查》中的统计，各类民间组织所有的土地"公田"占全部土地的40%。从土改普查数据可以看到，各省公田占比分别为广东33%，福建29%，浙江16%，江西、湖南、广西等省约15%。①

---

① 参见龙登高、何国卿：《土改前夕地权分配的检验与解释》，《东南学术》2018年第6期。

就民间组织的类型而言，公产最丰、最集中的第一类民间组织是家族，以血缘为纽带的家族，其稳定性甚至超越政权，家族拥有的公田或称公尝田、祠产等是公田的主要组成部分与典型代表。第二类民间组织是宗教机构，宗教在历史上的作用与影响超越了当代人的想象，宗教的发展则离不开相应的财产。以少林寺为例，少林寺如何常年供养几百名青壮年念经习武？显然，香客的捐献并不稳定，少林寺拥有的寺产则能够提供长期稳定的收入。少林寺设立的主要仓库或下院有14个之多，其拥有的土地遍布周围六七个县，寺院周边9村村民均为少林寺的佃户，他们租佃寺产耕种，从而为少林寺提供着大量的地租收入。

在家族与宗教之外，历史上的民办教育机构也拥有大量的公产，绵延千年的岳麓书院正是一个典型代表。在书院之外，民办教育机构还包括私塾、义学等，它们为平民百姓提供基础教育或专为科举而设。此外，善堂、普济堂、育婴堂、救济会、义仓等慈善机构也是基层公共事业与公产的重要组成部分。至于桥梁、道路、渡口等基础设施，前文已经提及。除了大型的风雨廊桥，即使是村中的简易木桥，也拥有相应的资产。笔者家乡的简易木桥，仅由几片木板组成，倘若遇到洪水就容易被冲垮，因此少时砍柴遇到暴雨，就需抢在暴雨冲垮桥梁前回家。根据母亲的回忆，她少年之时在桥梁断裂、洪水过境后就喊对岸修桥，木桥看似简单，但由于山间溪流比较湍急，也需要资金和技术维护。根据毛泽东在《寻乌调查》中对公田占有状况的分类，如表9-2所示，他把家族称为祖宗地主，把寺庙称为神道地主，把教育类与基础设施类的

公田称为政治地主，以便于进行阶级分析，各自的比例分别为族田
60%，寺庙20%，其他教育类田地10%，公益类田地10%。

表9-2　寻乌县各类公田占有状况

	祖宗地主（族产）	神道地主（各类宗教组织财产）	政治地主	
			教育类（考棚、宾兴、学田）	公益类（桥梁、道路、纳税）
占公田百分比	60%	20%	10%	10%
占全县土地百分比	24%	6%	4%	4%

在上述公产之外，会馆、公所也拥有充足的公产，从而有效
满足跨地域交流所需。例如，清代旅馆设施相对不发达，而晋商
交易十分频繁，因此晋商在从山西到苏州的路途之中，每隔60里
设立一处晋商会馆，这些会馆也是公产的重要组成部分。

公产源于民众自发满足基层公共需求的实践，其产权在不断协
商乃至诉讼中逐渐明晰，进而得到政府与法律的认可。一般而言，
民众之间发生矛盾，首先通过民间组织进行协商，这在跨地域的不
同利益群体之间尤为常见。倘若民间协商无法解决，就只能鸣锣击
鼓，由官府裁决。清代重庆的行帮会馆，就曾广泛通过诉讼解决公
产纠纷；福建漳浦碑刻中将水利资源视为"自然公共之利"，原碑
文为"此自然公共之利，岂容劣绅巨族占为己业？"[1]类似的协商

---

① 　《北江海滩禁示碑》，载王文径编《漳浦历代碑刻》，漳浦县博物馆，
1994年，第79页。

并不限于公产，在私产中也广泛存在。

第四节　基层自治与政府治理

以民间组织独立供给公共品的制度安排为基础，传统中国的基层自治得以长期、稳定延续。在形态上，传统中国的基层自治既有别于政府下属的自治单位，如当代的村民自治；亦有别于现代欧美国家的自治政府，此类自治政府可独立制定法律、征收税收，相关权力得到国家制度的明确规范，官员由民众选任，对下负责。传统中国的基层自治指以各类民间主体提供公共品并与政府有序连接的基层自治，是自生自发的朴素形态。在这一体系下，自发成立、自主发展、自行运作的民间团体承担了民间自我管理、自我服务、自我监督等各项职能。上述三类自治在功能上没有本质区别，其核心差异在于承担自治功能的主体有所区别。因此，我们称传统中国的基层自治为由民间主体自我主导又与政府有序连接的基层自治，其性质介乎独立性与从属性之间。

首先，基层自治的前提条件是个体农户与民间组织的独立性，二者的独立性以产权制度及自主经营为基石。对农民而言，拥有独立、排他的财产权或自己的农庄，才有安身立命之基，否则就难以摆脱人身依附性或经济依赖性——或者依附于庄园，如魏晋南北朝与西欧中世纪；或者依赖于政府机构，如计划经济下的人民公社与单位。

就政府治理模式而言，"官不下县"指传统中国的正式行政机构与官僚体系大致延伸至县级，县以下的公共事务与公共管理由民间组织自行承担，国家则通过各类民间组织实现对基层社会的间接管理。具体而言，承担治理职能的民间主体除民间组织，还包括保甲、里甲、乡约等基层准行政组织以及牙行、歇家、官中等市场主体。民间组织由民众自发创办以满足民众的公共需求，得到政府的鼓励与支持。保长、里长、乡约虽需经政府委任，但不属于正式官员，不领官俸；牙行、官中、歇家作为由商品市场、地权市场中介服务的民间主体，通过交纳押金等方式获得政府授权，代理政府收取契税，参与公共管理，与代为征税的包税商存在相通之处。①

朴素的基层自治缩短了中央政府与地方政府的委托－代理链条，在交通运输和信息传递条件落后的情况下，一定程度上克服了信息在委托－代理链条中的扭曲与失真。通常来说，每一级政府、每一个官员，都会根据其自身利益、个性偏好对信息加以筛选，信息传递的链条越长、层级越多，信息的失真或扭曲就越突出，就越容易造成"州县不以实闻，上下相蒙"，或"上有政策，下有对策"的现象。就官僚体系本身的治理而言，朝廷一方面通过公开、透明且可预期的晋升通道激励官员，另一方面则对官员进行严格的管理，清代2573例抄家案中，涉及官员及其附庸的比

---

① 参见龙登高：《中国历史上经济自由主义》，《思想战线》2014年第4期。

例为64.8%，[1] 严刑峻法的对象主要是官员。事实上，皇帝和中央的主要威胁并不来自基层。据陈志武、林展的统计，中国历史上死于非命的皇帝，主要威胁来自大臣（38%）、宗亲（26%）、敌对国（26%），真正来自民众（农民起义）的仅占1.6%。[2] 具体而言，皇帝对威胁的直接感受影响其政策选择，赵匡胤黄袍加身，他的担心主要来自大臣，尤其是武将，因此他严格限制将领的权力；朱元璋发迹于农民起义，因此特别担心农民暴乱，所以对基层管控严厉，但是洪武时期严密的基层管控是一股逆流，到明中叶又发生了改变。

再者，基层自治和中央相配合，或能制衡官僚体系。基层力量较大的时候，可以抗衡官员的狐假虎威，甚至可以和中央遥相呼应，自下而上地监督官员，当然，这种监督的作用是有限的，事实上难以实现，不过可以看到由基层民众监督官员反映了皇帝的诉求及内在逻辑。

政府对基层社会的间接治理，同样离不开士绅。费孝通、萧公权、张仲礼、瞿同祖等前辈学者对士绅研究做出了开创性贡献。少数士绅晋升至官僚体系，多数士绅留在基层社会。通过科举考试获得功名的士绅，以制度化、组织化的民间机构为平台参与基层公共事务，受到政府的表彰和激励这种与科举考试相配套的激励制

---

[1] 参见云妍：《从数据统计再论清代的抄家》，《清史研究》2017年第3期。

[2] 参见陈志武、林展：《真命天子易丧命——中国古代皇帝非正常死亡的量化研究》，中国人民大学清史研究所工作论文，2017年。

度，成为士绅晋升的阶梯。①士绅可能晋升为官员，官员退休后重回民间，官僚体系、士绅和民间秩序实际上是一个拥有畅通渠道的有机整体，使得中国的民间秩序具有社会流动性，百姓通过科举考试等途径可成为士绅，士绅在累积功名和更高层的科举考试成为品官，科举制度、文官制度、士绅制度三者因而紧密关联，形成非人格、普遍化的治理机制。倘若忽视相应的制度体系，仅片面强调士绅的道德，不利于准确把握传统基层秩序的内在逻辑。

第五节　近现代革命与基层转变

传统中国的草根经济与基层自治所蕴含的朴素的经济自由主义取向在中国源远流长，始终在与专制集权的博弈过程中消长。近代公共事务大幅增加，相应的政府职能随之扩张，变革成为大势所趋，无论中外皆然。对于中国而言，近代中国在西方势力的冲击下陷入贫穷落后的局面，举国都寄望于通过强有力的政府实现富国强兵，这一主流共识对此后的制度选择产生较大影响，也正是在这一进程中，传统基层自治逐渐式微并受到扭曲，以至发生全面逆转，权力的扩张之势难以阻挡。其表现是全方位的，从以下几个事例可以一窥其变迁路径：

其一，教育体制的转型。如前文所述，义学、书院都是基层

---

① 参见龙登高、王明、陈月圆：《传统士绅与基层公共品供给机制》，《经济学报》2022年第2期。

与民间创办。因此，无论是清末还是民国的乡村新式教育，其管理者与经费往往来自本地基层社会而非官府。为筹集教育经费，清末民国时期各级政府屡次推动庙产、族产等公产转入新式教育。在中华人民共和国成立后，尽管庙产、族产——被视为封建地主阶级操纵的财产——被没收或分配，但民间兴办教育的传统仍长期延续。20世纪50年代中后期，农村中小学校被下放至公社或村队办学，这一时期的村庄小学仍大量使用原有的宗祠、寺庙办学，民办教师的报酬由村或公社承担，而非正式的国家财政，这使得中国的国民基础教育在当时有了前所未有的发展。直至2005年国务院发布《关于深化农村义务教育经费保障机制改革的通知》，将农村教育纳入公共财政保障范围，民间兴办教育的传统方才有所转变。

其二，基层自治政府化与捐税固定化。清末民国时期，国家与知识分子推行地方自治，试图通过整合民间力量推行现代公共事业，由民间自发创办、维系的基层自治逐渐向自治政府转型，清政府相继颁布《城镇乡地方自治章程》（1909）与《府厅州县地方自治章程》（1910），将传统上由绅董治理的学务、卫生、道路工程、农工商务、慈善事业、公营事业、筹款等地方事务统一纳入地方自治的制度框架，从而予以制度化、规范化，这一制度安排延续至民国时期。随着上述地方自治机构在历次基层行政制度改革中逐渐被并入国家行政体系，由民间主体提供的公共服务开始转向由政府承担。也正是在这一进程中，原本由民众自发筹集并用于地方公共事务的捐费逐渐固定为强制性的税收，原本借助民间主体征税的方式也逐渐转向由国家行政体系之内的官员直接征收。

其三，士绅向"土豪劣绅"的转变。士绅作为基层秩序的轴心连接政府与民众，尽管不时被地方官视为"刁生劣监"，但就整体而言，士绅在维系基层秩序、反映地方利益等层面主要发挥正面作用，是国家对基层间接治理的重要倚仗。进入 20 世纪后，科举制的废除使得士绅失去了"向上的阶梯"与制度约束，逐渐分化，加之战乱与政局动荡等因素，一部分士绅进入城市，另一部分则转向对下控制与横向扩张，通过暴力控制民众，从而成为"土豪劣绅"，欺压乡里。由此可以看到，当失去配套制度的激励和约束后，原本向善的士绅也可能劣化。

士绅阶层分化后，基层权力出现真空，加之基层所需的公共设施和公共事务增多，基层政府的职能势必扩张，从而向下渗透。对此，国民政府一方面通过"打击土豪劣绅"政策消除传统乡村精英的力量，另一方面则将县以下的区、乡组织官僚化，通过重建保甲等方式建立国家与民众之间的直接联系，力图发展一种不受精英操纵的基层权力结构，也就是基层政权的建设。与此同时，中国共产党通过"支部建在连上"形成了自己的强大动员力与组织力。

其四，"公产、官产、私产"三元结构的变化。相比于传统代指民间组织财产的"公产"，当代"公产"的含义更加偏向于政府财产，"公产"含义演变的背后是产权结构的深刻变化。20 世纪以来，原有的公产逐渐分化，一部分公产在庙产兴学的进程中被拨入官立学堂，从而转变为政府财产；另一部分公产保留其原有的产权性质，或被民国法律界定为法人产权；还有一部分公产因经营不善等原因流失，成为私有财产。将视野扩展至中华人民共和国成立后，可以看到，原有的私产与公产在公私合营、土地改革后转向公有制，成为集体所有或全民所有（国有）的财产，原有的官产则对应当代公有制下的国有财产。

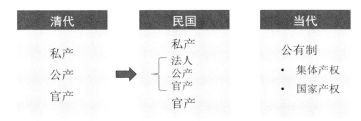

图9-3　清代以来产权结构的历史变迁示意图

第六节　草根经济的历史遗产与制度基因

传统中国的草根经济与基层秩序已内化为中国传统文化的历史基因，成为当代中国特色的制度渊源之一。改革开放以来，市场经济重新在中华大地复苏，家庭联产承包责任制使得一度因集体化而受到抑制的个体家庭农庄重新发展，从而释放了草根的能量和传统基因，土地的流转重新得到鼓励，市场在土地、劳动力、资本等生产要素的配置中重新发挥关键作用。市场化的改革促使民营企业加速成长，非政府、非营利性组织随之兴起。草根经济对当代的启示主要包括如下几个方面：

第一，政府作为公共服务的供给方，应该在顺应经济发展规律的基础上，引导各类草根经济主体发展，为其提供更好的发展机会。制度是顺应人的需求的产物，应该容纳、保护和促进草根经济的成长，草根经济自发产生和生长，具有顽强的生命力，司马迁所言的"善者因之，其次利道之，其次教诲之，其次整齐之，最下者与之争"，正是贯穿中国历史的治国之道。

第二，挖掘草根经济蕴含的文化内涵。草根力量推动着传统中国朴素的市场经济和基层民主的形成与发展。同时，草根力量所蕴含的精神成为文化领域的一股力量，与自由、民主等"社会主义核心价值观"相契合，是中国特色社会主义的一大渊源，值得挖掘、释放与弘扬。

第三，朴素、原始的制度可在发展中不断自我完善。制度创新是一个不断试错的过程，从混乱走向有序，在磨合中日臻成熟。传统中国朴素的市场经济并没有高深的理论指导，也并非由"高尚"的精英主导，而是有着世俗的天性，甚至难免粗野。草根自发追求财富创造和自由发展的趋势形成了自组织，构建出秩序和规则，并逐步发展为制度，制度的进一步完善与创新激发了自组织的内生活力动力。

附

编

附一　公共事业的制度创新

作为中国现代疏浚业的先驱，海河工程局（Hai-Ho Conservancy Commission）在近代海河航运与天津港口设施建设中功勋卓著，今日却几乎寂然无闻，这与其对天津及海河流域经济社会发展的巨大贡献极不相称，学术界对此现状多有不足。①究其原因，一方面是因为其原始档案主要是英文、日文及法文档案，一直束之高阁；更重要的原因是，海河工程局是由洋人发起建立、经营管理的，长期被认为由洋人把持，是帝

---

① 　利用海河工程局原始档案的论著如下：王龙威：《天津港基础设施投资模式：以清末民国海河工程局为中心》，清华大学硕士学位论文，2016年；缪德刚、龙登高：《中国现代疏浚业的开拓与事功——基于海河工程局档案的考察（1897—1949）》，《河北学刊》2017年第2期；龙登高、乔士容、林展：《解放初国企工资的比较研究》，《安徽师范大学学报》2017年第3期；龚宁、龙登高、伊巍：《破冰：天津港冬季通航的实现——基于海河工程局外文档案的研究》，《中国经济史研究》2017年第3期；AI Wang, *City of the river: the Hai river and the construction of Tianjin,1897-1948*, PhD Dissertation, Washington State University, 2014；王长松：《近代海河河道治理与天津港口空间转移的过程研究》，北京大学博士学位论文，2011年。

国主义经济侵略的产物。^①"不光彩"的历史被视为原罪，知情者亦不愿为外人道。海河工程局的性质究竟是什么，从来没有人能说清楚。本章从利益相关方合作博弈推动海河疏浚与天津港通航的角度，考察海河工程局的性质、治理结构与运行模式，从近代关税的特殊性论述其融资模式与产权特征，揭示其在近代政权频繁更替中保持稳定和持续发展的制度基础，并从具体过程中分析公共事业制度创新的原因与启示。

第一节　董事会治理模式：利益相关方合作博弈

一、在中外各方不懈推动之下成立的现代疏浚机构

19世纪后期，随着天津成为北方洋务运动重镇和多国租界的扩展，轮船航运与进出口贸易快速增长，日渐淤塞的海河不堪重负，从大沽口直抵租界码头的轮船日益减少，1896年、1897年骤减至66艘、34艘，1897年只有2艘，1898年一艘也没有。^②海河

---

① 1952年一份介绍海河工程处的文件这样定性："一八九八年帝国主义者开始侵略中国时勾结天津地方官僚买办所成立，辛丑条约后方取得合法的地位。那时中心任务便是疏浚大沽海口，改善海河河道，以便洋货，遂行其经济侵略目的。"但是，该文件也承认海河工程局"五十年来为帝国主义服务，同时对天津港的开发也起了一定作用"。见"介绍海河工程处"第1页，内部文件，海河工程局档案（天津航道局档案室藏，以下简称HHC）。

② 参见"Hai-Ho Conservancy Commission Report for 1912"，HHC。

裁弯取直与航道疏浚，势在必行。然而，这一公共建设前所未有，技术门槛高，工程浩大，涉及面广，阻力大，耗资巨大，财政早已左支右绌的朝廷与地方政府只能望洋兴叹。[①]尽管总理衙门一再督促，直隶总督也相继推动，疏浚工程与机构迟迟不能启动。

虽然中外双方都曾试图单独进行疏浚，但是最后都失败了。究其原因，中方缺乏相应的技术和资金支持，难以开展疏浚工作；[②]而外方要克服来自中国民间与民众的阻力，顺利处理拆迁、征用土地等事宜，[③]也离不开中国地方政府的支持。任何一方都无法单独肩负治理海河的重任，各利益相关方联合组成专门机构持

---

① 清政府之所以迟迟没有批准疏浚机构的成立，一个重要的原因是经费缺乏，如王文韶所言"无从筹此巨款"，光绪时中央政府一年用于公共设施建设的经费只有约150万两白银，见［美］贾米森著：《中华帝国财政收支报告》，载［美］费正清、刘广京编《剑桥中国晚清史（1800—1911年）》（下），中国社会科学院历史研究所编译室译，中国社会科学出版社，2006年，第79页。该数据为19世纪90年代初期中央政府典型的一年的收支估算数，货币单位为库平银，该支出不包括铁路建设的50万两库平银。

② 1897年地方政府曾开展疏浚，但无以为继。见*Hai-Ho Conservancy Board 1898-1919: a resume of conservancy operations on the Hai Ho and Taku Bar*, Tientsin Press,1920,p15.事实上，10年后上海的浚浦工程局曾由官方主导经营两年，也由于经费困难等原因被迫中止，见［日］森田明著：《清代水利与区域社会》，雷国山译，山东画报出版社，2008年，第八章"民国初期上海浚浦局的改组问题"。

③ 此前洋人也曾单方面开展疏浚，受当地的反对和冲击，甚至勘测人员也受到围攻。反对的主要力量之一是从事塘沽与紫竹林租界码头运输的驳船业群体，因为疏浚后轮船可以直抵租界码头，不再需要小船卸货运输货物。在启动海河工程局项目时，王文韶甚至专门发布通告，针对民众的疑虑进行解释，并对涉及民众的利益损失加以补偿，最大限度地扫除障碍，详见天津市档案馆、天津海关编译：《津海关密档解译：天津近代历史记录》，中国海关出版社，2006年，第52—53页。

续开展港口与海河疏浚，成为唯一的选择性。

直到洋人倡议并提出了技术方案、工程方案①、融资方案，1897年直隶总督兼北洋大臣王文韶经与领事团代表、天津洋商总会、津海关税务司等会商互订协定，②海河工程局③才得以成立，并获得总理衙门的核准和光绪皇帝的批示。海河工程局的启动资金筹集很不容易，两任直隶总督王文韶、荣禄东拼西凑才落实拨款10万两白银，另外15万两由外方筹集（详后）。海河工程局最初由中方主导，津海关道李珉琛为总办（次年为董事长），轮船招商局道台、开平矿务局道台和津海关税务司为会办。总办、会办一正三副。具体业务则聘请丹麦人林德为"工程司"全权负责，双方签订合同，④并发布公告称受雇者必须服从工程司，否则立即开除。⑤

然而，机构初建便遭遇义和团运动与八国联军侵华而陷入停

① 德璀琳、林德等官员与专家经多方勘测，先后向直隶总督李鸿章、王文韶等提出大规模机械化疏浚海河的建议。

② 庚子乱后，案卷无存，无从详考。见津海关监督祁彦孺：《改组海河工程局及救济海河办法之节略》，1927年12月，HHC，第4卷，第672—697页。

③ 有的中文材料译为"海河管理委员会""海河工程委员会"，或称海河工程局采取委员会制，均不准确。

④ 中国第一历史档案馆编：《光绪朝朱批奏折》第100册，中华书局，1993年，第26—29页；《大学士直隶总督荣禄奏为海河淤浅分别筹款修办》，载《光绪二十五年河工文函存稿第十六号》，HHC，第6卷，第629—632页。

⑤ 其中一半来自筹赈局，饬运司在盐课下拨2万两，津海关与支应局各1.5万两。见《大学士直隶总督荣禄奏为海河淤浅分别筹款修办》，载《光绪二十五年河工文函存稿第十六号》，HHC，第6卷，第629—632页。

顿。1901年5月，在都统衙门控制下，海河工程局董事会进行改组，由都统衙门委员、领事团代表、天津海关税务司各一名构成。随后签订的《辛丑条约》第十一款专门针对海河工程局做出规定："一俟治理天津事务交还之后，即可由中国国家派员与诸国所派之员会办。"都统衙门致力于"去除政府色彩"，或者说增加外方的影响力，其举措一是增设荣誉司库，二是设立咨询委员会（详后），从而使海河工程局向公益法人转变。

二、董事会治理模式

光绪二十八年（1902）年8月，都统衙门交还天津地方管理权力。直隶总督袁世凯与英国领事商讨后，决定由天津海关道台唐绍仪取代原都统衙门代表，任职海河工程局董事。此时董事会由3人构成：领事团代表、津海关道台、津海关税务司。从海河工程局的董事会议记录文件来看，1902—1937年，领事团代表始终排在首位，拥有相当大的权力。[①]增设名誉司库（honorary treasurer，又译为名誉会计）一职，"以在天津商业中素有名望者充之"[②]，该职

---

① 合同及其他史料中，其所使用的措辞是"工程司"，而非"工程师"，这个"工程司"与"税务司"一样，可以看成相当于一个官衔，一个有级别有实权机构的负责人。参见天津市档案馆、天津海关编译：《津海关密档解译：天津近代历史记录》，中国海关出版社，2006年，第54—56页。

② 参见 *Hai-Ho Conservancy Board 1898-1919*, p.16。

长期把持在洋商会长和英国工部局主席手中。①名誉司库严格来说并不是正式的董事，而是类似独立董事，列入董事会名录，列席董事会会议并参与讨论、提出建议。秘书长主要负责落实董事会决议，管理局内行政事务及对外交涉事务。②具体业务则实行总工程师负责制，由总工程师统管人事安排、财务管理、生产决策等。其下设总务及测量部、工厂与船坞部、挖河部和海河部，全面负责海河工程局的业务开展。由此可见，外方实际主导了海河工程局的具体运作。

董事会是海河工程局最高决策机关，具有人事任免权和重大事项决策权。在人事任免方面，董事会有权决定总工程师及重要技术人员的任免，而基层员工和非技术岗位则由总工程师及以下管理人员决定。在做重大事项决策时，总工程师、秘书长、董事等均有提案权，相应提案交董事会讨论后方可决定是否施行。"按照该局定章，局中一切事宜必须由董事部会议通过方能执行。例如行政事宜则由秘书长提出议案，或由董事建议；至工程事宜则由总工程师提出议案，请由董事部议决施行。"③1902—1945年，海河工程局共召开了442次董事会会议。现存最早的董事会记录始于1906年3月22日召开的第140次董事

①　"It was decided to keep the HHC as a semi-foreign institution and the Consular Authorities have a great deal of authority in connection with its policy." Letter to H.D. Hillard, May 24, 1935, TMA 1:VI-321.

②　《海河工程局略说》，《华北水利月刊》第10期，第117页。

③　[英] 雷穆森著：《天津租界史》，许逸凡、赵地译，天津人民出版社，2009年，第207—208页。

会会议，光绪三十二年（1906）当年召开了21次会议，历年会议情况见图附一－1。至1945年6月25日召开的第442次董事会会议是海河工程局历史上最后一次董事会会议。[1]

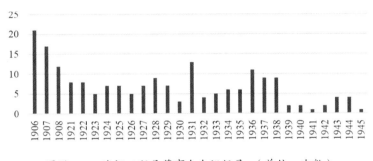

图附一－1　海河工程局董事会会议记录　（单位：次数）

三、董事会的中外官方代表

（一）中国政府代表

津海关道台（民国时期为海关监督）担任董事，代表中国政府参与海河工程局的决策与管理。津海关道衙门于同治九年（1870）设立，隶属于北洋通商大臣，是一个极其重要的职位，[2]由通晓西方事务的洋务人才担任。各海关由洋人税务司负责，中国政府派出海关道台进行监督，并办理所在地方对外交涉事务。

---

① 《海河工程局略说》，《华北水利月刊》第10期，第117页；《改组海河工程局及救济海河办法之节略》，HHC，第4卷，第676页。

② 参见《改组海河工程局及救济海河办法之节略》，HHC，第4卷，第675—677页。

这体现了中国对海关的主权属性。

（二）津海关税务司：特殊的权力机构

津海关税务司亦担任董事。咸丰八年（1858），清政府海关实行洋人管理的税务司制度。天津因《北京条约》开埠后，天津海关于1861年3月成立。[1]天津海关最高负责人——税务司[2]从设关起至抗日战争胜利为止，共63任，均由外国人担任。天津海关受天津海关道（民国时为天津海关监督）公署督察，隶属于全国海关总税务司署，但具有其特殊性。

从主权的角度，海关名义上还是中国政府的一个特殊部门，在日常的奏报和工作上，海关税务司也与中国一般大臣无异，譬如津海关税务司德璀琳是正二品，头品顶戴。[3]但其实际管理是"中外共治"，列强拥有相当大的控制力。其独特性在于，它是一个具有相对独立性和延续性的"边界政权"（frontier regime），历经近代中国政权更替而保持自身的完整性与连续性。[4]

---

[1] 从成立之初直至1942年4月17日召开的第432次董事会会议，董事会记录一直采用英文，自第432次董事会会议之后，开始以日文记录。

[2] 津海关道颇为特殊，在天津海关之外，还监督东海、山海等海关事务；并专管直隶对外交涉事件，辖天津府及沧州、静海、盐山、庆云、滦州、遵化、丰润、宁河等沿海各州县。可见津海关业务与地域之广，负责多个海关及直隶外交事务。

[3] 津海关税务司德璀琳以"钦命头品顶戴二等第二宝星津海关税务司"之头衔，1902年晋升为"第二宝星"，1903年晋升为"第一宝星"。见《光绪二十七年河工文函存稿 第三十九号》，HHC，第6卷，第733页。

[4] Hans van de Ven , *Breaking with the Past: The Chinese Maritime Customs Serv- ice and the Global Origins of Modernity in China*,Columbia University Press,2014.

海关以追求关税收入最大化为目标，海关税收作为清政府支付各国赔款的来源，①直接关系外国政府的利益，所以得到各国的高度重视，希望能保障其赔款经费来源的稳定。海关税务司作为洋人也在一定程度上受西方国家的利益所影响，力求协调各方的利益与决策。②中国海关在赫德的治理下，是"清政府最为廉洁的部门"③。海河工程局的主要经费来自海关附加税，由天津海关征收并转移支付，但必须得到中国政府和外国领事的批准，缺一不可。由于海关及关税收入的稳定，它因此也成为公债的重要担保。④

（三）外国政府代表：领事团

领事团代表了各自所属国家在天津乃至华北的利益。到19世

① 津海关税收50%用来支付对外赔款，30%上缴朝廷，剩余20%由海关自行支配，多用于支持天津市政建设。参见天津档案馆网站：http://www.tjdag.gov.cn/。

② 德璀琳是德国人，但是长期担任英租界的董事长，又有22年从事津海关税务司的经验，一人身兼多种角色。他在中、英、德三国利益之间腾挪与协调。白莎基于对德国档案的研究，认为德璀琳并不代表德国在华利益。德国公使馆很关注他和女婿汉纳根，但经常表示对他们无可奈何。德璀琳作为津海关税务司，有时候会和中国官方会发生一些摩擦，但他又与李鸿章关系密切，总税务司赫德对此心有不满。见*Bismarcks Missionäre: Deutsche Militärinstrukteure in China 1884-1890.* Wiesbaden: Harrassowitz, 2002, p. 293.

③ ［英］魏尔特著：《赫德与中国海关》，陈翔才等译，戴一峰校，厦门大学出版社，1993年，第580—583页。

④ 国民政府在1932年第一次整理债务时，决定"全部债券由关税担保，取消盐税及其他国内税收的担保"，见杨格：《1929至1937年中国财政经济情况》，中国社会科学出版社，1981年，第117页。

纪末，先后有15个国家在天津派驻领事。领事作为派出国在驻在国权益的代表，自当维护本国商民利益。在海河治理与天津港口建设方面，各国领事之间与中国政府和商民的利益基本一致。首席领事担任海河工程局董事，并通常担任会议主席。其他领事则列入咨询委员会。

（四）特殊的市政机构：工部局

与海河航运利益直接相关的是租界。天津集中了英、法、美、德、日、俄、意、比、奥9国在华的租界，其面积达23350.5亩，是当时天津城区面积的3.47倍，是城厢面积的9.98倍。①天津租界逐渐成为天津城市发展的主要推动因素。租界与外国在中国享有治外法权。天津租界设立之初，大都由各国政府选派官吏或委任该国驻津领事主持管理工作。1862年，英国最先特许租界里的侨民组成董事会，其他租界亦相继效仿成立。董事会由纳税人选举产生，成为租界的权力和决策机构，租界享有"自治权"，西方城市的自治制度由此被移植到天津。由工部局（The Municipal Council，市政委员会，或译市政公会）统管租界的行政事务。

工部局相当于市政府，受清朝与宗主国的双重保护。作为自治政府，工部局既不隶属于清政府，也不受宗主国的任命，理论上并非其下属机构。因此，它具有较强的独立性，以租界的利益

---

① 杨大辛编著：《天津的九国租界》，天津古籍出版社，2004年，第1—2页。

为第一要务，维护天津城市、市民特别是外国侨民的权益。虽然租界工部局与帝国主义的利益在许多时候是相交叉的，但不能简单地将其称为帝国主义的侵略工具或代言人。由于各国工部局对于海河治理和天津港口建设有需求，因此海河工程局的措施既符合其本身与天津的利益，也与中国政府和其他相关国家政府的利益相一致。

领事团和租界在为海河工程局筹集资金以及人才和技术的支持上起到了非常重要的作用。面对海河工程局成立初期经费不足的问题，英国工部局以自有财产为其担保，发债15万两白银为海河工程局筹集资金。光绪二十七年至二十八年（1901—1902），都统衙门"捐"25万两。①此后，海河工程局历次发行公债均由领事团助其推销。在中国政局动荡、政权更替频繁之时，这是公债顺利发行和融资的重要信用保障。

第二节　咨询委员会与参事会：洋行利益群体

除了中外政府，民间利益团体在海河治理上有更直接的利益和诉求，它们也迫切地需要参与到海河工程局的决策中，并自愿自觉地提供便利。其中最具代表性的就是轮船公司和租界的洋商。

---

① "驻津各国整顿津务诸公捐"25万两白银。见《海河公司裁修海河借款说明》，天津海关档案，1911年，全宗号：w1-9，卷号：3090，第208—212页。

一、洋商和轮船公司

洋行即外资企业，它们受到不平等条约的保护，只需一次交纳5%的进口税（后来又增加了2.5%的子口税），其货物便可以在中国市场销售。而国内商品则要受各级政府的层层征敛。天津著名的洋行很多，比如英商的高林洋行、汇丰银行，德商的礼和洋行等。其中最为著名的是被称为英国"皇家四大行"的怡和洋行、太古洋行、仁记洋行、新泰兴洋行。为了促进贸易，英租界致力于兴建新式码头和各种港口设施。极盛时，洋行在天津的进出口贸易占总额的80%。天津商会创建于光绪十三年（1887），创办时的16个会员中，英国有7个，法国有4个，俄国有3个，德国和美国各有1个。光绪二十六年（1900），日本人建立了第一个独立商会"日本商人协会"。民国四年、五年（1915、1916）英、美两国商人也建立商会。原来的天津商会就成了天津洋商总会，另有5个洋商会：英国商会、美国商会、日本商会及法国、意大利在华商会天津支会。

轮船公司进出天津必经海河，早期主要是"三公司"（太古、怡和、招商局），后来加上日本三家（三菱会社、日本邮船公司、大阪商船会社），称为"六公司"，都在天津建有专用码头。由于海河水患灾害与治理不力，大船无法通行，只能停在大沽、塘沽等地依靠驳船卸货运往天津港。驳船卸货不仅提高了成本，同时造成装卸过程中不可避免的损失："所有货物必须用港内驳船从租界运输出去，经常是不能完成全部载货的运输任务，从而带来严重的延误。损坏和偷窃带来的损失，提高了存储成本。"①

轮船公司与洋行是海河疏浚的直接受益群体。光绪二十四年（1898），在海河工程局成立之初，没有一艘轮船能抵达天津港。但是经过河道治理，到光绪三十年（1904），通航更加便利，航行时间大大缩短，抵达码头的船舶数量也增加。"本年度驶到码头的船舶共374艘。航行困难不大，即使在枯水的几个月份，也是如此。""第三段裁弯的开通不仅便利了航行，而且缩短船舶从大沽到天津的航行时间。裁弯段开通后第二天，'广济'轮从大沽驶往天津，历时4小时10分钟，比过去记录数减少了1小时。"②

因此，轮船公司和洋商有参与海河工程局决策的需求。另一方面，海河工程局为争取轮船公司的配合与支持，减少征税与工程开展的阻力，也欢迎其对海河工程局提供建议，其结果是形成了海河工程局的咨询与监督机构。

二、咨询委员会和海河参事会

咨询委员会③（General Commission，又译为常务委员会、总务委员会，或与董事部相对应译为"仲裁部"）。最初源于光绪二十七年（1901）5月都统衙门对海河工程局的改组，在董事会之外设立了若干咨询委员职务，包括各国领事代表、天津洋商总会主席、一位航运界代表。咨询委员代表了领事团、租界、洋商、

---

① *Hai-Ho Conservancy Board 1898-1919*, p.12.

② *Hai-Ho Conservancy Board 1898-1919*, p.37.

③ 参见"Hai-Ho Conservancy Commission Report for 1924"，HHC。

航运界等各阶层的利益，这使得海河工程局的工程决策能够更加
周全地考虑各阶层的权益。辛亥革命后，咨询委员则仅由各租界领
事代表组成，业界的天津洋商总会会长、轮船公司代表则列席董事
会。[1]咨询委员的设置是海河工程局组织制度进步的一个重要标志。

光绪三十四年（1908），又一个新的咨询性质的机构成立，
即海河参事会[2]（Board of Reference）。成立的原因是海河工程局
为疏浚海河与大沽沙航道，拟增加治河税税率，同时新征船税。
但这一举措遭到各轮船公司的反对，经过反复谈判磋商，提出
设立参事会供各轮船公司代表参与海河疏浚计划的讨论。新设
立的海河参事会包括9名委员：3名洋商总会代表、3名外国轮船
公司代表及3名董事（天津海关道台、首席领事、天津海关税务
司）。[3]与咨询委员会相比，参事会成员中没有各国领事，但增加
了业界人士。其主要职权为以少数服从多数的决议机制，监督执
行海河工程局关于征船税用于疏浚大沽沙航道的有关方针；商议
海河河道疏浚工程的方针、方法和手段。

---

[1] 有的资料以及部分学者将其认定为董事，这种认识应属界定有误。根据
年报记载，此二人为列席董事会，而非真正的董事，海河工程局年报在
对董事的统计中也从未将其纳入席位，因此天津洋商总会会长与轮船公
司代表不应认定为董事。"Hai-Ho Conservancy Commission Report for
1929"，HHC。

[2] 参见《海河工程局略说》，载《华北水利月刊》，1929年第2卷第10
期，第117页。

[3] 参见《海河工程局略说》，载《华北水利月刊》，1929年第2卷第10
期，第117页；《改组海河工程局及救济海河办法之节略》，HHC，第4
卷，第676页。

1908年至1911年，海河参事会相继举办过7次会议，其中4次和保持冬季航行有关，3次和码头、泊位的租借和建造有关。[①]海河参事会的设立，实质上是海河工程局出让部分决策权换取增税的让步措施。海河参事会属于典型的建议监督机构，其设置虽然在某种程度上使得海河工程局决策受到掣肘，但是有利于其决策关照各利益群体，减少阻力。海河参事会与咨询委员会性质相同，组成人员也有部分交叉。1910年后，鲜有海河参事会的活动记录。据前引1927年津海关监督祁彦孺的记载，与"董事部"相对应的"仲裁部"其成员构成与参事会完全一样，不过"恒少开会"。

咨询委员会和海河参事会等具备咨询性质的机构，一方面成为利益相关方诉说业务需求的渠道，同时也为海河工程局提供了便利。轮船公司与洋行为代表的商人群体对海河工程局的工作极为支持。如1908年，各轮船公司乐捐2.63万两，特为大沽掘滩之费用。[②]特别是海关附加税的征收，需要得到航运界与洋商会的同意与配合。1908年新增船税时，轮船公司来信表示愿意配合缴纳。

综上，海河工程局决策层既有赖董事会决策，又有咨询委员襄赞。董事会和咨询委员会涵盖各方利益群体的代表：领事团代表、清政府代表、洋商代表、海关代表、司库等。因此，海河工程局无论从诞生、决策和治理模式上都体现出各方利益群体的合

---

① *Hai-Ho Conservancy Board 1898-1919*, p.19。只要轮船公司还在捐款，且河捐仍在征收，则作为交换条件海河参事会应保持运转。

② 1911年"海河公司裁修海河借款说明"，天津海关档案，天津档案馆，1911，全宗号：w1-9，卷号：3090-p208-212。

作博弈。这既是海河工程局自身性质所造成的，同时又支撑起海河工程局的具体运行机制。下面将以破冰业务为例，分析这个利益共同体在海河工程局业务开展中达到的博弈均衡。

三、利益相关方合作博弈实证——破冰业务

天津港每年12月至次年2月为封港期，这一季船舶无法进入天津港。1902—1903年度至1910—1911年度平均封港72.3天，约占全年的1/5。这使天津在北方不冻港竞争中先天处于劣势。[①]1911年5月由洋商总会推动，海河工程局开始讨论"保持冬季港口开放"和"要求用破冰船"等事宜。[②]海河工程局很快就此事向海关提出申请，海关道7月4日回函同意。13日，海关道再次回函，建议收集与河道冰凌形成原因相关的详细情报，并送到与大沽口水文情况相似地域的专家手中，比如波罗的海的港口与大沽口水文情况相似，因此可以询问德国领事馆是否有相关建议。[③]26日，海河工程局的总工程师根据海河河湾的特点以往对水位、潮汐、泥沙含量、气温的调查数据，并基于对不同观察站的实地调查，将冬季航行的可能性、可能出现的问题

---

① "仅从港口的自然条件来看，在华北秦皇岛、天津、烟台、青岛这四大港中，天津港可能是最差的，它是四大港中唯一的冬季结冰封航的港口。"陈争平：《天津口岸贸易与华北市场（1861—1913）》，《中国社会科学院经济研究所集刊》1988年第11集。

② 5月26日洋商总会写信给海河工程局，信中提到由于受到其他港口竞争的影响，天津港冬季通航的必要性。"Hai-Ho Conservancy Commission Report for 1911", HHC.

③ 参见 *Hai-Ho Conservancy Board 1898-1911*, p.133.

和解决方案，向董事会做了详细可行的报告。[1]总工程师建议洋商总会通过"应用征奖"的方式来收集破冰船的设计方案。8月14日，德国领事馆将德国外事处的一份报告提供给海河工程局，推荐破冰专家莱斯（Liese）来天津做调查。[2]

董事会秘书于当天致函海河参事会询问意见。参事会于8月31日开会，同意雇用德国破冰专家莱斯5个月的决定。当年11月12日，莱斯就来到天津进行调查。[3]就在辛亥革命和政权鼎革的半年时间里，经过1911—1912年冬季的调查，莱斯认为天津港冬季航行是可能的，对于破冰船的设计也提出了具体建议。[4]1912年4月1日，董事会针对破冰工程召开了一次会议，决定把破冰业务纳入海河工程局的工程计划。根据莱斯的建议，海河工程局在5月15日设计出破冰船蓝图，[5]6月开始招标。8月江南造船厂竞

---

[1] 总工程师还列出了当时其他国家如德国、荷兰、法国、俄国、美国和芬兰所使用的破冰技术和破冰船的详细资料供参考。"The Feasibility of Keeping Tangku an Open Port by Means of Ice-breaking", *Hai-Ho Conservancy Board 1898-1911*, pp. 122-133。

[2] 参见*Hai-Ho Conservancy Board 1898-1911*, p.134。

[3] 参见 "Hai-Ho Conservancy Commission Summary of Work from 16th October to 15th November 1911", HHC。

[4] 他还将在易北河破冰时使用的破冰船的设计、性能和预算等详细信息都提供给了海河工程局，还给出了两艘破冰船的报价，如在德国制造约需要45万马克，约22000磅。*Hai-Ho Conservancy Board 1898-1911*, p.142。1911年2先令8.25便士=2.75马克，《亚洲长期经济统计3——中国》，东洋经济新报社，2014年。这两艘船在江南造船厂制造，实际费用为20230英镑。

[5] 两艘船非常详细的要求可见 "Specification for Ice-Breakers", HHC。

标成功，取得了两艘破冰船——"通凌"号和"开凌"号——的建造权，9个月后交付。1913年8月和9月"开凌"号和"通凌"号先后进行实验，并取得成功。[①]其价格远低于德国破冰船，由此破冰业务正式成为海河工程局主要业务之一，天津港也开始了冬季通航的历史。

由此可见，各个利益群体在破冰业务上都存在开展破冰业务的诉求，其均衡的结果就是破冰业务的顺利实现。首先，航道的治理本来就是中国政府的职责，[②]因此海河工程局提出申请后，很快便得到了海关道的同意，这意味着得到中国政府层面的许可，开展破冰工程具有了合法性；其次，德国领事馆提供了信息、技术和人才支持，促使了之后破冰专家来津调查、破冰技术的引进和破冰船的设计；再次，洋商在天津对外贸易总额中占比很高，达到80%，[③]

---

① 参见"Hai-Ho Conservancy Commission Summary of Work to 15th April 1912"; "Hai-Ho Conservancy Commission Summary of Work from the Month of May 1912"; "Hai-Ho Conservancy Commission Summary of Work from the Month of June 1912"; "Hai-Ho Conservancy Commission Summary of Work from the Month of August 1912"; "Hai-Ho Conservancy Commission Summary of Work from the Month of August 1913"; "Hai-Ho Conservancy Commission Summary of Work from the Month of September 1913", HHC。

② 在解决水旱灾害、治河防患时，清政府建立了一套从中央到地方相当完备的管理体系与规章制度，为此财政既要承担包括赈济及河工拨款在内的直接损失，又要承担因为减免赋税或未能征税而产生的间接财政损失。见倪玉平：《水旱灾害与清代政府行为》，《南京社会科学》2002年第6期，第40—45页；倪玉平，高晓燕：《清朝道光"癸未大水"的财政损失》，《清华大学学报（哲学社会科学版）》2014年第4期，第99—109页。

③ 参见李华斌：《天津港史》，人民交通出版社，1986年，第102页。

冬季破冰通航直接攸关其切身利益，因此洋商总会在推动业务上非常积极，不仅率先推动，而且积极在各方斡旋；最后，对于雇用破冰专家及其费用支付问题，洋商总会询问了海河参事会的意见，实际上在海河参事会召开的7次会议中，4次与破冰通航相关。破冰业务从开始提议，到最终实现只用了2年，如果没有各方合作是难以想见的。

第三节 资金来源与产权特性

海河治理工程在清末民国时期属于全国性重点工程，浩大的工程意味着巨量的资金投入，为此海河工程局多方筹集资金，形成了政府拨款、海关附加税转移支付、自营业务收入等多项资金来源。不仅如此，海河工程局在为重大项目融资时发行过9次公债。凡此资金来源成为工程顺利进行与海河工程局永续发展的保障。

在海河工程局的资金来源中，关税是非常重要的组成部分。附加税的转移支付就是来自关税；中国政府每年6万两白银的拨款也来自关税。实际上，除自营收入及第一次清政府的10万两白银拨款，海河工程局绝大部分资金来源都取自关税。因此海关与关税的属性对海河工程局具有决定性意义。

一、海关附加税转移支付

疏浚海河航道最直接和最大的受益者就是往来海河的商人和轮船公司，作为享受优质通航服务的代价，海河工程局的主要工程资金即由往返商船以海关代征的附加税形式支付。每次征收新税或者增加税额，都必须得到中国政府和外国领事的批准，并与洋商会代表、轮船公司代表开会商议以达成合意，随后由海关代为征收并转交海河工程局。

海河工程局通过海关征收的附加税主要有三项：河捐、船税、造桥临时税。

河捐，又称工捐或河工捐，顾名思义就是特指海河工程以自愿和慈善性"捐"之名行强制性"税"之实，这符合中国民间公共建设主要来自民间捐款的传统。海河工程局初建之时，各国领事与王文韶会商，决定通过海关增税以补充海河工程局治河经费。为此各国领事分别呈报各国驻京公使和总理衙门，增税方案相继得到批准。海关税务司遂制定《修河工捐则例》，并于光绪二十四年（1898）8月1日正式施行：

> 凡货物除免税货及漕粮官用物料并护照免税各物不计外，其由华洋各商报关货物或入口或出口应照后开则例纳捐，以备修河之需。应纳出入口正税各货，按正税每百两纳工捐关平银一两。应纳复进口半税各货，按半税每百两纳工捐关平银二两。……①

除特别物品以及缴半税的货物，河捐税率为关税的1%。随着海河工程局业务不断扩展，工程量不断扩大，河捐数额相继上涨。

---

① 《复监督整顿海河》，HHC，第6卷，第622—623页。

1901年8月22日，"钦命头品顶戴二等第二宝星津海关税务司德（璀琳）"发函，河工捐调整为关税的2%：

> 前经各国都统衙门暨领事官，并各工部局拟定筹款整顿海河计，自大海起至租界面前轮船停泊处止，已蒙北京大宪核准，除前收河工捐外，舟行加收一倍，本税司现准……[1]

1903年9月1日再次调整为关税的3%，"业经北京各大宪暨驻京各国领事官允准"，此时德璀琳已升为第一宝星。[2]对于一些关税豁免的货物，在1907年9月署理北洋大臣杨士骧批准，所有货物一律征收河工捐，不再免税。[3]

为了大沽沙浅滩疏浚，以及购买疏浚设备，在光绪三十二年（1906）3月22日的第140次董事会会议上讨论了筹资问题[4]，英工部局同意支付20万两白银，其余25万两以7%的利率发行公债，但是英工部局的款项一直未到。在光绪三十四年（1908）第181次董事会会议上，英国工部局正式收回提案，撤销资金支持，[5]为此加征捐税势在必行，经过几次董事会会议的讨论，光绪

① 《光绪二十七年河工文函存稿·第一号》，HHC，第6卷，第678页。
② 参见《光绪二十七年河工文函存稿·第三十九号》，HHC，第6卷，第733页。
③ 参见《光绪三十一年河工文函存稿·挂七号第三十四号》，HHC，第6卷，第800页。
④ 参见"Minutes of the 140th Meeting of the Board"，HHC。
⑤ 参见"Minutes of the 181th Meeting of the Board"，HHC。

三十四年（1908）海关代表在5月28日召开的第185次董事会会议上提出呈请，从当年6月1日开始加征河捐为关税的3.5%，[①]宣统元年（1909）1月开始，2月开始复调整为关税的4%[②]。此项收入每年约10万两至40万—50万两不等。

船税，又称"吨捐"。光绪三十四年（1908）5月28日第185次董事会上除了讨论增加河捐，还提出了新增船税的计划。[③]9月3日的第187次董事会会议记录显示，各轮船公司来信表示，轮船凡进大沽口者，情愿每吨完纳船捐一钱，并同时按关税4%征收河工捐。[④]最终决定，凡经大沽沙航道进入天津的船只，按照船只所载货物吨数，每吨货物收银1钱，停泊在大沽口外的船只，每吨征收银5分，均由天津海关税务司代为征收。上述两项船税从每年收入10万两左右增至二三十年代的19万两左右。

造桥临时税，又称"桥捐"。为修建万国桥，于1923年10月1日临时开征，为关税的2%，[⑤]截至1929年6月1日。1932年复征

---

①　"加征以备整顿大沽拦江沙新水道之需，所订办法有二，其一是按海关税数每两按五厘加征，其二是轮船每来津一次按每吨收捐银五分如不能驶过拦江沙者少收吨数"，详见"Minutes of the 185th Meeting of the Board"，HHC。

②　参见"Hai-Ho Conservancy Commission Report for 1909"，HHC。

③　"轮船每来津一次按每吨收捐银五分，如不能驶过拦江沙者少收吨数。"参见"Minutes of the 185th Meeting of the Board"，HHC。

④　参见"Minutes of the 187th Meeting of the Board"，HHC。

⑤　"改建万国桥工程颇巨，就地筹款不易……加捐二成以为建桥之用"，并指明用途"专备修桥借款还本付息之用，一俟借款偿清后，即将桥捐停止征收"。见《直隶省长为天津建筑万国桥筹商经费事令津海关监督》，载天津档案馆、南开大学分校档案系编《天津租界档案选编》，天津人民出版社，1992年，第527页。

造桥税一次，用于万国桥工程及维护。

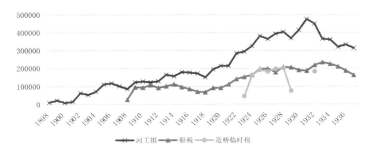

图附一-2　1898—1937年海河工程局各项海关附加税统计（单位：元）

注：1933年至1937年数据年报中以银元为单位统计，本章统计时全部根据政府拨款计算的兑换率换算为银两，下同。

资料来源："Hai-Ho Conservancy Commission Report for 1910-1937"，HHC；《海河工程局略说》，第120—122页。

从图附一-2可以看出，不论是河工捐还是船税都呈现出上涨趋势。特别是各项海关附加税额一定程度上反映了海河工程局的业绩。得益于海河工程局的有效治理，海河航道更加便于航行，更多的商船通过海河直达天津，促进了天津对外贸易的发展和关税收入的增加。由于河捐和船税与关税相关，海河工程局的收入也水涨船高。

二、海河工程局公债

特别税的转移支付虽然为海河工程局的日常工程支出提供了保障，但是一旦要开启重大工程，或是购入新设备，仅靠特别税的转移支付远不足用。为了解决一次性巨额资金的筹集问题，海河工程局相继发行了9次公债在资本市场融资（见表附一-1）。在历次公债的发行和销售过程中，各利益集团也起到了重要作用。

表附一-1　海河工程局历次公债发行明细

公债	发行年	发行公债的目的	利率	发行额（万两）	偿清	担保
BME	1898	启动资金	6%	15	1906	英工部局担保；河捐担保
A	1902	第二次裁弯工程	7%	25	1910	河捐银担保
B	1903-1904	第三次裁弯工程	7%	30	1911	河捐银担保
C	1909	第四次裁弯及购置拖轮	6%	30	1935	河捐船税担保
D	1912-1914	购置破冰船	6%	29	1934	同上
特别	1921	第五次裁弯	9%	20	1923	同上
特别	1924	建万国桥	7%	50	1932	同上
E	1926	大沽沙永久航道疏浚	7%	125		同上
E	1935	替换公债E	5.5%	185万元	8.26万元	同上
	1944				92.95万元	
	1948				兑换成金圆券	

资料来源：本表据中交天津航道局档案馆馆藏以下资料综合而成：

（1）*Hai-Ho Conservancy Commission, 1898-1919*，未编号；

（2）"Hai-Ho Conservancy Commission Report for 1906-1941"（历年年报），未编号；

（3）海河工程局民国三十一年度报告（日文），未编号；

（4）海河工程局昭和十八年度报告（日文），未编号；

（5）海河工程局第442次委员会议事录（日文），第5卷，第1066页；

（6）《为函复本局民国二十四年调换公债偿还本息办法即希查照由》，第8卷，第49页。

首先，历次公债都得到了中外政府的批准与授权，从而具备政府信用。如公债A、公债B和公债C在发行条件中明确说道，"已经得到有关当局和天津各国租界的审核与批准"，"已经得到北京的外交使团和中国政府的批复与核准"①，"承各国驻京大使公同照准"。②

其次，由于海关的相对独立性与关税收入的稳定性，以关税附加税为担保，具有较强的信用，以之还本付息也得到可靠保障。

再次，各国领事和租界的工部局也发挥了重要作用，第一次公债甚至是以英国工部局的自有资产做担保发行的，其发行条件明确说到"公债的本金和利息由河捐和英国工部局的资产担保发行"。公债A也得到了各国租界的审核和批准。不仅如此，各国领事还积极在租界推销公债，甚至出现分摊行为。如公债A"由各国工部局按比例分摊"③，1924年特别公债也曾有摊派的设想，"暂定各租界按如下比例分摊：比利时2%、英国8%、法国15%、日本20%、意大利10%、俄国15%，其他特一区、

---

① 参见"Hai-Ho Conservancy Loan A, 1902"；"Hai-Ho Conservancy Loan B, 1903", HHC，第8卷，第2192—2194页。

② 具体业务包括"一、购办浅水拖船四艘，转为旋耙工程之用；二、置办浚河机器一全份（出海疏浚机器、浮水抽吸机器等）；三、疏浚海河内第四段工程，并购应用浚河机器第二架"。参见吴弘明整理：《津海关年报档案汇编（下册）（1889—1911）》，天津社会科学院出版社，1993年，第94—95页、第203页。

③ 原文是"in principle on a pro rata basis by the various foreign municipalities", *Hai-Ho Conservancy Commission, 1898-1919*, p.151。

特二区、民政局、邮政与铁路等28%"①。

复次，公债是一种将未来税收变现的重要手段。融资问题的解决有助于航道疏浚与重大工程的早日完成。而对洋商与轮船公司的征税又主要在工程完成之后进行，譬如，裁弯取直之后，轮船行驶至紫竹林才交税；航道疏浚之后，轮船在冬季破冰通航之后才交税。通航条件改善降低了货船进出天津港的成本，而洋商和轮船公司是在获得了航道治理收益之后再交税，因此其自愿性与主动性增强，甚至主动认购公债，之后的税收征缴也更为顺利。由于海河工程局的工作出色，海河治理初见成效，天津的贸易量扩大，增加了河工捐数额，因此以之为担保的公债在市场上颇具信誉。1904年9月公债B发行时，认购之数超过了11倍之多。②

最后，历次公债分别通过汇丰银行、华比银行和麦加利银行（渣打银行）经销，畅通了市场渠道，降低了成本。

三、自营收入

海河工程局的收入还有少部分来源于自营收入，主要来自吹填、租赁等业务收入。吹填是将疏浚挖泥船所挖出的河底泥排放到陆上低洼地带以垫高填平地面。这项业务主要面向英、法、德

---

① 《威厚澜为建万国桥费用分担与浚河税事致安格联呈文》，载天津市档案馆、天津海关编译《津海关秘档解译：天津近代历史记录》，中国海关出版社，2006年，第119—120页。

② 天津海关译编委员会编译：《津海关史要览》，中国海关出版社，2004年，第47页。

等租界，可谓变废为宝，一举两得。1927年海河工程局为英国工部局吹填耗费8.4万两，占自营收入的67%。^①租赁业务包括两部分，一部分是船只租赁，主要面向其他航道治理机构出租疏浚及破冰船只，诸如上海的浚浦工程总局、辽河工程局以及小型码头管理机构等；另一部分是土地租赁，将海河工程局自有土地租赁给其他机构或个人。此外，海河工程局的固定财产孳息也是收益来源之一，其专用储备基金和养老基金每年都会产生较为可观的利息收益。除以上收益，海河工程局还会有部分如管理费一类的其他收益。图附一-3所示为1910—1937年海河工程局自营收入统计，大体在10万—20万两。

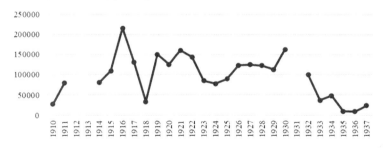

图附一-3 1910—1937年海河工程局自营收入统计

注：由于细目多且繁杂，为篇幅计，本统计只涵盖主账目及大沽沙航道账目；填料经费即吹填费用；1912年、1913年、1931年的年报账目记载不详，下同。

资料来源：*Hai-Ho Conservancy Commission Report for 1910-1937*，HHC。

---

① 参见"Hai-Ho Conservancy Commission Report for 1927"，HHC。

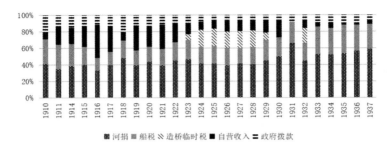

图附一—4　1910—1937年各项收入占年收入权重（不含公债）

资料来源：*Hai-Ho Conservancy Commission Report for 1910-1937*，HHC。

四、独立的产权单位

关税的转移支付是海河工程局最主要的收入来源，河捐和船税两项平均占70%，个别年份甚至超过90%。自营收入平均占全部收入比重的14%左右，1910—1915年处于上升阶段，占比较高。20世纪30年代之后，自营收入占比逐渐降低，不超过7%，1935年、1936年甚至仅占1%。政府拨款占比最低，平均不足10%。由于政府拨款金额每年固定，伴随着海河工程局总收入的增加，政府拨款占比总体呈下降趋势。

海河工程局资金主要来自关税，既表现为海关附加税的转移支付，也表现为以其为担保的公债发行与偿还，因此海关与关税的特殊性决定海河工程局的性质。近代中国海关为中外共治的相对独立的权力机构，附加税的征收需要得到中外政府双方的同意。海关主权名义上是中国的，但关税收益则需要中外双方共同商议支配，缺一不可。1905年浚浦工程局筹建之时，中方就拒绝了外方以关税附加税来解决资金问题的建议，目的是保证中方的独立支配权；然而维持了2年就无以为继，最后仍不得不像海河工程局一样以关税为基础运营。[①]1927年，中方曾打算开辟新河解决海河淤塞问题，但需要200万元，财政困难无以为继，只得仍求之于海关附税。但"须先得外交团之认可方可举办"，因此祁彦孺建议以"救济海河、维持中外商务"的理由来与外方进行交涉。

河捐、吨捐、桥捐，以捐之名行税之实，捐是自愿，税为强制。由于河捐得到洋商总会、轮船公司的支持，的确带有自愿的成分——因为往往是疏浚工程大体完成，洋商与轮船公司获得确切的收益之后，才以其节省的成本或所获收益来交税。更为重要的是，如果没有海河疏浚工程，就不会有河捐与船税，中国政府也无法获得这些捐税；反过来，这些河捐船税也没有造成中国政府的损失。"洋人把持疏浚海河之权者，其理由不外因缴纳河工捐及轮船吨捐，以为捐自我出，则事权不能放弃。然安知此项附捐虽直接出自洋商，而其货物进口以中国为销畅，则间接仍为华人负担。"[②]

既然海河工程局的主要经费并非纯粹源自中国财税，那么海河工程局的产权就很难说属于天津或中央政府。同样，尽管外方在海河工程局的具体经营上处于主导地位，但其主权至少名义上

---

① 参见上海航道局局史编写组编：《上海航道局局史》，文汇出版社，2010年，第25—29页。

② 祁彦孺：《改组海河工程局及救济海河办法之节略》，HHC，第4卷，第672页。"预备收回海河工程局之理由及办法。"

属于中国，产权不归属于外方。1927年《大公报》发表文章称"收回海河工程局此其时也"；海关监督祁彦孺具体阐述了预备收回海河工程局的方案，但结果只能提出三点改进：增加华人董事名额；华洋待遇平等；秘书长、洋总工程师限权。[①]究其原因，海河工程局本来就不属于洋人，也就无法谈收回问题。由此可见，海河工程局是一个独立法人，具有国际合作性质，从其源起来说，《辛丑条约》就规定天津政权移交之后海河工程局由"中国国家派员与诸国所派之员会办"。

海河工程局拥有自身的财产，不归属于政府（state），也不是公有（public），当然更不属于私人（private）或家族，也不归属于外方（foreigner）。它就是一个独立法人（legal entity）。它以独立的法人主体发行公债，以自身的收益来还本付息，尽管这得到了中外政府信用的背书，但不属于政府公债，亦从未被列入晚清或民国的各项债券之中。

第四节　公益法人及其公开透明运行

一、公益法人

海河工程局具有如下几个相互关联的特征：

---

① 祁彦孺：《改组海河工程局及救济海河办法之节略》，HHC，第4卷，第672页。

公益法人，即非营利性、非政府的独立机构，分别于1897年、1905年成立的海河工程局与浚浦局就是在特定历史背景下形成的非营利性专业机构，在清末民国时期承担天津、上海两大港口的航道疏浚等公共事业。[①]其一是非营利性。海河工程局不是企业，不以营利为目的，其主营业务不收取报酬，因而也不能通过利润积累寻求扩大再生产。相应地，它也没有股东，没有分红，资金来源受到限制，无法吸引投资者，只能获取社会捐赠和财政拨款，制约了此类机构的拓展和扩大。中华人民共和国成立后，海河工程处和随后的疏浚公司成为政府直接经营的国营企业。改革开放之后，它改制为独立经营的国有企业，特别是国企改革后天津航道局获得了无限的拓展空间。虽然海河工程局是一个非营利性机构，但并非不能从事有酬劳与回报的服务，也并非不能盈利。如前所述，海河工程局就拥有相当可观的自营收益。

其二是非政府性。1945年国民政府将海河工程局改为事业单位，前后比较可以看出其性质的变化。当年10月国民政府第2648号令颁布的《海河工程局组织条例》规定：海河工程局行政上隶属于水利委员会，聘请顾问、专家，乃至"设置测量队、工程处所、挖泥船队、破冰船队、海口疏浚队、材料厂及机修修理厂，其规程由局拟定，呈请水利委员会核定之"，甚至"海河工

---

① 参见龙登高、龚宁、孟德望：《近代公共事业的制度创新：利益相关方合作的公益法人模式——基于海河工程局中外文档案的研究》，《清华大学学报》2017年第6期。

程局办事细则，由局拟定，呈请水利委员会核定之"[1]。1948年1月9日，国民政府公报对《海河工程局组织条例》作了重申与略加修正。[2]与之相比，此前的海河工程局是独立于政府的。海河工程局的财产、设备、资源与人力，政府不得调拨。其在为各租界工部局的公共设施吹填道路时，需要收取费用，其他政府相关项目也收取相应费用。从资金来源来看，如前所述，海关附加税既不是中方的专用税源也不是外方的专用税源，因此海河工程局不属于任一方政府。事实上，也有不少非政府性的公益机构的资金来源于政府财税。

其三是公益性。一方面，海河工程局从事的是公共事业，无偿提供公共服务；另一方面，海河工程局由各利益相关方组成董事会与咨询委员会，或董事部与仲裁部（或参事会），其成员均无报酬。与一般公司不同，海河工程局没有股东，董事会成员也不是由股东大会选举产生。各董事产生于利益集团各自的体系中，诸如领事团代表由领事团选举产生，海关监督由清政府任命，津海关税务司相对独立；其余职位也是由相应的利益集团推选产生。这些由各自所在体系推选、聘任或任命的成员通过各方力量达成共识，组成海河工程局的董事会，这在当时的中国可谓独树一帜。

其四，拥有独立的法人产权，如前所论。

---

[1] 《海河工程局组织条例》，《审计部公报》1946年第108—109期。

[2] 参见《海河工程局组织条例》，《国民政府公报》1948年第3026期。

以上四个特征决定了海河工程局的性质，即公益法人。^①中国目前的政策法规在架构上似乎没有明确的公益法人，但海河工程局就是一个从事公共事业的非营利性的独立机构。作为一个由各利益共同体组成的公益法人，海河工程局在运营方式上遵循了公开透明的原则。

二、运行公开透明

作为一个各利益相关方合作博弈形成的公益法人，海河工程局必须向各方负责、汇报，因此在运营方式上工程局树立起公开透明的典范。这种运营方式一方面满足了各利益相关方更好了解和参与到河道治理中的需求；另一方面得益于其西方背景，海河工程局也很容易接受这种运营方式。公开透明的运营方式，集中表现在以下方面：

其一，定期发布月报和年报。海河工程局每月发布月报，每年发布年报，信息公开透明。现存最早的月报为宣统三年（1911）5月份的报告，直至民国三十四年（1945）3月，中间缺若干月份报告。海河工程局的月报记录了当月的财务、海河水文调查、疏浚和吹填工作、日常调查、船舶的日常检查与维修工

---

① 公益法人包括大部分财团法人和公益性社团法人。社团法人是指以人的集合为基础成立的法人，社团法人的运营由全体成员的意志决定。没有获取利益目的的称为公益性法人，以学校、公立医院等为代表。参见施天涛：《商法学》（第四版），法律出版社，2010年，第47页。

作，以及万国桥的开关等信息。① 现存的年报始于光绪三十二年
（1906），止于中华人民共和国成立。海河工程局董事会通过年
报向中国政府、纳税人以及其他利益相关方汇报与说明海河治理
情况。年报最初以英文记录，不久增加了相应的中文版，"为公
众明了海河事务起见，所有关系文书应以中英文字行之"②。年报
公布的内容可以归纳为四个方面，一是董事会、咨询委员会等管
理、决策机构人员的构成和人员的变动和重要职员的变动；二是
财务信息及审计情况③；三是业务的开展情况；四是未来的工作计
划。最后是财务人员的证明和第三方审计的证明。

其二，招标书发布。海河工程局为了更好地进行河道的疏
浚、破冰等工作和开展重大工程，需要购买不少先进设备，如挖
泥船、破冰船等。海河工程局的重大工程和重要的采购基本都是
采用向国内外招标的方式进行。以万国桥的建设为例，在决定新
修万国桥后，民国十三年（1924）海河工程局向租界的洋人发
布了关于在天津海河上建桥的招标书，并以"英、法两国文字将

---

① 月报直至民国三十一年（1942）11月均以英文记录，1942年12月开始以
　日文记录。
② 现存最早正式刊出的中文年报是民国十七年（1928）海河工程局年报，
　民国二十五年（1936）5月5日，当时的海关监督林世则对于海河工程局
　提出4点建议，其中第一条是"为公众明了海河事务起见，所有关系文书
　应以中英文字行之"，HHC，第9卷，第283页。民国二十九年（1940）开
　始总工程师报告附日文版本，民国三十一年、三十二年（1942、1943）年
　报以日文记录，但是总工程师报告仍然以英日双语记录。
③ 海河工程局于民国二十二年（1933）开始采取复式记账法，每年提供资
　产负债表和收支平衡表。

说明书发表……印刷公布分送本口各领事并登报招标"①。这份建桥招标书共有6部分内容，包括建设背景、平面图要求、负载说明、构桥材料要求、设计方案和关于建桥位置的平面图等。②招标书发布后，投标者共有17家（包括著名的德商世昌洋行和英商仁记洋行），设计方案多达31种。1924年5月1日下午2时，海河工程局董事会开标，于6月4日最终选定采取法国达德与施奈尔公司天津代理者法商永兴洋行提出的"斯克泽式旋转升降铁桥"（Scherzer Rolling Lift Bridge）设计方案。该桥于民国十六年（1927）10月18日建成，至民国二十五年（1936）底，共开启2058次，至今仍在使用（即现在的解放桥），其质量经受住了时间的考验。③

其三，第三方独立审计。月报和年报的定期公开以及采购环节的公开招标，加强了利益相关方对海河工程局的监督，是海河工程局公开透明运营规则的重要环节。但仅仅靠海河工程局信息的公开还略显不足。为了确保信息的真实性，避免隐瞒相关信息的行为，提高公信力，海河工程局还采取了第三方独立审计的方式。在海河工程局的年报中，最后都会有第三方的会计机构对财务报

---

① 《天津新万国铁桥建筑费用报告书》，载天津市档案馆编《天津市档案馆馆藏珍品档案图录（1656—1949）》，天津古籍出版社，2013年，第238—239页。

② 参见海河水利委员会：《关于在天津海河上建桥的招标书》，1924年5月。

③ 参见周星笳主编：《天津航道局史》，人民交通出版社，2000年，第24—25页。

告进行审计并签字，从现存的年报看，负责其审计的会计机构有
W.H.Henderson C.A 和 THOMSON BROTERS & STEDMAN 等。①

　　不论是定期发布月报和年报、还是公开招标和第三方独立审
计，都体现了海河工程局在运行上的规范程度。得益于这些档案
资料的规范化编写和存档，这些珍贵的史料被完整保存下来。根
据天津航道局与天津市档案馆的整理成果，在天津海关全宗中涉
及海河工程局的档案共有2884卷。这些档案不仅内容丰富，而且
具有科学性、系统性和连续性。对档案的妥善保存也从另一个侧面
体现出海河工程局运行的规范性和公开透明性。在今天，公开透明
已经是对一个有公信力的公益法人的基本要求。然而，从19世纪
末开始，海河工程局对公开透明这一原则的贯彻就已经制度化。

小　结

　　海河工程局长期被视为帝国主义把持的机构，加之丰富的外
文档案一直束之高阁，因而其作为中国现代疏浚业的先驱和天津
港口建设的功勋长期湮没无闻。19世纪末海河淤塞严重影响了
天津港航运，然而河道疏浚在技术、资金、管理等方面的高门槛
和外部阻力，无论是中方还是洋人，官方还是商界，都无法独任

---

① 　汤生公司同时也是英国工部局年报的审计单位，*Hai-Ho Conservancy Commission Report for 1910-1945*，HHC。

其责。中外官商各利益相关方在合作博弈中共同推动海河工程局的成立，以公益法人整合各利益群体的优势与资源，形成制度创新。外方的作用非常突出，不可替代，但这并不会改变海河工程局的性质。

海河工程局是一个非营利性的独立机构。没有股东，也没有分红，由各利益相关方派出的代表构成的董事会与参事会（或咨询委员会）表达各方的利益与诉求。向各方负责并接受其监督，这种治理模式保证了日常工作的效率和可持续性。

关税附加税作为海河工程局的主要资金来源，其特殊性深刻影响了海河工程局的性质与经营管理。近代中国海关为中外共治的相对独立的权力机构，关税收益权包括附加税的征收与支付需要得到中外官方的同意。其相对独立性使之在时局动荡和政权更替中保持稳定性与连贯性，赋予了海河工程局独立的法人地位与产权单位属性，使其在历届中国政府和多个外国政府之外长期延续，并成为其资金保障、产权保障与信用保障。关税附加税不仅能够将过去的、当期的关税顺利转移支付为运营经费，而且能够将远期的关税成功变现为工程经费，从而能够尽早完成庞大工程并实现可持续发展。

附二　公共品供给的微观主体及其比较

　　学术界一般认为基础设施是一种公共品，国内学者长期认为其应该由政府或企事业单位主导。现在越来越多的学者接受市场化供给模式。在政府与私营部门之外，还存在着各类民间团体与公共组织，同样可以成为基础设施的有效供给者。埃莉诺·奥斯特罗姆（Ostrom）及其合作者的研究表明，公共组织通过自我约束、自我治理在一定条件下也可以实现对公共领域的有效治理和利用。[1]随着社会的不断发展，新的技术、制度、工具与组织方式重新塑造了公共品的供给主体与供给方式，政府所扮演的角色在理论和实践上都得到了充分的反思。[2]笔者的研究表

---

[1]　参见Ostrom E, *Governing the Commons: The Evolution of Institutions for Collective Action*, Cambridge university press,1990; Ostrom E, "Collective Action and the Evolution of Social Norms", *Journal of Economic Perspectives*, 2000, 14(3), 137-158; Dietz T., Ostrom E, Stern P. C. , "The Struggle to Govern the Commons", *Science*, 2003, 302(5652), 1907-1912。

[2]　参见Salamon L. M., "The New Governance and the Tools of Public Action: An Introduction." *Fordham Urban Law Journal,* 2011, 28(5), 1611-1674。

明，传统中国的民间组织主导了基层公共品的供给，包括桥梁、义渡、道路、水利等多种基础设施。[1] 学界逐步开始认识到政府、市场与非营利组织各自具有的特点，并且相互之间存在合作、互动解决社会问题的可能。[2]

　　然而，三种主体不同的供给模式的比较研究阙如，理论探讨仍有待提升。从清末至今，中国水运基建的供给主体依次经历了公益法人、国营企事业单位、现代公司三种模式，也对应着社会、政府与市场三种机制。本章首次整理了跨越三个世纪具有

---

[1]　参见龙登高、王正华、伊巍：《传统民间组织治理结构与法人产权制度》，《经济研究》2018年第10期，亦见本书第三章。

[2]　参见Brinkerhoff J. M., Brinkerhoff D. W. ,"Government–nonprofit Relations in Comparative Perspective: Evolution, Themes and New directions", *Public Admin*, Dev., 2002,22,3-18; Salamon L. M., Toepler S., "Government–nonprofit Cooperation: Anomaly or Necessity", *International Journal of Voluntary and Nonprofit Organizations*,2015, 26(6), 2155-2177. 国内学者相关研究成果详见正文论述。20世纪90年代中期以后，越来越多的地方政府开始通过与社会资本合作（PPP）的模式，进行了大量的高速公路、水利等基础设施建设，见陈志敏、张明、司丹：《中国的PPP实践：发展、模式、困境与出路》，《国际经济评论》2015年第4期；在城市基层公共服务领域，各地政府因地制宜地采取了项目制、单位制、混合制等不同的组织制度模式，与社会组织形成了多样化的合作方式，有效地提高了社会治理水平，见管兵、夏瑛：《政府购买服务的制度选择及治理效果：项目制、单位制、混合制》，《管理世界》2016年第8期。但这种形式不是本章讨论的重点。

连续性的中英文原始档案，进行了深度访谈与实地调研，^①在此基础上探讨了不同机制和社会经济背景下基础设施供给主体的特点、约束条件与绩效，并进行历史比较和理论探讨。同时，新世纪中国水运基建走出低迷状态，迅速实现了跨越式发展，一方面验证了现代市场化公司主导基础设施建设的高效性，另一方面说明了激发原创研究的重要性。有的学者无视现实已经发生了脱胎换骨的变化，仍停留于世纪之初的数据与认知，却对当今现实评头品足；有的研究者则由缺乏自信转向盲目膨胀，一些长期实践中已被淘汰的观念沉渣泛起，造成理论与实践的认识混乱。伟大的实践呼唤理论创新。只有通过比较研究与长时段考察，才有望正本清源，并校正未来的发展方向。

第一节　公益法人供给及其局限性

通商开埠后外国轮船航运带来了河道疏浚的新需求。在外方的压力和推动下，最初以"官督洋办"成立疏浚机构，继而成为公益法人，以中国政府相关部门的官员（包括外籍的海关税务司）组成

---

① 我国水运基础设施的主要提供者为中国交通建设集团（以下简称中交集团）及其前身企业，清末至今国内的绝大多数航道疏浚、港口建设都由其完成。笔者曾接连负责的三个项目对中交集团及其在天津、上海、广州、武汉等地的子公司、重大工程进行了实地调研与深度访谈，获得授权查阅了大量不对外开放的国企档案及中英文历史资料，为本章的研究提供了丰富的材料和证据。

董事局，设立以外国领事、外国轮船公司为主要成员的顾问局，洋总工程师全面负责机构运营、技术与管理事务。公益法人要向中外利益相关方负责，保持信息公开透明，运营规范有效，取得了良好的成效。[1]公益建造、免费使用的模式，其实在中国源远流长。与18世纪英国、19世纪美国多由营利性主体尤其是公司经营收费公路、运河与铁路形成鲜明对照，明清地方性基础设施从资金筹集、主持修建、运营管理与后期维护多由各种民间组织具体实施，有些基础设施的经营延续长达数百年，相关的组织机构、治理结构、法人产权制度及市场机制都趋于成熟。但是其局限性也很明显：

一是业务范围的地域性。海河工程局、浚浦局是特定地域内，中外官商各利益相关方合作博弈的产物，其业务限定在各方所商定的地理范围内，专门服务于天津、上海的航道疏浚，几乎从未考虑向外拓展市场。传统时期民众公益建造的公共工程也无一例外都是地方性的。

二是经费来源的地域性。津沪疏浚经费主要来自两地的海关附加税，其使用同时受制于中外政府，也受制于当地海关，还受捐纳方轮船公司与洋行的影响。[2]专项税注定了其经费使用的专门性，很难涉及疏浚之外的行业或区域以外的业务。

---

① 参见伊巍：《近代疏浚公共事业的制度创新与变迁——以津沪航道治理为例（1897—1949）》，清华大学博士学位论文，2019年。
② 参见龙登高、龚宁、伊巍：《近代公益机构的融资模式创新——海河工程局的公债发行》，《近代史研究》2018年第1期。

三是缺乏利润积累途径，难以实现自我扩张。这是由其公益法人的性质所决定的。海关附加税作为资金的主要来源，决定了其主营业务不能另外收取费用，只有疏浚与破冰主业之外的诸如委托吹填、土地和船舶设备租赁等非主营业务才可以收费，然而毕竟为数不多。公益机构并非不能盈利，但利润积累有限，缺乏扩大再生产和拓展市场的内生动力。

四是组织者、经营者缺乏拓展驱动。两大疏浚机构没有股东，即使有赢利也不能用于分红。组织者（理事、董事）尽职尽责，安于本分工作，但缺乏扩张的意愿。企业则不然，其资金来自自身利润积累或资本市场，可以实现自我扩张和可持续发展。如果说公益法人是为了完成各利益相关方委托的目标，国营企事业单位是为了完成政府的任务，那么现代公司则是追求市场利润。在追逐和扩大利润的过程中，现代公司设法破除特定利益群体和地域的限制，也就是摆脱了诺思（North）所谓的人格化交易的限制，①从而具有非人格化交易的拓展性，能够面向市场寻求无限发展的空间。

第二节 计划经济下政府主导公共品的根本制约

1945年抗战胜利后，国民政府接收海河工程局、浚浦局，将

---

① 参见North D.C., *Understanding the Process of Economic Change*, Cambridge University Press, 2005。

其性质变更为事业单位。1949年后，中华人民共和国政府在全国范围内统筹整合水运建设力量，系统规划与管理，逐步建立了国营企业（及事业单位）构成的计划经济下的组织体系。交通部统一领导的疏浚、筑港、设计与装备企业，保证了1950年代前期水运建设业迅速恢复发展。[①]然而，国营企业、计划经济的痼疾很快使水运建设走向长达十余年的低迷乃至衰退，政府自营并完全主导公共品的根本局限表露无遗：

其一，计划经济体制下依据身份与等级分配资源，水运基建各微观主体只不过是政府体系的一个组成部分，有严格的行政级别，缺乏自主决策权，也缺乏约束与激励。资源分配、上级指令与信息的传达都按相应的等级进行，政府认为重要的部门则给予较高的行政级别，管控的程度也更深。交通部所属水运企业多为厅局级单位，具有较高行政等级，在重工业优先的计划经济时期是受到重视的单位。政府配置资源按照企业及其员工的身份与等级，对市场激励机制极为排斥，干部由上级任命，工资来自财政拨款；工程与资源均由上级分配；政府负有无限责任，小至海员服装都得由国务院副总理讨论确定。即使到了1980年，能否实行计件工资制，甚至微小到4分钱的奖金，

---

① 熊金武、王苗、杨济菡：《中交水运建设企业体系的确立（1949—1978）》，载中国交通建设集团有限公司主编，龙登高等编《中国交通建设集团水运建设发展史》（上册），人民交通出版社，2021年，第169—337页。

也得多名中央领导亲自过问才能实施。[①]正是这样事无巨细都需要服从上级安排的体制，扼杀了企业获取资源、组织生产以及提高效率的创造力、自主权和积极性，成为我国水运基建行业长期低迷不前的重要原因。

其二，政府通过计划的方式控制与配置资源，以"条条块块"为分配途径，各水运建设单位只能被动接受，这与竞争机制天然不兼容。"条"即中央部委的行业，"块"即地方政府，形成了中央直接控制的行业与自成一体的地方并存的"M"型体制。[②]看似完整的经济体或市场，在条块分割之下支离破碎，既阻挡着生产要素与资源的流动，也扼杀了竞争。水运建设行业中的天津、上海、广州、武汉各大航道局、航务局都有着严格的地域界限，各企业只能在划定的区域内开展业务，不得随

[①] 在深圳蛇口港的建设过程中，为调动工人积极性，四航局1979年10月在车队中实行了"定额超产奖励制度"——定额内每车2分钱、超额奖励每车4分钱，大幅提高了劳动效率。但是出于意识形态的考虑，1980年4月被上级部门勒令停止施行，回到了平均主义的办法，工人积极性受到严重挫折。随后蛇口工业园区的一份报告于当年7月送到了时任中共中央总书记胡耀邦案头，并得到了他的支持，批示中央书记处书记谷牧过问此事。谷牧批示时任国家进出口委员会副主任的江泽民考虑允许在蛇口的这一特殊政策，随后在江泽民的过问下，定额超产奖励制度在当年8月1日得到恢复。

[②] 参见Qian Y., Xu C., "Why China's Economic Reforms Differ: the M-form Hierarchy and Entry/Expansion of the Non-state Sector",*Economics of Transition*,1993 ,(2), 135-170; Qian Y., Roland G., Xu C. "Coordination and Experimentation in M-form and U-form Organizations",*Journal of Political Economy*, 2006, 114(2), 366-402。

意逾越。主要港口建设与河道疏浚的投资大多直接由中央政府拨款，其他主体没有自主投资的权限，因而投资额始终有限，而且波动极大。

其三，价格由政府确定，不能反映真实的资源稀缺程度，这导致生产要素的流动与配置，无法根据价格信号流向效率最高的领域和企业。价格是一个灵敏的经济指标，生产成本、市场供求、货币供给等情况都会通过价格得到体现。企业可以据此调整产品结构与产量，政府可以据此及时了解市场运行状况，并采取有效的调控措施。而由政府制定价格则不可避免地存在很多问题。信息和知识在社会中分布高度分散，单一主体不可能实现有效的搜集、使用，[1]同时政府对收集的信息也没有足够的处理能力，[2]这从根本上制约了通过政府及其计划实现经济持续发展的可能性。

中国的经济体量极大、区域差异也很大，为减轻信息处理的难度、方便管理，不得不维持原料价格、产品价格、员工工资等名义变量的长期稳定，这会导致价格信号的扭曲。如图附二-1所示，1966—1978年天津航道局的工资十余年没有增长，相反还略有下降，总体维持在一个僵化不变的状态。

---

[1]　参见Hayek F. A. ,"The Use of Knowledge in Society", *The American Economic Review*, 1945,35(4), 519-530。

[2]　参见Ellman M. ,"The Fundamental Problem of Socialist Planning". *Oxford Economic Papers*, 1978,30(2), 249-262。

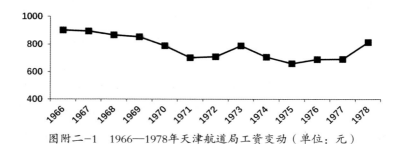

图附二-1　1966—1978年天津航道局工资变动（单位：元）

资料来源：天航局档案。

经济学家薛暮桥作为中国价格体制的设计者与实践者深知其弊。[①]因此，改革开放后包括薛暮桥在内的原先计划经济的制订者大多很快转变为市场经济的推动者。[②]但他们仍然不放心市场，事实上大多数人都不放心市场——变动不居的价格、不确定的市场，总是让人担心随时都可能遭受市场以外的干扰。一旦企图以整齐划一、干净纯粹的直线思维与理想模式来规划和配置资源，危机也就潜滋暗长了。

其四，微观主体缺乏市场激励机制与自主决策权，完全听命于政府安排，导致经济波动大，效率低下，这是计划经济又一不可克服的痼疾，水运建设业也深受其害。政府全面控制的初衷是实现平稳均衡发展，现在仍有不少人持这种看法，然

[①] 参见周建波、孙淮宁：《建国后薛暮桥的物价思想探析》，《经济学家》2011年第1期。

[②] 参见徐建青、董志凯、赵学军：《薛暮桥笔记选编（1945—1983）》（第四册），社会科学文献出版社，2017年。

而计划经济体制最大的缺陷恰恰是不能保证可持续的生产高效率。[①] 如图附二 -2 所示，1960—1977 年和 1978—1995 年两个时段中的 GDP 增速方差分别为 121.73 和 10.96，波动方差相差悬殊，而且前者在 17 年间出现了 6 个年份的负增长，20 世纪八九十年代的改革开放尽管一直处于探索和摸索过程中，但再也没有出现过经济负增长。原因就在于本章所论四大痼疾，并直接表现为以运动方式推动经济建设时不可避免出现中途调整、整顿、中断、延迟甚至停滞，规划和建设都缺乏连续性，造成很多"胡子工程""癞痢头工程"。例如酒泉钢铁厂，从 1958 年到 1980 年建造方案变了 6 次都没有确定下来，直到 80 年代初才有成品钢生产出来。[②] 1962 年曾有基建专家指出，"我国建设总投资的一半左右，在建设过程中因各种原因中途停顿，最终没有建成而浪费掉了"[③]。1973—1975 年"三年大建港"后，1976年国家财政无力继续投入，又留下不少烂尾工程。

[①]　参见武力：《中国计划经济的重新审视与评价》，《当代中国史研究》2003 年第 4 期。

[②]　来自 2018 年 8 月笔者在酒钢的调研。更多案例可见武力对计划经济时期钢铁工业的描述，以及中共中央书记处研究室经济组编：《经济问题调查研究资料（1980）》，中国财政经济出版社，1983 年。

[③]　钱永昌：《轻舟已过万重山》，人民交通出版社，2008 年。

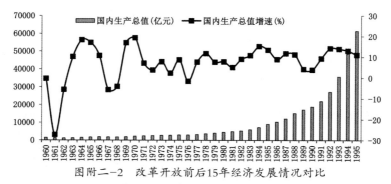

图附二-2 改革开放前后15年经济发展情况对比

注：主坐标轴表示国内生产总值，副坐标轴表示国内生产总值增速。
数据来源：国家统计局。

计划经济体制下的经济剧烈波动，可以从几次政策变化导致短期内职工人数大起大落得到清晰的印证。"大跃进"期间，1958年末全国职工人数在一年内陡增45.9%，三年困难时期又精简下放了大约37%。[①]即使水运业在重工业优先的举国体制下受到高度重视，仍然难以避免此类冲击。1956年，天航局的年职工平均人数为2570人，而"大跃进"期间仅仅天航局下属的大运河工程队就在1958年、1959年分别补充152人和977人[②]，增幅惊人。随着三年困难时期政府大力精简压缩国家工作人员编制，水运基建企业的员工又大幅下降。四航局的职工人数从1960年的

---

① 罗平汉：《大迁徙：1961—1963年的城镇人口精简》，广西人民出版社，2003年。
② 中交天津航道局档案馆藏：1956年永久档案卷3，第102—117页；1958年永久档案卷13，《天津航道局大运河工程队补充人员计划》，第5—6页。

1478人下降到1961年的804人，降幅45.6%。[1]可见，在政府的管理之下，水运基建企业连员工规模都无法自行决定，经营绩效也不可避免地剧烈变动，导致长期的效率低下。[2]

其五，政府配置资源，必然局限于政令管辖范围之内，与封闭天然是孪生兄弟，水运建设业长期闭门造车的结果就是大幅落后于世界先进水平。中国水运基建业与国际社会缺乏交流，技术与国际水平差距越拉越大。1977年，时任交通部长叶飞两次率团考察北欧与西欧，发现中国与先进国家的港口水平可谓天壤之别，当时中国大陆所有沿海港口吞吐量总和，不及鹿特丹一港。相较于西方发达国家，他以"触目惊心"来形容当时国内港口建设与管理的落后和混乱。[3]

由此可见，在单一化的政府指令体系下的国营企业主导的基础设施建设，有可能在特殊时段或局部集中力量办大事，但不可能在长时段内实现整体的多元化、可持续发展，平稳的均衡发展更难实现。因此，到改革开放前夕，不仅是水运基建，公路、铁路、民航等基础设施全都极度落后。

---

① 详见四航局：《风雨历程——中港第四航务工程局史（1951—2001）》，中交第四航务工程局有限公司内部印刷物，2003年，第19页。交通部其他国企类皆如此，不一一列举。

② 参见熊金武、王苗、杨济菡：《中交集团水运建设企业体系初步形成（1949—1978）》，载中国交通建设集团有限公司主编，龙登高等编《中国交通建设集团水运建设发展史》（上册），人民交通出版社，2021年。

③ 参见叶飞：《叶飞回忆录（续）——在交通部期间》，人民交通出版社，2001年。

第三节　市场化与现代公司治理过程中的水运基建

改革开放是一条探索之路，具体过程是曲折的、艰辛的，呈现出从不断试错到渐趋明朗的趋势，水运基建行业也是如此。供给主体由政府所属的企事业单位逐渐转变为市场化的现代国有企业，[①]这一转变过程为本章的比较研究提供了动态素材与绩效检验。基础性的公共品可由政府提供，以满足民众的基本需求。但也可以由市场化的微观主体来提供，特别是高层次消费，则只能由市场来提供，由私人购买服务。

一、面向市场的水运国有企业改革

在计划经济向市场经济转型的过程中，水运建设业的改革开放呈现三条清晰的脉络。一是政府放权给民间与市场，行业放开，逐渐市场化；二是政府放权给企业，微观主体自主经营，进

---

① 究其原因：第一，在长期计划经济体制的束缚下，思想不易转弯，意识形态与理论障碍一直成为改革道路上的顽疾。在改革前期相当长的时间内，仍不能摆脱计划经济的窠臼，连商品经济理论与实践都不敢突破意识形态的条条框框，只能以"有计划的商品经济"（简称"计划经济"）来折衷各种主张，犹抱琵琶半遮面；第二，各部门、各行业改革进展参差不齐，局部突破与整体改革互为掣肘，不得不在互动与磨合中逐渐推向全面改革与配套；第三，体制改革是一个权力再分配和利益的再调整过程，权的后面是利，而且有各种冠冕堂皇的"政治正确"加以阻挠，各部门、各单位的本位利益难以突破。前交通部部长钱永昌在其回忆录《轻舟已过万重山》中感触深刻。

而建立现代企业制度；三是开放与对外交流，"走出去"与"引进来"。80年代末，改革开放曾一度遭受挫折，直到1992年邓小平发表南方谈话，1994年党的"十四大"确立社会主义市场经济的发展道路，水运建设业才明确了市场化的发展方向，水运国有企业也才明确了现代企业制度的发展方向。通过不断改革，中国水运建设行业的企业治理水平不断提高，所获成就也愈发显著。

水运国有企业的改革探索十分艰辛，然而具体的路线却逐渐明晰，从80年代的独立核算、自负盈亏、自主经营的探索，到1992年之后确定以现代企业制度为发展方向，世纪之交全面走向公司治理，水运国有企业逐步成为竞争性水运建设市场的微观主体，开始面向市场形成发展战略。

世纪之交，国有企业改革推进到公司治理的层面，水运建设企业也进入了新的发展阶段。2004年，成立不到一年的国资委把"实行国有资本调整和国有企业重组""培育具有国际竞争力的大企业集团"作为其设定的重大任务。原中国港湾建设（集团）总公司与原中国路桥（集团）总公司，于2005年12月，以强强联合、新设合并方式重组，成立中国交通建设集团有限公司。2006年12月中国交通建设股份有限公司（中交股份）在香港成功上市，成为第一家境外整体上市的中央企业。中交集团整体上市的成功，获得企业持续发展的社会化资本，进一步促进企业建立现代企业制度，大幅提升信息披露水平，各利益相关方的监督约束机制得到发挥。由此，国企上市公司成为公众公司，作为市场微观主体与一般公司的差异越来越小。

在中央、国资委、国企自身的不断努力下，水运基建企业基本形成了现代公司治理结构，建立了有效的激励和约束机制，实现了市场化的经营管理模式，成长为具有国际竞争力的现代公司，获得了快速成长。中交集团2008年首次迈入世界五百强，2018年跻身百强，其中疏浚业务2005年位居世界第三，到2010年跃居世界第一。甚至中交旗下子公司天津航道局、上海航道局的不少指标，在2015年也可与世界四大疏浚巨头一较高下，而在2009年以前，则是不可望其项背。①目前，中交集团是世界最大的港口设计及建设企业、世界领先的国际工程承包商、世界最大的港口机械制造商、世界领先的海洋工程辅助船舶制造商和全球一流的海工装备设计企业。

二、水运建设业的跨越式发展

水运基建国有企业公司治理历经试错与探索，终于脱胎换骨，度过了世纪之交水运基建业的低谷，释放出巨大的能量，2001年以后迎来逾10年的超高速增长，取得跨越式发展并产生

---

① 世界四大疏浚公司指的是波斯卡里斯（Boskalis）、范德奥（Van Oord）、杨德努（Jan De Nul）、德米（DEME），这四家公司一度占全球疏浚业务60%的市场份额。具体比较情况可见龙登高、常旭、熊金武：《国之润，自疏浚始——天津航道局120年发展史》，清华大学出版社，2017年；林展、黄玉玺、王明、陈苗：《中交集团水运建设的跨越发展（2001—2019）》，载中国交通建设集团有限公司主编，龙登高等编《中国交通建设集团水运建设发展史》（下册），人民交通出版社，2021年，第481—726页。

深刻变化。新世纪的前十年，中交集团各子公司几乎不约而同地以"跨越"命名或总结这一阶段的发展成就，[①]2012年集团总资产、营业收入与营业利润分别为2006年的3.42倍、2.57倍与2.96倍。

沿海主要港口吞吐量突飞猛进，彻底打破港口基础设施的瓶颈。如表附二-1所示，2000—2011年，平均年增长率高达15.9%，超过了同期被称为"黄金十年"的GDP高增长率。就增量而言，90年代是80年代的2.95倍，21世纪头十年又是20世纪90年代的5.45倍。如果以1979年的沿海港口吞吐量为基数，则2000年和2017年分别为其15.9倍和40.7倍。1985年全国沿海港口吞吐量合计3亿吨，而2013年超过这一数字的港口就达10个。一批港口成为世界级大港，宁波－舟山港吞吐量2018年越过10亿吨，超过1999年我国沿海港口吞吐量总和。世界集装箱大港，中国十居其七，上海港稳居榜首。天津港拥有全球航道等级最高的人工深水第一大港；秦皇岛港是全球最大的煤炭码头；青岛港拥有全球最大的40万吨级矿石码头；大连港拥有泊位水深27米的45万吨级原油码头。

---

① 四航局2000年营业额为14.3亿元，2010年达到154.1亿元，扩大了10倍之多，因而将这一阶段的发展纪实命名为"跨越"。天津航道局2000年的产值仅有5.7亿元，2009年完成合同额和营业额双超百亿的历史性突破，该局发行"百年天航、百亿天航"纪念邮册，并将其命名为"跨越"。

表附二—1　沿海主要港口货物吞吐量：1980—2017

年份	吞吐量 （亿吨）	比上一期净增 （亿吨）	年均增加 （万吨）	年均增速 （％）
1980年	2.2	——	——	——
1990年	4.8	2.66	2659	8.9
2000年	12.6	7.73	7728	10.1
2010年	54.8	42.2	42276	15.9
2017年	86.5	31.7	39638	6.8

注：表中"比上一期"指的是与前一个10年相比，如2010年与2000年、1990年与1980年相比，"年均增加"指这10年间的均值；最后一行是2017年，涉及的比较是与2010年相比，均值是指这8年中的均值。
资料来源：国家统计局。

　　拓展国际市场是中国水运基建业举世瞩目的深刻变化。20世纪后期，中国水运建设企业完全不具备国际竞争力，与国际先进水平差距很大。2001年，中国加入WTO，企业实施"走出去"战略，中交集团直面全球挑战，在竞争中谋求生存与发展，成功拓展了国际市场。2011—2018年，集团海外利润额比重均在1/4以上，一度达到1/3以上，2018年国际化经营指数为28%，在建筑类央企中位居前列。截至2018年底，中交集团已在全球139个国家和地区开展实质业务，在119个国家和地区设立了230个驻外机构。①

---

① 刘宣佑、李一苇、郑双辉：《中交集团水运建设的国际化之路（1949—2019）》，载中国交通建设集团有限公司主编，龙登高等编《中国交通建设集团水运建设发展史》（下册），人民交通出版社，2021年，第727—838页。

技术与装备方面，我国水运建设业实现了从引进学习、模仿改进到自主创新的飞跃，[1] 与10余年来高铁的技术突破与高速发展的路径[2] 颇为相似。中交集团在工程实践中形成了核心技术群，并成为承建超级工程的强力支撑。作为世界上最复杂、技术难度最高的沉管隧道，港珠澳大桥岛隧工程的高质量完工，使我国沉管技术实现从落后到引领的跨越。洋山深水港的建成，促进了离岸深水港建设技术的发展，使我国具备了"在世界任何地方建港的实力"。长江口深水航道整治工程，逐渐摸索出国际领先的大型深水航道建设成套技术。起重量12000吨的"振华30"起重机表明我国巨型起重船技术居于国际领先地位。20世纪我国挖泥船主要依赖国外进口，10余年来不断攻坚克难，逐步实现自主设计建造，实现了技术水平的奇迹般的逆转，"天鲸号""新海旭""天鲲号"等大国重器见证了我国挖泥船从无到有、从有到强的艰难历程。2017年，中交集团多种型号的挖泥船被列入国家限制出口名单，我国疏浚技术装备实现了从"被封锁"到"出口管制"的翻转变化。2019年，"海上大型绞吸疏浚装备的自主研发与产业化"荣获国家科技进步奖特等奖，推动我国疏浚技术装备跻身世界前列、疏浚能力跃居世界第一。

---

[1] 何国卿：《中国水运建设产业创新系统研究》，清华大学博士学位论文，2018年。

[2] 路风：《冲破迷雾——揭开中国高铁技术进步之源》，《管理世界》2019年第9期。

三、市场化的逻辑

水运建设业的飞速发展建立在逐渐完善的市场经济制度之上。所谓市场化的逻辑，从公共品供给主体的角度，从公益建造、政府主导、市场化主体的比较视野入手考察，突出表现为四个方面。

一是市场配置资源具有更高的效率。市场经济中，技术、人才、资本、信息等生产要素和各种产品在价格信号的引导下通过市场配置到有效率的企业中，配置到受欢迎的产品与服务中，配置到具有生命力的产业中，推动它们不断更新换代、转型升级。

在改革开放之前，投资基本以国营经济为主，[①]此后的投资主体则向着多样化方向发展。就水运基建投资而言，20世纪90年代以前主要依靠政府，尤其是中央政府的投资，此后政府投资逐步下降，沿海港口建设投资却呈现过去不可想象的爆发式增长。1980年，中央政府投资占我国沿海港口建设总投资的80%，到1990年下降到60%，2005年下降到不足2%。2007年，全国港口建设完成投资727.3亿，中央政府投资8.13亿，仅占总投资的1%多一点。此时占比最高的是企事业单位的投资，合计达366.3亿，占50.36%；此外还有国内贷款181.2亿，占24.9%；外资30.8

---

① 1981—1992年，国营经济投资占全社会固定资产投资的比重始终保持在2/3左右。但从1993年开始国营投资占比迅速下降，同时非国营经济投资的比重则开始上升，在2001年达到52.7%，正式超过国营经济，成为主要的投资来源，见睢国余、蓝一：《中国经济周期性波动微观基础的转变》，《中国社会科学》2005年第1期。

亿，地方自筹资金19.2亿，其他资金34.5亿。市场化、多元化融资渠道使政府再也不需要为基础设施投资的捉襟见肘而苦恼。除了极少量的中央投资，银行贷款、股权融资、债券融资、中外合资与合作、投资基金和PPP等多样化的金融工具与融资方式为水运建设注入源源不断的资金，这是计划经济时期所不可想象的。

二是市场竞争。市场竞争机制的引入与增强在宏观层面提高了资源配置效率，在微观层面推动了企业层面的生产率增长，进而促进了总量层面的生产率增长。[1]每一个企业与其他同行业企业、客户，或上下游企业一样，都是独立运营、自负盈亏的经济实体。同行业各企业之间、产业链上下游企业之间相互竞争，优胜劣汰，既提升了企业实力，也提高了行业水平。竞争需要突破时空的限制，给企业更大的自由。市场经济条件下各航道局、航务局可以自由选择，在相互竞争中走向国际市场。

三是市场需求导向。计划经济时期为了完成政府的任务，企业经营目标以政府的行政指令为准；市场经济时期，企业以需求为导向，摆脱了地域和业主属性的限制，可以在国内或者国外经营；也可以与企业、社会或私人甚至是地方政府或军方合作。

市场需求是与时俱进的，只有市场化的企业，才能敏锐把握需求的变化，调整发展战略，寻求自身发展空间。站在各水运建

---

① 简泽：《从国家垄断到竞争：中国工业的生产率增长与转轨特征》，《中国工业经济》2011年第11期。

设企业的微观角度，首先必须满足客户的需求，尽量降低成本、提升效益，才能获得利润，进而依靠盈利实力增加资本，扩充装备和提升技术工艺，形成品牌与核心竞争力；其次必须发现新的需求，特别是不断满足市场与时俱进的新需求，并据此调整企业的经营，促进技术、产品与服务更新换代，形成新的增长点；再次是更高层面的引导需求。企业通过研究与开发，推出符合消费需求发展规律的创新性的技术、产品与服务，引领需求理念与趋势，并通过规则与标准制定，甩开竞争对手。总之，竞争驱动之下，需求引导之下，企业必须重视研究与开发，推进自主创新，才能具有生机与活力；公司化则使企业具备和释放这种能力。

四是市场全球化。市场化必然形成开放的体系，走向全球化经营。20世纪90年代，上海振华在国际港机市场的奇迹般地崛起，开启了中国水运建设国际竞争的序幕。2001年，中国企业实行"走出去"战略，中国加入WTO，2013年中国提出"一带一路"倡议，中交集团都走在开放的前沿，主动参与国际竞争，才使之成为水运建设业的全球领先者。如果闭关自守，没有国际交流，只会与国际水平越来越远，这一切也是不可能实现的。正如港珠澳大桥岛隧工程总经理、总工程师林鸣所言，港珠澳大桥这样的世纪工程及其创新，是建立在世界水运技术基础之上的。向世界开放、与世界交流、参与世界竞争，才能推动水运工程与技术的进一步发展，实现企业的繁荣壮大。

第四节　基建类国有企业上市公司的特性与国际竞争力

今天的成就来之不易，每一步都在摸索中变革，没有任何现成的模式或理论可以依循，难免犯错和付出学费。经历了这一切，才可能真正理解竞争性国有企业的特性及其在基础设施建设中的优势、贡献及不足，特别是21世纪国有企业上市公司与20世纪末的"困难户"相比，已经有了脱胎换骨的变化。本节仍以中交集团为案例，进一步从学理、逻辑上对此进行解释，以期更深刻地理解三种不同基建供给主体的差异性、约束条件与拓展空间。

其一，现代国企组织力。企业作为一种经济组织，通常靠契约维系；国企作为一种特别的经济组织，除了依靠契约纽带、公司治理的激励与约束机制，还加以党纪来约束，以行政来控制，以信仰来激励，这是一种创新，也是一种挑战，使国企的治理结构区别于普通企业，也是国企具有凝聚力、执行力和战斗力的制度基础。这种组织力对水运基建国企尤为重要，船舶在大海上作业，动辄数月，远离家庭，远离陆地，缺乏新鲜食品补给，生活异常艰苦，突发状况随时发生。此时，党组织和政委就成为团队的坚强核心，在战风斗浪、同舟共济中释放出高效率，成为其核心竞争力之一。[①]

---

① 参见龙登高、常旭、熊金武：《国之润，自疏浚始——天津航道局120年发展史》，清华大学出版社，2017年。

其二，大型基建类国企与政府支持。国企在许多领域不具备适应性，但在一些特定约束条件下或能发挥其优势。就基建类竞争性国企而言，通常在下述领域发挥优势：（1）综合性、复杂性的大型工程；（2）目标明确的领域；（3）政府特殊的任务或事关国家安全的项目；（4）国际竞争领域和世界市场。水运建设业正具有这些特点，国有企业还具有很强的适应性，从国际化的角度，甚至具有一定优势，因为面临的是全球竞争。

在走向全球市场的征程中，国有企业以国家实力为后盾，以国家信用为支撑，以国家战略与政策为导向，具有无可比拟的竞争力。除了制度严密、经营规范及组织力强，其优势还来自对政府资源的获取与整合，特别是优质人才集聚，政策倾斜、战略性订单的获取，政府背书的高度信用，低成本融资与补贴等。[①]在追求民族富强成为时代主旋律与社会共识的时代，中交集团作为大型国企又承担着国家任务与民族产业振兴的使命，[②]其战略超越短期经济目标，能够不为短期的变化与困难所左右，具有长期性和稳定性，并与国家战略相配合。

但这些特点与优势的每一个方面几乎都存在与之相对的不足或劣势，甚至有其"先天性"缺陷，通常有如下几种表现：（1）制

[①] 感谢王爱阳的讨论与卓见。关于政府补贴的研究可参见孔东民、刘莎莎、王亚男：《市场竞争、产权与政府补贴》，《经济研究》2013年第2期。

[②] 中交集团坚持以"让世界更畅通、让城市更宜居、让生活更美好"为愿景，秉承"固基修道、履方致远"的企业使命，坚守"交融天下、建者无疆"的企业精神，积极践行"公平、包容、务实创新"的企业核心价值观。

度规范、组织严密的同时，复杂的科层体系可能导致经营不够灵活，对市场变化反应不够敏捷；（2）制度完备的同时，其激励机制可能受到制度的限制和政策的掣肘；（3）获得政府的资源和信用的同时，自然会受制于或听命于政府，可能损害其决策的自主性；（4）来自政府的倾斜与扶植，从长远和全局观之，也有可能损害公平的市场秩序与投资环境，而公平的市场秩序与投资环境恰恰是国企赖以发展的重要助力。凡此种种，正是国企改革的难点。

国企需要进一步释放的另一个潜能，是培育企业家精神。对国企而言，至少在央企层面，管理层和主要领导更像是政府官员而非职业经理人，[①]对企业领导层的激励与约束机制还有待探索。国企的股东同时也是其行政上级，这种特殊的委托-代理制下的公司治理模式，没有任何现成的理论，唯有不断改革和探索。这不但是监管部门的责任所在，也是企业自身的职责所系。1992年成立的上海振华，在集装箱港机国际市场与克虏伯、三井、三菱相竞争，短短5年就占据国际市场第一的位置，管彤贤等在特定体制下所释放的企业家精神，值得借鉴。

其三，国有企业上市公司治理机制。国有企业上市公司，在本质上与一般上市公司没有区别，必须形成规范的公司治理架构，遵循证券交易所的规则，接受社会与媒体的监督，向利益相

---

① 参见杨瑞龙、王元、聂辉华：《"准官员"的晋升机制：来自中国央企的证据》，《管理世界》2013年第3期。

关方负责，这些都是超越国界的。此外，党委的领导、纪委的监督、国资委的考核，既是国企的特殊性所在，也是其他上市公司所不具备的激励与约束机制。

经过多方面的改革，国企内部治理机制在不断完善，代理成本也在下降。[①]通过境外整体上市，中交集团形成了各负其责、协调运转、有效制衡的公司法人治理结构，建立了制度性的信息披露机制，每一期的经营业绩、人员变动、股本变更等重要信息都需要向社会公开，这也形成了对公司法人治理结构的有效监督。

当前国企改制的重点集中于混合所有制改革与国有资本，合乎国企改革与发展的大趋势。[②]需要以混合所有制为突破口，激发和释放国企各利益相关方的动能，强化激励与约束机制。这就要求政府聚焦于国有资本的投资、效率与收益，以此为抓手更有力地驱动对企业的激励与约束。从不完全契约理论来看，国企与资本所有者之间的契约规定必然是有限的、不完全的，尤其在大型国有企业的物质资本、金融资本、人力资本和组织资本的专用性都极强的情况下，混合所有制中的治理结构就显得极为关键。[③]剩余控制权与剩余索取权掌握在最能发挥效力与效率的企业法人一方，将能促进整体福利的提升，各利益相关方都会因此受益，

---

① 参见孔东民、代昀昊、李阳：《政策冲击、市场环境与国企生产效率：现状、趋势与发展》，《管理世界》2014年第8期。

② 参见周丽莎：《改制：国有企业构建现代企业制度研究》，中华工商联合出版社，2019年。

③ 参见汤吉军：《不完全契约视角下国有企业发展混合所有制分析》，《中国工业经济》2014年第12期。

包括国有资本与其他出资方。因此，对于剩余控制权与剩余索取权的制度安排将成为考验各方智慧的关键。

国企改革仍在推进，市场经济制度仍在深化，其波澜壮阔的实践进程也将推动学术研究和相关理论的进展。

小　结

一、结论与理论拓展

基础设施的多种供给主体各有特点，政府、市场与社会各有其不同约束条件下的运行空间，本章结合水运建设业的发展历程，从经济学逻辑上论述了三种微观主体的不同特点及其提供公共品的不同路径，并验证其实践与绩效，分析其原因与动力。

单一的政府及其所属国营企事业单位主导基础设施建设，在计划经济之下难以摆脱其根本缺陷。"条块分割"模式无法形成自由竞争的市场环境，剥夺了企业的自主权，阻碍生产要素与资源的流动，导致价格信号扭曲。国营企事业单位在行政指令下的供给无法匹配真实的市场需求，造成极大的资源浪费。闭门造车也切断了与世界的交流合作，与国际先进技术渐行渐远。

在传统中国社会中，非营利性、非政府性的公益法人供给方的组织与制度不断趋于成熟，但其业务范围和资金来源有较强的地域性，缺乏扩大规模和开发市场的内生动力，难以形成扩张性与拓展性的基础设施建设。这在清末民国特定时期是中外官商各利益相关方博弈之下的一种选择，在多元化供给主体的时代则可成为有益的补充而存在。事实上，广东、福建等侨乡在20世纪八九十年代海外华商的捐赠中就曾经发挥过重要作用。[①]

营利性企业尤其是现代公司承担基础设施的供给主体，在市场经济体系下则具有无限的发展空间。改革开放以来，政府放权后的水运建设业逐渐市场化，现代企业制度逐步建立，以市场需求为导向形成了良性的市场竞争，资本、技术、人才、信息等资源配置更有效率。中国水运基建企业经历了国企改革的所有过程，为探索现代公司治理做出了有益尝试。受益于市场化进程及国企改革带来的红利，我国水运建设业在21世纪取得跨越式发展，发生深刻变化，中交集团也在高速发展和国际竞争中迈向世界一流企业。

除了以上基本结论与创获，本章还可带来具有拓展性的理论启示：

其一，公共品的消费与供给。以往认为公共品只能由政府提供的观点，在理论上不能自洽，在实践中造成困境。现在国内学界大都认可了市场化供给的必要性，但其理论解释仍然乏力，以致不能拓展，难以触类旁通，一旦实践中遇到问题与困难，就有可能重陷认识误区。

公共品的消费具有公共性与外部性、非排他性与非竞争性。公共品的供给既可由非政府非营利主体公益建造，也可由政府投

---

① 参见龙登高、李一苇：《海外华商投资中国40年：发展脉络、作用与趋势》，《华侨华人历史研究》2018年第4期。

入财税建造，所供给的公共品由公众免费使用。实际上，这是以民众捐赠或公共税收的方式先付费、后建造、再使用。如果将公众付费放在消费与使用环节，即先融资、后建造、再有偿使用，事实上没有本质区别。而且谁使用越多，付费越多，其实谁更能够克服"搭便车"的难题。因此，公共品的供给从逻辑上可以是专属性的、竞争性的、多元化的。21世纪中国水运基建企业与现代公司则通过市场化融资、收费使用等方式获得丰厚回报，激励了多元化投资与海内外市场拓展。

政府主导基础设施建设，资金来自财政税收；公益法人、民间组织等非政府、非营利主体的资金则来自捐赠，前者税收是强制性的，后者是自愿性的，但其资金来源都是单一的、有限的。而现代公司主导的企业则通过市场化的各种金融工具融资，具有广阔的空间。20世纪八九十年代水运基建主要靠政府财税投资，始终捉襟见肘。21世纪之后，中央政府在港口建设中的投资比重下降到1%，总投资却反而大幅度上升，市场的力量整合多元化的金融工具，释放无限的能量。

其他公共产品也适合同样的模式。如目前国内颇有争议的教育、医疗等领域，其实政府在提供最基本的保障前提下，鼓励社会力量参与市场化供给，不仅能从总体上扩大供给量，为政府分担压力，而且容易形成个性化、高端化创新产品。

其二，国有企业的约束条件与边界。

上市公司又称为公众公司[1]，一是意味着要向公众、向社会、向市场透明化公开其各种信息，必须遵守国内外证券交易所通行的现代公司治理规则，否则就会受到惩罚直至摘牌。二是意味着承担社会责任，包括但不限于国家与政府委托的责任，这使之与非营利性的社会企业具有越来越多的共通性，只不过社会企业的责任更多地体现在公益事业上。非营利性主体并非不能盈利，不过其盈利所得不能用于分红，只能用于其本来目标与机构运营上。

上市公司的直接目的当然是向社会融资，国企也一样。从政府直接经营的国营企业，到市场化的国有企业，进而到国有资本，政府将日益脱离对微观主体的直接控制与干预，负担得以大大减轻，其收益可能反而增加。至于紧急状态与特殊情况下政府需要征用企业与社会资源，完全可以依靠签署法令等手段来实现，正如一些国家抗击新冠病毒的举措一样。从这个角度来看，国家最终将对各种微观主体一视同仁，政府"坐收其利"，以集中力量做好公共管理与公共服务。

二、启示与建议

20世纪八九十年代国企改革仍处于探索过程中，经营困难，水运国企尤处于低谷。因此学术界对国有企业基本上持负面与否定性评价，对计划经济与政府角色亦持类似的取向。但是，当时国企在改革实践中敢闯敢试，形成的基本趋向是国企要摆脱原有

---

[1] 参见龙登高：《超越公与私：论股份制的产权特性》，《中国特色社会主义研究》2004年第2期。

模式、政府角色要走出旧有框框。其中的具体细节虽众说纷纭，但大方向没有太大分歧。然而在21世纪取得了跨越式发展后，相关议论反而分化为两极，论争激烈。一些学者呈现"暴发户"心态，错将被实践所否认和淘汰的制度与观念当作成功经验；部分学者则无视现实深刻变化，仍停留于20世纪90年代到21世纪之初的数据及其基础上的认识。种种认识误区亟须澄清，否则，经验教训得不到准确的总结，改革有可能误入歧途。特别是随着我国经济转型升级和进入高质量发展阶段，交通基础设施建设也进入新的阶段，市场化、公司化、国际化才是大势所趋，新的机遇与挑战并存，需要政府和企业正确应对。我们在本章分析基础上强调和深化以下几点认识，以期正本清源，进一步明确未来的发展方向：

第一，21世纪水运建设业的跨越式发展是中央政府放手放权后由日益成长的市场力量造就的，关键在于市场化所激发的创新动能。更为重要的是，这并非孤立和特殊的存在，而是在各个领域广泛存在的现象，具有普遍性和一般化的意义。由此，应坚持和深化市场经济改革发展方向不动摇。在新的形势下，积极探索市场化投融资模式，吸收更多社会资本进入基建领域，支撑企业业务发展。

第二，国企改革虽历经曲折与试错过程，但大方向是正确的，成效是显著的，其根本动力在于公司治理机制所带来的激励与约束。像中交集团等央企、基础设施等行业，已经走上从跟随到引领的新阶段，未来面临的不确定性与风险增大，自主探索成本增加，这些都为国企改革带来了新挑战。当前，要扎实推进混合所有制改革，进一步优化营商环境，重点建设一批世界一流企业。

第三，政府的作用在于提供和创新市场经济的平台，而不是替代微观主体。政府应鼓励多元化的微观主体，推动企业竞争与公平发展。同时发挥一定的前瞻与引领作用，顺应国际产业发展趋势，适时推出国家经济重大战略，为企业成长指明未来方向。

第四，面对国际贸易摩擦与科技摩擦，不应夸大全球化风险而否定开放与企业国际化发展。应该进一步加强国际交流合作，深度释放开放市场与全球化带来的红利。当前国际分工日益细化，超级工程很难由一国或一企完成，如港珠澳大桥岛隧工程就是由7个中外法人组成的中交联合体完成。基建企业要在开展国际竞争与合作过程中，不断提高建设、管理、创新、盈利能力，输出自主技术与中国标准，缩小与发达国家的技术差距，纵深开拓国际市场。

附三　清华大学藏契约文书图片选录

清华大学中国经济史研究中心李光明特藏、张文达特藏
清华大学图书馆藏

　　传统中国的民间契约种类繁多，涉及土地交易、金融借贷、家庭事务、商业经营等多方面的内容，是基层社会经济秩序与基层治理机制的直接体现，本书有关传统中国基层治理之道的考察，即围绕民间契约展开。

　　为使读者更加直观地了解民间契约与基层秩序，我们从清华大学中国经济史研究中心及清华大学图书馆所藏契约中选取了20张进行展示，以时间为序排列，供读者参考。所选契约涉及如下内容：其一，分家书。分家书保障了分家析产的有序进行，为个体小农家庭长期作为生产经营的基本单位奠定了基础。其二，交易契约，包括买卖契约、典当契约、借贷契约及找价契约等。交易对象涉及土地、山场、河滩地乃至柿树等，以及田面权、轮值权等多层次、多样化的土地权利。其三，里甲、商号、宗族、会社等组织订立的契约。民间组织通过广泛利用契约参与交易、协调事务，在基层治理中扮演重要角色。

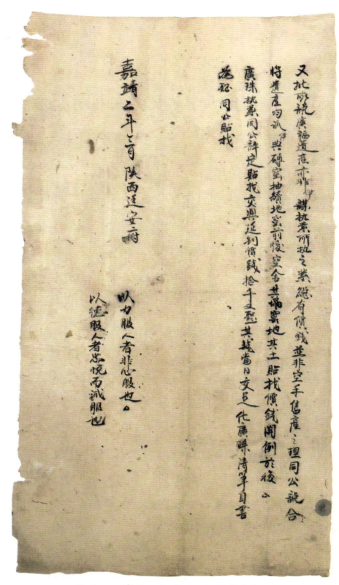

附三-1　嘉靖二年（1523）找价文书

（编号 H-2023-0078，李光明特藏）

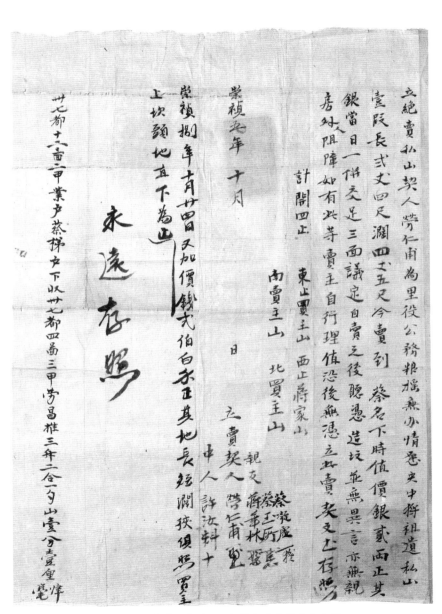

立絕賣私山契人勞仁甫為里役公務糧據無少情愿央中將祖遺私山

壹段長弍丈四尺濶四丈五尺今賣到蔡名下時值價銀貳兩正其

銀當日一併交足三面議定自賣之後聽憑造坑菜無異言亦無親

房叔阻障如有此等賣主自行理值後恐無憑立此賣契永存照

計開四止

東止賣主山　西止蔣家山

南賣主山　北賣主山

崇祯五年　十月　　日

立賣契人勞仁甫

親友　蔡燮盧
中人許汝科十　蔣本林　蔡工所

崇祯捌年十月廿曾又加價錢弍伯白求正其地長短濶狹俱照買主
上坎頭地直下為正

永遠存照

世七都十六畳二甲業戶蔡捽戶下收世七都四畳三甲勞昌推三年二合一勺山壹分壹厘毫

附三-2　崇祯五年（1632）劳仁甫立绝卖私山契

（编号 H-2023-0051，李光明特藏）

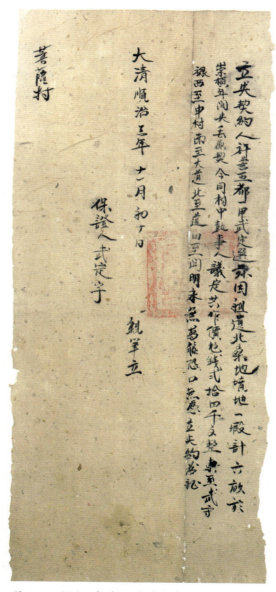

附三-3　顺治三年（1646）武定选立失约

（编号 H-2023-0079，李光明特藏）

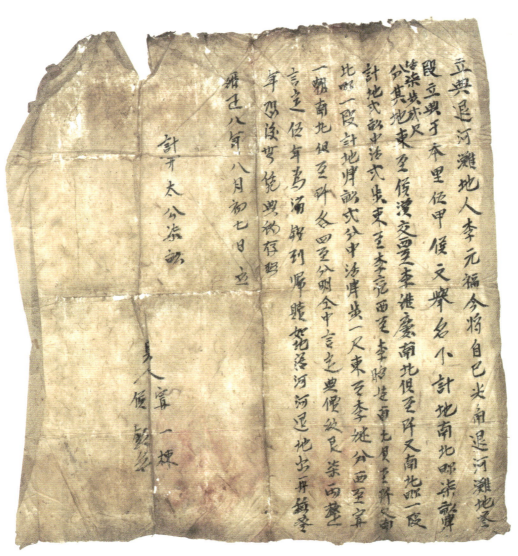

附三-4　雍正八年（1730）李元福立典退河滩地契
（编号 WXJ-B502-P0033-6，清华大学图书馆藏）

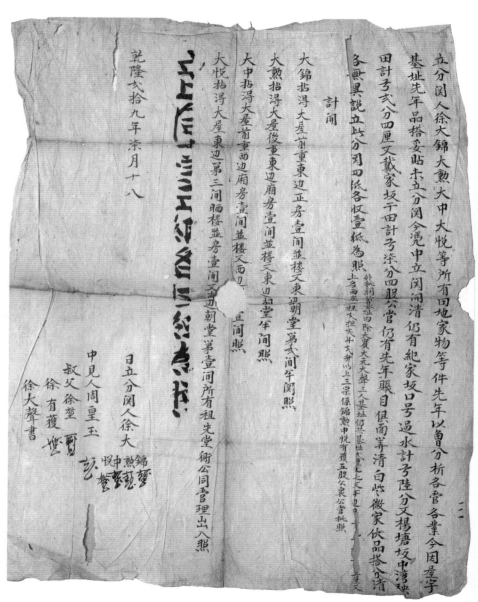

附三-5　乾隆二十九年（1764）徐大锦等立分关

（编号 H-2023-0081，李光明特藏）

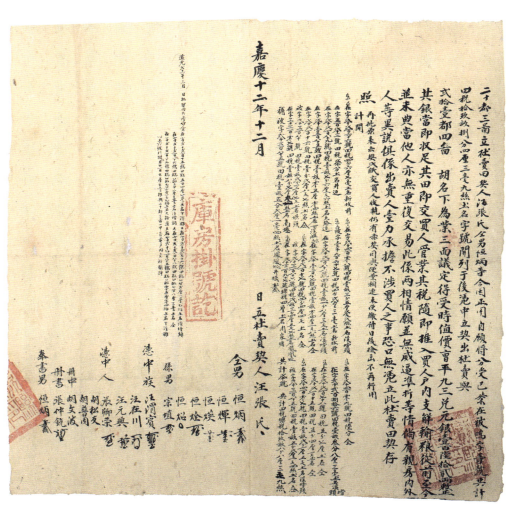

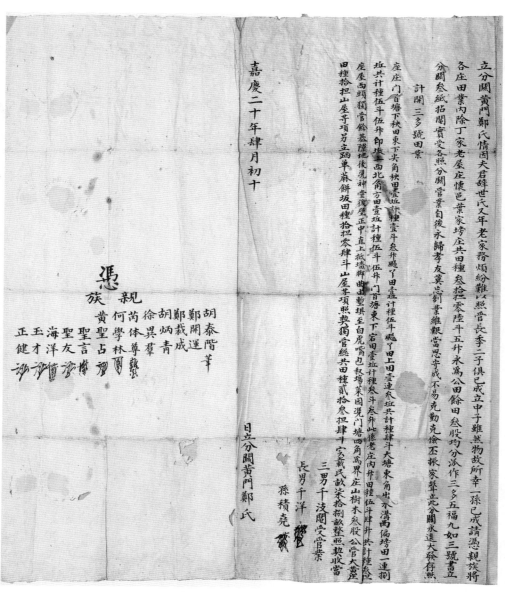

立分闡黄門鄭氏情因夫君辞世代又年老家務煩紛難以照管長季二子俱已成立中子雖然物故所幸一孫已成請憑親族將

各庄田業内除了家老屋庄懐芭葉家垮庄共田種叁拾零陸斗五升永為公田叁股均分派作三多五福九如三號書立

分闡叁紙招闡實受各照分闡管業自後永歸孝友莫忘訓業維艱當思守成不易克勤克儉丕振家聲立此分闡永遠大發存照

計闡 三多號田業

計闡 三多號田業

座庄门首坮下秋田東下尖角秋里堅坝計種壹斗叁件賜了田壹莊計種伍年瞧了田上田叁連奏坝共計種斗大塘東角出水溝西偏垮田一連捌

坵共計種伍斗伍升卯坡壹西北角方田壹坝計種伍斗伍升门首塘東下宕田壹莊計種叁斗叁件此徐老庄内外田種伍斗肆升共計種叁

座屋西頭獨管餘基隆地後覌神堂後堅正中直上抵牆脚由田堅垻至白虎嘴贝牧場菜园堅门塘四角高界庄山樹木叁股公管大黄厝

田種拾担山屋寺項另立踽單麻餅坂田種拾担零肆斗山屋業項照勢獨管總共田種貳拾叁担肆升載民畝柒拾捌畝整昭粮收當

嘉慶二十年肆月初十

憑

親　族

胡泰階
鄭開運
鄭裁成
胡炳青
徐異輩
苗体尊
何學林
黄聖占
聖言友
海洋才
玉才
正健

日立分闡黄門鄭氏

三男千汶閤受官業

長男千洋

孫積堯

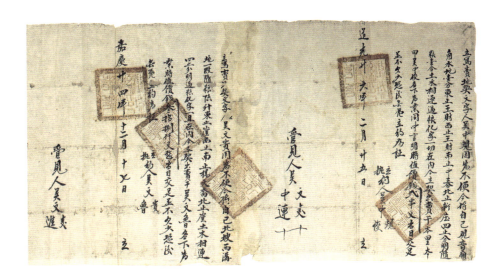

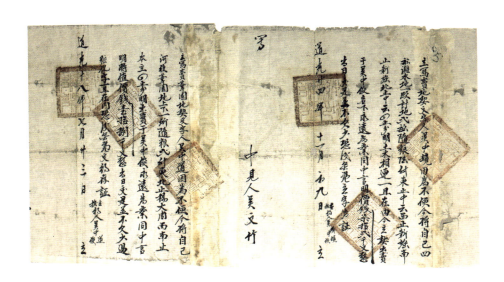

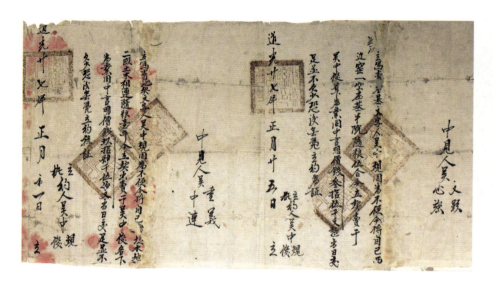

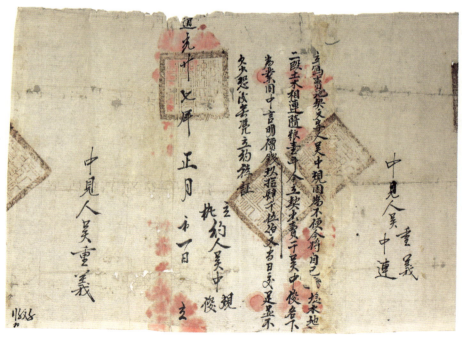

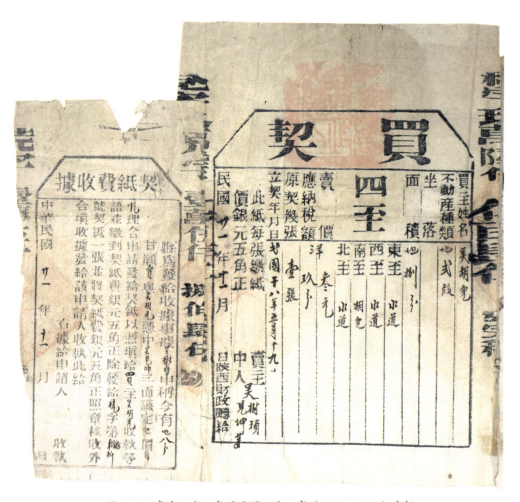

附三-8　嘉庆二十四年至民国二十一年（1819—1933）连契

（编号 H-2023-0058，李光明特藏）

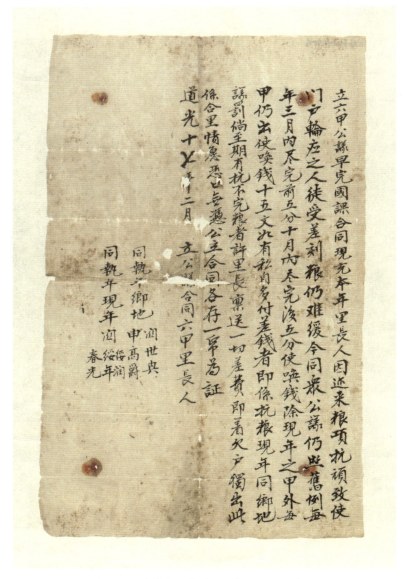

立六甲公議早完國課合同現完本年里長人因延采糧項抗頑致使
门户輪应之人徒受差剋糧仍難緩今合同眾公議仍與舊例每
年三月內尽完前五分十月內尽完後五分使喚錢除現年之甲外每
甲仍出使喚錢十五文此有私肖多付差錢者即係抗糧現年同鄉地
諞罰尚至期有抗不完糧者許里長禀送一切差費即着欠户獨出此
係合里情愿恐口无憑公立合同各存一帋為証

道光十七年十二月

立公議合同六甲里長人

同執六鄉地　潤世興
　　　　　　申高爵
同執并現年潤　綏嵗年
　　　　　　春光

附三-9　道光十七年（1837）六甲公議合同

（編號 WXJ-B502-P0040-16，清華大學圖書館藏）

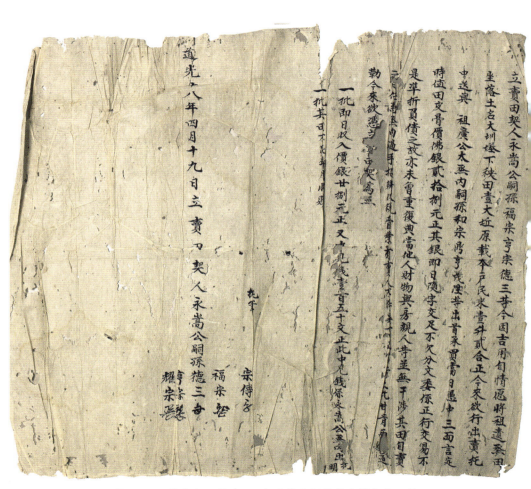

立賣田契人永嵩公嗣孫福宗亨宗德三等今因吉用旬情愿將祖遺一坐田

坐落土名大圳塅下秧田壹大坵原載本户民米壹升貳合正今來改行出賣托

中送與祖廣公夫坯内嗣孫和宗焗亨幾座岜共出晋買當日愿中三面言定

時值田支骨價佛銀貳拾捌元正其銀即日隨字交足不欠分文委保正行交易不

是準折買債之故永來曾重復典當他人財物與房親人等並無干涉其田自賣

元日付與民間過手掛耕民管業有壹□□□□□□□□□□□□□

勒今來欲惑□□□　罩田契爲照

一批即日收入價銀廿捌元正又中見錢壹百五十文正此中見錢係永嵩公夫坯田内

一批其可才叟契紙入用照

抗筆

道光十八年四月十九日立　賣契人永嵩公嗣孫德三甫

宗傳予
福宗经
德三甫
耀宗經

附三-10　道光十八年（1838）永嵩公嗣孙福宗等立卖田契

（编号 H-2023-0080，李光明特藏）

附三-11 道光三十年（1850）叶冒源立典当字

（编号 H-2023-0073，李光明特藏）

附三-12　咸丰七年（1857）秦明等立保会文约
（编号 WXJ-B501-P0011-47，清华大学图书馆藏）

附三-13 同治元年（1862）叶昌模立课轮流祭田字
（编号 H-2023-0048，李光明特藏）

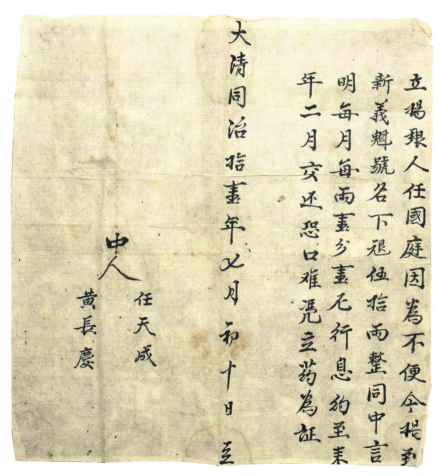

立揭狼人任国庭因为不便今揭到
新义魁號名下退伍指两整同中言
明每月每两重夕重无行息约至来
年二月交还恐口难凭立药为証

大清同治拾壹年柒月雨十日立

中人
黄长慶

任天成

附三-14　同治十一年（1872）任国庭立揭银字

（编号 H-2023-0050，李光明特藏）

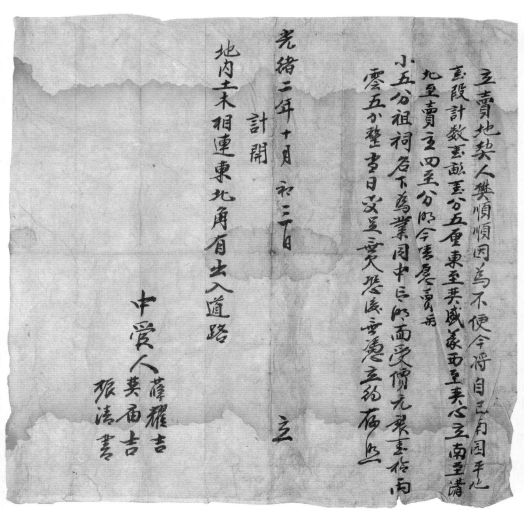

立卖地契人樊顺顺因为不便今将自己有园平心直段计数壹亩壹分五厘东至共威弟西至弟心立南至满北至卖主四至分明今凭尽卖与小五分祖祠名下为业同中亲面受价光银壹佰两云五分整当日交足壹交两恐后无凭立约存此

计开

地内土木相连东北角有出入道路

光绪二年十月初二日 立

中见人 薛耀吉
英面吉

张清书

附三-15　光绪二年（1876）樊顺顺立卖地契

（编号 C-2023-0053，张文达特藏）

立寫主分人寕輝樹因為二子不孝所有我　父與我

買下事業交肯堂德堂均分　　各經各業各執一張

所分業產開列于後

肯堂　典地清心地九么　塢地二塊九么　小賓地二塊四么

買業老四代代遇林地式拾叁么　摩天地拾式么　石嚴地拾么

宣主地二塊拾叁么　侯林茂塢一塊三分三石三毛

前院一座廖字在閣半院場居官　牛頭　黑騾一頭

轎車居官　牛車一年

德堂　典產在安地七么　十一產邢半地三塊拾式么　金䝉典地二么

買業春娃地式拾叁么　水懷地三塊式拾二么

馬家道地五么　羅者東院基一塊

南院一座廖字在場内　牛院場官　四名騾二頭　小駅一頭

轎車居官　買馬一年牛車一年　官道北院基干你弟

兄嘉干暢茂合頭于你弟兄嘉干

光緒五年十二月廿三日　　一樣二帋　輝樹親筆寫

附三—16　光绪五年（1879）宁辉树立分家书

（编号 C-2023-0054，张文达特藏）

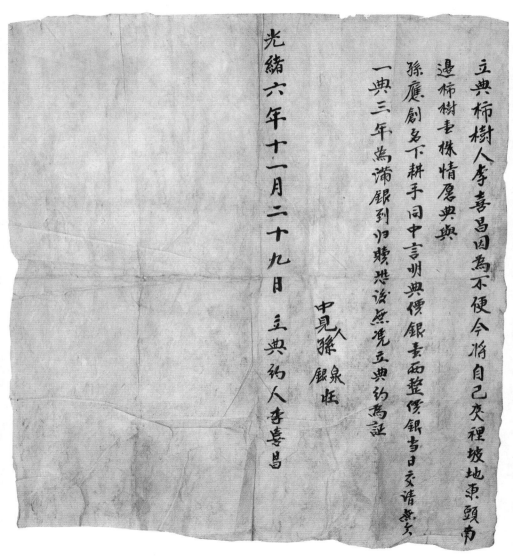

立典柿樹人李喜昌因為不便今將自己夾裡坡地東頭南邊柿樹壹株情愿典與孫應創名下耕手同中言明典價銀壹兩整憑銀壹日交諸無欠

一典三年為滿銀到歸贖恐後無憑立典約為証

光緒六年十一月二十九日 立典約人李喜昌

中見人孫泉旺 銀旺

附三-17　光绪六年（1880）李喜昌立典柿树约

（编号 C-2023-0052，张文达特藏）

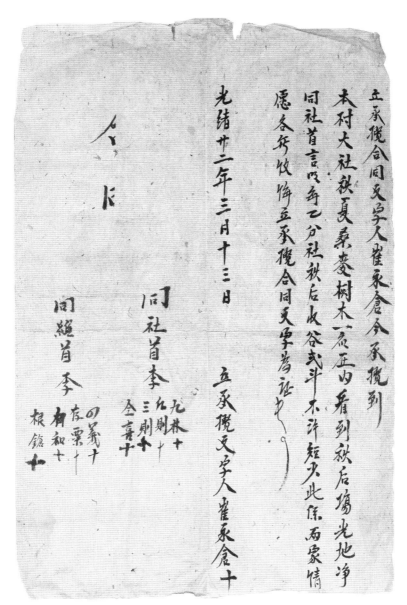

立承揽合同文字人崔永仓今承揽到

本村大社秋夏桑菱树木一应正内看到秋后塲光地净

同社首言明每乙分社秋后收谷武斗木不许短欠此係两家情

愿各无反悔立承揽合同文字为证也

光绪廿二年三月十三日　　立承揽文字人崔永仓十

同社首李　九林十
　　　　　　九则十
　　　　　　三则本
　　　　　　全嘉十

同题首李　四羡十
　　　庚票千
　　　和十
　　根镜十

会长

附三-18　光绪二十二年（1896）崔永仓立承揽合同

（编号 C-2023-0055，张文达特藏）

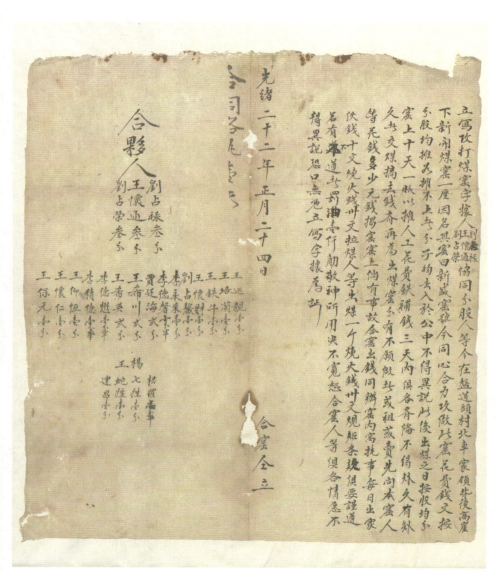

附三-19　光绪二十二年（1899）刘占禄等立煤窑股份合同
（编号 WXJ-B901-P0016-7，清华大学图书馆藏）

立写合同後前二社人等泉講口

玉皇神廟宇壹座自昔至今後前二社迤神賽輪流交轉廟内家俱物件两社係

官至今並無閒言於今年二月初二日為迤神木便被胡甲姓蕭養蘢従中講和廟内家俱宣錢官

地两社一概平分　前契分晨下地市三塊北四塊中葉為界　後契分晨上地市二塊堡外周圍莫為界　地内正粮一分六分在前社名下准後社迤正粮八分惟

有神袍三員幃裙九腰連服子門簾連架兎鈒胖一個鈒銅鈒簿二社俱宣今年二月初三

日輪流交轉合同但执一悄倘有閒言两家相对恐日不憑立写合同為証

日後廟有損壞两社共修

宣統元年二月十五日□□□□□後二社□□□□□

附三-20　宣统元年（1909）玉皇前后二社立合同
（编号 WXJ-B501-P0027-25，清华大学图书馆藏）